科技创新进农家
KEJICHUANGXINJINNONGJIA

农民健身方法与健身误区

主编 ◎ 李 刚

天津出版传媒集团
天津科学技术出版社

图书在版编目（CIP）数据

农民健身方法与健身误区 / 李刚主编．—天津：天津科学技术出版社，2012.12

（科技创新进农家）

ISBN 978-7-5308-7548-3

Ⅰ.①农… Ⅱ.①李… Ⅲ.①健身运动—基本知识 Ⅳ.①G883

中国版本图书馆 CIP 数据核字（2012）第 287069 号

责任编辑：蔡小红
责任印制：兰　毅

天津出版传媒集团

🚄 天津技术科学出版社出版
出版人：蔡　颢
天津市西康路 35 号　邮编 300051
电话：（022）23332402（编辑室）　23332393（发行部）
网址：www.tjkjcbs.com.cn
新华书店经销
北京龙跃印务有限公司印刷

开本 880×1230　1/32　印张 8.5　字数 180 000
2013 年 1 月第 1 版第 1 次印刷
定价：25.80 元

前 言

社会主义新农村建设是当前和今后一个时期党和政府的一项重要工作，发展农村经济、丰富农民生活、改善农村环境、加强民主建设、提高乡风文明是此项工作中的重点。科技是第一生产力，科技创新是永恒的主题。如何使科技创新走进千家万户，如何使科技创新变成生产力，如何使科技创新惠农富农是本书编者的初衷。

编者生于农村，长于农村，对农村有很深的感情，毕业后又投身于农村文化事业，编写农村题材的图书，是笔者之有幸。编者进行过大量的田间地头调研走访，对农村有深厚的感情，知道农民最想看什么，最需要什么，怎样才能使创新科技成果被农民所接收。

本丛书共六本，分别从农民的健身方法、饮食的营养、农家饭菜的经营、农村文化的开发利用、农村生活的科学普及、农民应会的基础知识六个方面介绍与农民息息相关的科技创新成果。每本书内容都力求做到科学性、普及性、通俗性、实用性相结合，每本书从装帧设计、开本、定价等方面都力求简洁质朴、适合农村阅读特点，力求让农民买得起、看得懂、用得上，使之成为农民朋友提高素质、改善生活的精神食粮，真正做到科技创新进农家。

在本书编写过程中，为了提供大量值得学习和富有时代气息的内容，我们参考和查阅了大量的资料，走访了相关的专家学者，作为编者，我们在此对本书的支持者和资料提供者深表谢意。

编　者

2012 年 8 月

目　录

第一章　篮球与健身

篮球介绍	1
篮球的起源	1
篮球术语	5
篮球场地	7
篮球场主要位置介绍	8
奈史密斯制订的篮球规则	11
国际标准篮球场地简介	12
国际标准篮球场地区域设置	12
篮球的基本规则	12
篮球竞赛规则的演变	14
篮球文化基本概念	16
打篮球的好处	17
球员类型	18
篮球鞋的保养	19
NBA 简介	20
NBA 规则简介	21
NBA 场地区域设置	22
NBA 赛制介绍	22
NBA 季前赛介绍	24
NBA 选秀制度介绍	24
NBA 全明星赛介绍	25
CBA 赛制介绍	25
赛事介绍	26

篮球的奥运会历史 ·············· 27
世界十大篮球品牌 ·············· 28
街头篮球文化 ················ 28

第二章　足球与健身

足球介绍 ·················· 30
标准规则 ·················· 30
足球比赛场地介绍 ·············· 31
运动方式 ·················· 36
踢足球的技巧 ················ 38
足球术语 ·················· 52
足球的魅力 ················· 55
足球的重量是多少 ·············· 56
选购足球新方法 ··············· 56
足球运动的损伤与防治 ············ 57
踢足球的健身效果研究 ············ 60
踢足球有哪些好处 ·············· 62
欧洲五大联赛 ················ 64

第三章　乒乓球与健身

乒乓球概述 ················· 65
乒乓球得名的由来 ·············· 67
乒乓球与其他球相比，有什么特点？ ······ 68
乒乓球运动的特点 ·············· 69
乒乓球拍的保养 ··············· 70
乒乓球场地设施 ··············· 71
乒乓球器材规格 ··············· 72
乒乓球观赛礼仪 ··············· 73
乒乓球的主要战术 ·············· 73
乒乓球拍的基本使用方法 ··········· 78
乒乓球的打法 ················ 79

乒乓球发球方式 ………………………………… 79
乒乓球术语 ……………………………………… 81
乒乓球比赛规则 ………………………………… 83
中国乒乓球神话诞生地 ………………………… 86
打乒乓球的技巧 ………………………………… 86
乒乓球发球技术的八个注意 …………………… 87
乒乓球接发球技术要点 ………………………… 89
接发球技术的具体运用 ………………………… 89
论乒乓球与健身 ………………………………… 90

第四章 羽毛球与健身

羽毛球运动的起源和发展 ……………………… 93
羽毛球运动的特点 ……………………………… 98
羽毛球的赛事 …………………………………… 98
羽毛球的常用术语 ……………………………… 99
羽毛球初学者的注意事项 ……………………… 102
羽毛球知识详解 ………………………………… 104
如何选择羽毛球 ………………………………… 105
选　购 …………………………………………… 108
羽毛球拍的保养方法 …………………………… 109
打羽毛球的好处在哪 …………………………… 110
打羽毛球与健身 ………………………………… 112
羽毛球的生产周期和耐打性要求 ……………… 113
羽毛球附加技术 ………………………………… 114
户外羽毛球 ……………………………………… 115

第五章 毽子与健身

毽子的起源 ……………………………………… 118
踢毽运动的发展 ………………………………… 121
怎样踢毽子 ……………………………………… 123
花毽的四种基本踢法 …………………………… 124

踢毽子花样玩法 ……………………………………… 126
毽子对踢比赛规则 …………………………………… 129
踢毽子的好处 ………………………………………… 135
踢毽子对身体有什么益处 …………………………… 137
如何练好踢毽子 ……………………………………… 138
如何巧妙的选择毽子 ………………………………… 138
现代人选择毽子，踢出曲线美 ……………………… 139
"踢毽子"的养生之道 ……………………………… 140
踢"毽子"小心膝关节 ……………………………… 140
柔韧素质 ……………………………………………… 141

第六章　台球与健身

台　球 ………………………………………………… 143
台球起源 ……………………………………………… 144
台球的分类 …………………………………………… 147
台球技巧有哪些 ……………………………………… 150
台球的打法解剖 ……………………………………… 152
斯诺克简介 …………………………………………… 153
斯诺克历史 …………………………………………… 153
斯诺克台球规则 ……………………………………… 155
台球站姿 ……………………………………………… 157
台球杆的选择 ………………………………………… 157
台球杆的保养 ………………………………………… 159
台球的基本杆法与应用 ……………………………… 159
台球打法九要点 ……………………………………… 162
台球健身 ……………………………………………… 166

第七章　跳绳与健身

跳绳的历史渊源 ……………………………………… 167
"跳绳"发展历史 …………………………………… 168
跳绳运动优点 ………………………………………… 168

安全备忘 …………………………………………… 170
跳绳有哪些好处和坏处 …………………………… 171
跳绳对身体有什么好处 …………………………… 172
跳绳前的准备活动 ………………………………… 173
花样跳绳的几种方法 ……………………………… 174
跳绳运动动作技巧 ………………………………… 175
跳绳技巧 …………………………………………… 176
跳绳比赛规则 ……………………………………… 178
跳绳的各种作用 …………………………………… 179
跳绳会长高吗? …………………………………… 180
如何选择适合自己的跳绳 ………………………… 181
跳绳和踢毽可以锻炼大脑反应能力 ……………… 182
每天跳绳20分钟可防治糖尿病 …………………… 183
怎样正确跳绳能将脂肪绳之以法 ………………… 184
跳绳心跳过快,胸闷 ……………………………… 185
跳绳促进儿童的协调性 …………………………… 185
寻常跳绳 非常运动 ……………………………… 186

第八章 跑步与健身

跑 步 ……………………………………………… 189
跑步前要做的准备活动 …………………………… 189
跑步的规则 ………………………………………… 192
跑步健身的原则 …………………………………… 193
跑步鞋 ……………………………………………… 195
如何清洗跑步鞋 …………………………………… 198
跑步注意事项 ……………………………………… 200
什么时间跑步锻炼好? …………………………… 201
跑步时怎样调节呼吸? …………………………… 202
运动时注意"四忌" ……………………………… 203
晨练健身跑应怎样保护好脚? …………………… 204
跑步不当易会伤身 ………………………………… 206

跑步的好处 ·· 207
女子经常跑步锻炼好处多 ························· 209
跑步机的种类 ······································ 209
跑步机按功能分类 ································· 210
如何使用跑步机最为有效？ ······················ 211

第九章 钓鱼与健身

钓具组合及连接 ···································· 213
打窝技巧 ·· 214
投竿技巧 ·· 217
提竿技巧 ·· 220
巧破大鱼打桩的技巧 ······························ 224
遛鱼技巧 ·· 226
抄鱼技巧 ·· 227
怎样进行手竿浮钩钓鱼？ ························ 229
怎样进行延绳钓鱼？ ······························ 230
怎样进行冰钓？ ···································· 230

第十章 放风筝与健身

风筝的历史 ··· 237
风筝的应用 ··· 238
我国风筝艺术概况 ································· 239
风筝的分类 ··· 240
沙燕风筝 ·· 242
风筝的选购 ··· 250
放风筝益处多多 ···································· 251
春天放风筝利于健康和发育 ····················· 252
放风筝有助防近视 ································· 252
放风筝防治颈椎病 ································· 253
怎样带孩子放风筝 ································· 254
风筝比赛的规则 ···································· 255

第一章 篮球与健身

篮球介绍

篮球是一个由两队参与的球类运动,每队出场5名队员。目的是将球进入对方球篮得分,并阻止对方获得球或得分。

可将球向任何方向传、投、拍、滚或运,但要受规则的限制。篮球比赛的形式多种多样,也有最流行的街头三人篮球赛,是三对三的比赛,更讲究个人技术。

当今世界篮球水平最高的联赛是美国的国家篮球协会(NBA)。篮球在1904年列入奥运会的表演项目,到1936年柏林奥运会成为正式项目。女子篮球到1976年蒙特利尔奥运会才成为项目。

篮球的起源

1891年12月初,在美国马塞诸塞州斯普林菲尔德(Springfield)市基督教青年会国际训练学校(后为春田学院),由该校体育教师詹姆斯·奈史密斯(James Naismith)博士发明。当年的篮球规则只有13条,奈史密斯博士于1939年去世,终年78岁。

他未曾料到,由他创建的篮球项目竟然在二百多个国家流传着,而且至今美国篮球还誉满全球。在第一次世界大战时由美军传入欧洲。

为了纪念奈史密斯博士发明的篮球的功绩,在春田学院校园内修建了美国篮球名人馆——詹姆斯·奈史密斯纪念馆。

1891年,奈史密斯在马塞诸塞州斯普林菲尔德基督教青年会国际训练学校任教。

这所学校体育系主任卢瑟·古利克为贯彻冬季体育课教学大纲委托他设计一项室内集体游戏。他从当地儿童喜欢用球投向桃子筐（当地盛产桃子，各家各户都备有桃筐）的游戏中得到启发，创编了篮球游戏。

起初，奈史密斯将两只篮筐别钉在健身房内看台的栏杆上，篮筐上沿距离地面 3.04 米，用足球作比赛工具，向篮投掷。投球入篮得 1 分，按得分多少决定胜负。

每次投球进篮后，要爬梯子将球取出再重新开始比赛。以后逐步将竹篮改为活底的铁篮，再改为铁圈下面挂网。人们称这种游戏为"奈史密斯球"或"筐球"，很长一段时间之后，经过他与同事们反复商量才定名为"篮球"。

奈史密斯 30 岁时便发明了篮球，但篮球诞生后近半个世纪始终被人们所忽略，直到 1936 年柏林奥运会上才受到应有的尊重。

75 岁高龄的奈史密斯随美国篮球队抵达柏林，但美国篮球队教练只负责他从美国到柏林的机票费，不承担其在柏林的旅馆费和入场券费用。而美国奥委会对此置之不理，使得这位篮球之父心情十分沉重。

国际业余篮球联合会首任秘书长威廉·琼斯则很尊重和敬佩他，不仅解决了他的旅馆费用，并邀请他为奥运会首场篮球比赛开球。开球前，琼斯向全体参赛运动员介绍了这位篮球发明者，奈史密斯受到大家的热烈欢迎。

全部比赛结束后，琼斯又安排奈史密斯主持发奖仪式，并授予他一枚奥林匹克特别勋章，以表彰他发明篮球的功绩。当一位德国小姑娘向他敬献月桂冠时，奈史密斯欣喜若狂，激动得把帽子抛向天空。

奈史密斯于 1939 年逝世。为了永远怀念这位篮球运动先驱，国际篮联在 1950 年第 1 届世界男子篮球锦标赛期间举行的第一次中央局会议上，决定把世界男子篮球锦标赛的金杯命名为"奈史密斯杯"。

到 1893 年，才形成近似现代的篮板、篮圈和篮网。最初的

篮球比赛，对上场人数、场地大小、比赛时间均无严格限制。只需双方参加比赛的人数必须相等。比赛开始，双方队员分别站在两端线外，裁判员鸣哨并将球掷向球场中间，双方跑向场内抢球，开始比赛。持球者可以抱着球跑向篮下投篮，首先达到预定分数者为胜。

1892年，奈史密斯制订了13条比赛规则，主要规定是不准持球跑，不准有粗野动作，不准用拳击球，否则即判犯规，连续3次犯规判负1分；比赛时间规定为上、下半时，各15分钟；对场地大小也作了规定。上场比赛人数逐步缩减为每队10人、9人、7人，1893年定为每队上场5人。

1904年在第3届奥林匹克运动会上，第一次进行了篮球表演赛。1908年美国制订了全国统一的篮球规则，并有多种文字出版，发行于全世界，这样，篮球运动逐渐传遍美洲、欧洲和亚洲，成为一项世界性运动项目。1936年第11届奥运会将男子篮球列为正式比赛项目，并统一了世界篮球竞赛规则，此后，到1948年的十多年间，规则曾多次修改，与现行规则有关的重要变化是：将得分后的中圈跳球，改为失分队在后场端线外掷界外球继续比赛；进攻队必须在10秒钟内把球推进到前场；球进前场后不得再回后场；进攻队员不得在"限制区"内停留3秒钟；投篮队员被侵犯时，投中罚球1次，投不中罚球两次等。1952年和1956年第15、16两届奥运会的篮球比赛中，出现了两米以上的多人，国际业余篮球联合会曾两次扩大篮球场地的"限制区"（也叫"3秒区"）；还规定，一个队控制球后，必须在30秒内投篮出手。60年代初有关10秒和球回后场的规定，一度因1960年第17届奥运会后取消了中场线改画边线的中点而中止。1964年第18届奥运会后，又恢复了中场线，这些规定又继续执行。

1977年增加了每队满10次犯规后，在防守犯规时罚球两次，防投篮时犯规两罚，如有1次不中，再加罚1次的规定。1981年又将10次犯规后罚球的规定缩减到8次。很明显，人员的变化的技术、战术的发展引起了规则的改变，而规则的改变又促进了人员和技术、战术的进一步发展变化。特别是50年代后期以来，

规则的改变对篮球比赛的攻守速度,对运动员的身体、技术、战术以及意志、作风等各方面都不断提出新的更高的要求,促进了篮球技术水平的迅速提高,女子篮球是1976年第21届奥运会上才列为正式比赛项目的。

篮球运动是1896年前后由天津中华基督教青年会传入中国的,随后在北京、上海基督教青年会里也有了此项活动。在1910年的全运会上举行了男子篮球表演赛之后,在全国各大城市的大、中学校的篮球活动逐渐开展起来,其中以天津、北京、上海开展得较好,水平也较高,当时的比赛规则很简单,在球场中间画一个约有1米直径的中圈,中锋队员跳球时一只手必须置于背后腰部,任何一足不得踏出圈外。技术也简单,中圈跳球后,谁接到球就自己运球,超过防守人就投篮。

当时只会直线运球前进,传球方法是单、双手胸前传球,跑动投篮是用单手低手上篮,立定投篮无论远近都是用双手腹前低手投篮。

1925年前后,进攻和防守的5名运动员,有了较明确的分工,中锋对中锋,后卫对前锋,有人盯人,各自盯住自己的对手。但前锋的职责是只管进攻投篮,不管退守;后卫的职责是只管防守抢截球,不管投篮。前锋和后卫很少全场跑动,只有中锋要攻守兼顾。以后又逐渐改为两后卫1人助攻(活动后卫),1人留守后场(固定后卫),两前锋也变为1人留在前场专管偷袭、快攻,1人退守后场助防。技术动作也有所发展,跑动投篮出现了单手、高手投篮,立定投篮出现了双手胸前投篮,传球出现了单、双手击地传球,运球出现了两手交替运球躲闪防守和超越防守向前推进的技术。规则中增加了罚球区和罚球线,队员犯规4次即被取消比赛资格,犯规罚球可由队长指定任何1个队员主罚。比赛时间分为上、下半时各15分钟,中间休息10分钟。每次投中或罚中后,都在中圈跳球,重新开始比赛。中国篮球运动水平在1926年以后有了较大提高。

1892年,篮球运动的发明人史密斯订出18条简易规则,篮球运动进入对抗比赛的阶段,继而产生了比赛的组织领导者、执法公断者——裁判员。

外国称篮球裁判为"球证",每场比赛有正、副两个"球证"。新中国成立前,我国称篮球裁判为"司令",每场篮球赛只有一个"司令"。新中国成立后改称裁判员,每场球赛设正、副两个裁判员。

我国现行篮球裁判分为五级:国际级、国家级、一级、二级、三级。由于篮球比赛的速度、强度都愈来愈大,为了更全面、准确地执行规则,有些国家已开始试行每场比赛设前、中、后三个裁判员。

篮球术语

扣篮:运动员用单手或双手持球,跳起在空中自上而下直接将球扣进篮圈。

补篮:投篮不中时,运动员跳起在空中将球补进篮内。

卡位:进攻人运用脚步动作把防守者挡住自己身后,这种步法叫卡位(多用于冲抢篮板)。

领接球:顺传球飞行方向移动,顺势接球。

错位防守:防守人站位在自己所防守的进攻人身侧,阻挠他接球叫错位防守。

要位:进攻人用身体把防守人挡在身后,占据有利的接球位置。

突破:运球超越防守人。

空切:进攻人空手向篮跑动。

一传:获球者由守转攻的第一次传球。

盖帽(西 eltapón):进攻人投篮出手时,防守人设法在空中将球打掉的动作。

补位:当1个防守人失掉正确防守位置时,另1防守人及时补占其正确防守位置。

协防:协助同伴防守。

紧逼防守:贴近进攻人,不断运用攻击性防守动作,威胁对方持球的安全或不让对方接球。

斜插：从边线向球篮或者向球场中间斜线快跑。

时间差：在投篮时，为躲避对方防守的封盖，利用空中停留改变投篮出手时间。

接应：无球进攻队员，主动抢位接球。

落位：在攻防转换时，攻地双方的布阵。

策应：进攻队在前场或全场通过中间队员组织的接应和转移球的战术配合，造成空切、绕切以及掩护等进攻机会。

掩护：进攻队员以合理的技术动作，用身体挡住同伴的对手的去路，给同伴创造摆脱防守的机会的一种进攻配合。

突分：持球进攻队员突破后传球配合。

传切：持球进攻队员利用传球后立即空切，准备接球进攻。

补防：当1个防守队员失去位置，进攻队员持球突破有直接得分的可能时，邻近的另1防守队员立即放弃自己的对手，去防持球突破的进攻者。

换防：防止队员交换防守。

关门：邻近的两名防持球者的队员，向进攻者突破的方向迅速选拔，形成"屏障"，堵住持球进攻者的突破路线。

夹击：两名防守队员共同卡住1名进攻队员，封堵其传球路线。

挤过：两名进攻队员进行掩护配合时，防地被掩护者的队员向其对后靠近，在进攻者即将完成掩护配合的一刹那，抢占位置，从两名进攻队员之间侧身挤过，破坏他们的掩护，并继续防住自己的对手。

穿过：当一名进攻队员进行掩护时，防守掩护者的队员稍离对手，让同伴从自己的掩护队员之间穿过去，继续防住对手。

挡拆：为持球队友挡住防守队员，然后跑动向防守弱侧接持球队友传球，展开进攻或进行传球。

空中接力：队友往里传球，另一队友在空中接球，再在空中未落地的过程中将球扣入或投入篮筐的技术。

博脚：外线球员控球时被对手紧贴防守时，中锋或大前锋会走出，来外线接球，然后再安全传到其他球员手上。

篮球场地

篮球比赛场地应是一个长方形的坚实平面，无障碍物。

奥运会篮球比赛和世界篮球锦标赛的比赛场地长度为28米，宽15米，其他比赛长度可减少4米，宽度减少2米，要求其变动互相成比例。球场的丈量从界线的内沿量起。

所有新建球场均应符合国际篮联要求：长28米，宽15米。

天花板或最低障碍物的高度至少应为7米。

长边的界线称边线，短边的界线称端线。球场上各线都必须十分清晰，线宽均为0.05米。

从边线的中点画一平行端线的横线称中线。中线应向两侧边线外各延长0.15米。

以中线的中点为圆心，以1.80米为半径（半径从圆周的外沿量起），画一个圆圈称中圈。

三分投篮区是由场上两条拱形限制出的地面区域。在此区域外投篮得三分。

从罚球线两端画两条线至距离端线中点各3米的地方（均从外沿量起）所构成的地面区域叫限制区。它的作用是：球在本队控制时，限制本队队员在对方限制区内停留的时间不得超过3秒钟。

罚球区是限制区加上以罚球线中点为圆心、以1.80米为半径向限制区外所画的半圆区域，它是执行罚球的区域。篮球场地有土质、水泥、沥青和木质等。有条件的一般都用木质场地。土质、水泥和沥青场地比较经济，基层单位使用较多，但要注意地面平整，以防出现伤害事故。

任何场地都要求地面平整，不要有突起和小坑，不要有小石块，日常要维护好，画线要清晰。

灯光照明比赛场地的灯光，至少应为1500勒克斯，这个光度是从球场上方1米处测量的。灯光应符合电视转播的要求。

篮球场主要位置介绍

控球后卫（PG）（西 base）

控球后卫（Point Guard）是球场上拿球机会最多的人。他要把球从后场安全地带到前场，再把球传给其他队友，这才有让其他人得分的机会。一个合格的控球后卫必须要能够在只有一个人防守他的情况下，毫无问题地将球带过半场。然后，他还要有很好的传球能力，能够在大多数的时间里，将球传到球应该要到的地方，有时候是一个可以投篮的空当，有时候是一个更好的导球位置。简单地说，他要让球流动得顺畅，他要能将球传到最容易得分的地方。再更进一步地说，他还要组织本队的进攻，让队友的进攻更为流畅。

对于一个控球后卫还有一些其他要求。在得分方面，控球队员往往是队上最后一个得分者，也就是说除非其他队友都没有好机会出手，否则他是不轻易投篮的。或者以另一个角度说，他本身有颇强的得分能力，而以其得分能力破坏对方的防守，来替队友制造机会。总而言之，控球员有一个不变的原则：当场上有任何队友的机会比他好时，他一定将球交给机会更好的队友。

得分后卫（SG）（西 escolta）

得分后卫（Shooting Guard）以得分为主要任务。他在场上是仅次于小前锋的第二得分手，但是他不需要练就像小前锋一般的单打身手，因为他经常是由队友帮他找出空当后投篮的。不过也就因为如此，他的外线准投与稳定性要非常好。

得分后卫经常要做的有两件事，第一是有很好的空当来投外线，因此，他的外线准头和稳定性一定要好，要不然队友千辛万苦挡出个好机会，却又投不进去的话，对全队的士气和信心打击颇大。第二则是要在小小的缝隙中找出空当来投外线，所以他出手的速度要快。一个好的得分后卫总不能企望每次都有这么好的空当，应该能在很短的时间内找机会出手，而命中率也要有一定的水准，如此的话，才能让敌方的防守有所顾忌，必须拉开防守圈，而更利于队友在禁区内的攻势。

小前锋（SF）（西 alero）

小前锋（Small Forward）乃是球队中最重要的得分者。对小前锋最根本的要求就是要能得分，而且是较远距离的得分。小前锋一接到球，第一个想到的就是要如何把球往篮圈里投。他可能会抢篮板，但并不必要；他可能很会传球，但也不必要；他可能弹跳很好，但仍不必要；他可能防守极佳，但还是不必要。小前锋的基本工作，就是得分、得分、再得分。

小前锋乃是对命中率要求最低的一个位置，一般而言只要四成五就算得上合格，而四成以上都可以接受。当然这有一个前提，就是他要能得分。如果一个小前锋每场球得个七八分，命中率还只有四成的话，那还不如叫他去坐板凳算了。话说回来，为什么小前锋的命中率可以比较低呢？因为他是队上主要得分者，他经常要积极找机会投篮，要在某些时刻稳定军心，甚或以较困难的方式单打对手来提升士气，乃至于给对手下马威，给予敌方迎头痛击等。因此，小前锋会有较多的机会出手，而且可能是不太好的机会，所以我们可以容许他的命中率稍低，只要他能得分的话。

大前锋（PF）（西 ala – pivot）

大前锋（Power Forward）在队上担任的任务几乎都是以苦工为主，要抢篮板、防守、卡位都少不了他，但是要投篮、得分，他却经常是最后一个。所以说，大前锋可以算是篮球场上最不起眼的角色了。

大前锋的首要工作便是抓篮板球。大前锋通常都是队上篮板抢得最多的人，他在禁区卡位，与中锋配合，往往要挑起全队的篮板重任。而在进攻时，他又常常帮队友挡人，然后在队友出手后设法挤进去抢篮板，做第二波的进攻。

大前锋一般较少出手，而其投篮的位置又经常很靠近篮圈，对其投篮的命中率要求也较高。以场上五个位置来说，大前锋应该是命中率最高的一位，不错的大前锋应该达到五成五以上。不过由于得分不是他的强项，所以他的得分可以不多，但是篮板就一定要抓得多。此外，防守时的火锅能力自然也是大前锋所必备

的，因为他要巩固禁区，防守很重要。其实说穿了，大前锋就是要做好两件事：篮板和防守。

中锋（C）（西 pivot）

中锋（Center）顾名思义乃是一个球队的中心人物。他多数的时间是要待在禁区里卖劳力、卖身材的，他在攻在守，都是球队的枢纽，故名之为中锋。

中锋要做哪些工作呢？首先，他既然是在禁区里面混饭吃，那么篮板球是绝对不可或缺的。再来，禁区又是各队的兵家必争之地，当然不能让对手轻易攻到这里面来，所以阻攻、盖火锅的能力也少不得。而在进攻时，中锋经常有机会站在靠近罚球线的禁区内（此乃整个进攻场的中心位置）接球，此时他也应具备不错的导球能力，将球往较适当的角落送出。以上三项，是中锋应具备的基础技能。而在球队中，中锋也经常身负得分之责，他是主要的内线得分者，与小前锋里外对应。因为他要能单打，所以在命中率上的要求可以低些，但他出手的位置又往往较接近篮圈，所以命中率又应该高些，大致来说，五成二可以作为一个标准。对中锋命中率的要求，是仅次于大前锋的。

一名好的中锋还得多才多艺。在进攻方面，中锋在接近篮圈的位置要有单打的能力，他要能背对着篮圈做单打动作，转身投篮是最常见的一项，而跳勾、勾射则是更难防守的得分方式。防守上，要称为一个好的中锋，那除了守好自己该看的球员之外，适时帮忙队友的防守是必须的。简单地说，若敌方的球员晃过了队友的防守而往篮下进来，中锋便要有一夫当关之勇，守住己方的禁区。当然，不是说每回都能滴水不漏，但总是要有"能帮忙"的能力，若一个中锋只能守住自己的人，那是不够的（除非对方是超强的进攻中锋）。

中锋有一种变形，也就是所谓的外线中锋。他与正常中锋的差别在于，他的进攻主要是跑到外面去投外线，而少做禁区单打的工作。由于中锋的个头高，其他矮个子根本守不住，所以到外线投篮可以把对方的中锋引出来，故其在前锋较强时也相当管用，而在防守时，他就与一般中锋无异，照样防守对方中锋，照

样地抢篮板。

奈史密斯制订的篮球规则

1. 篮球运动是用手进行的运动,球是圆的;
2. 手拿着球走或者跑都是不允许的;
3. 运动员可以到场上任何地方,只要不影响和妨碍对方运动员;
4. 运动员与运动员之间不允许发生身体接触;
5. 篮圈应该是水平的。

根据这5条基本原则,奈史密斯先生制订出最原始的篮球竞赛规则。最原始的篮球竞赛规则一共有13条。这13条的基本内容是:

1. 球员可以用单手或双手向任何方向扔球;
2. 球员可以用单手或双手向任何方向抢、打球,但绝对不能用拳头击球;
3. 球员不能带球走;
4. 必须用手持球,而不允许用头顶、脚踢球;
5. 不允许球员用肩撞、手拉、手推、手打、脚绊等方法来对付另一方的队员。任何队员违反此规则,第一次被认为是犯规,第二次再犯规,就要被强行停止比赛,直到命中一个球后才能重新上场参加比赛。如果有意伤害对方球员,就要取消他参加整个比赛的资格,且不允许替补。
6. 用拳击球就是违反第3条和第4条规则。
7. 如果任何一方连续犯规3次,就要算对方命中一球。连续犯规的意思是指:在一段时间里,对方队员未发生犯规,而本方队员接连发生犯规。
8. 如果防守者没有触到球或干扰球,当球投入篮内并停留在篮里就算中篮。如果球停在篮筐上,而对方队员触动了篮筐,也算命中一球。
9. 当球出界,球将由第一个接触球者扔进场内。若有争论,裁判员将球扔进场内。掷界外球允许5秒钟,如果超过5秒钟,

球判给对方。

  10. 主裁判员是球员的裁判，他有权吹犯规。当某队连续3次犯规，他将通知副裁判员。他有权宣布取消某队员的比赛资格。

  11. 副裁判员是球员的裁判，他可决定什么时候球在比赛中，并要计时、决定球的命中、记录命中的球数以及承担通常裁判员应该承担的责任。

  12. 比赛在两个20分钟内进行，中间休息10分钟。

  13. 球命中最多的一方获胜，如果平局，经双方队长的同意，比赛可延至再命中一球为止。

国际标准篮球场地简介

  篮球比赛场是一个长方形的坚实平面，无障碍物。标准的比赛场地长度为28米，宽度为15米。天花板或最低障碍物的高度至少应为7米。篮球场的长边界限称边线，短边的界限称端线。球场上各线都必须十分清晰，线宽均为0.05米。以中线的中点为圆心，以1.8米为半径，画一个圆圈称中圈。三分投篮区是由场上两条拱形限制出的地面区域。

国际标准篮球场地区域设置

  限制区：从罚球两端画两条线至距离端线中各3米的地方所构成的地面区域。

  罚球区：是限制区加上以罚球线中点为圆心、以1.80米为半径向限制区外所画的半圆区域，它是执行罚球的区域。

  三分投篮区：是由场上两条拱形限制出的地面区域。

篮球的基本规则

基本规则一

1. 比赛方法

  一队5人，其中1人为队长，候补球员最多7人，但可依主办单位而增加人数。比赛分四节，每节各10分钟，NBA为12分

钟（全明星新秀赛为每节20分钟，共2节），每节之间休息5分钟，NBA为130秒，中场休息10分钟，NBA为15分钟，另在NBA中在第4节和任何加时赛之间休息100秒。比赛结束两队积分相同时，则举行延长赛5分钟，若5分钟后比分仍相同，则再次进行5分钟延长赛，直至比出胜负为止。

2. 得分种类

球投进篮圈经裁判认可后，便算得分。3分线内侧投入可得2分；3分线外侧投入可得3分，罚球投进得1分。

3. 进行方式

比赛开始由两队各推出一名跳球员至中央跳球区，由主审裁判抛球双方跳球，开始比赛。

4. 选手替换

每次替换选手要在20秒内完成，替换次数则不限定。交换选手的时间选在有人犯规、争球、叫暂停等。裁判可暂时中止球赛的计时。

5. 罚球

每名球员各有4次被允许犯规的机会，第5次即犯满退场（NBA中为6次）。且不能在同一场比赛中再度上场。罚球是在谁都不能阻挡、防守的情况下投篮，是作为对犯规队伍的处罚，给予另一队的机会。罚球要站在罚球线后，从裁判手中接过球后10秒内要投篮。在投篮后，球触到篮圈前均不能踩越罚球线。

6. 违例

大致可分为①普通违例：如带球走步、两次运球（双带）、脚踢球（角球）或以拳击球；②跳球违例：除了跳球球员以外的人，不可在跳球者触到球之前进入中央跳球区。

基本规则二

24秒钟规则：进攻球队在场上控球时必须在24秒钟内投篮出手（NBA、CBA、CUBA、WNBA等比赛均为24秒，全美大学体育联合会比赛中为35秒）。

8秒钟规则：球队从后场控制球开始，必须在8秒钟内使球进入前场（对方的半场）。

5秒钟规则：持球后，球员必须在5秒钟之内掷界外球出手，FIBA规则规定罚球也必须在5秒钟内出手。

3秒钟规则：分为进攻3秒和防守3秒。进攻3秒：进攻方球员不得滞留于3秒区3秒以上；防守3秒：当某防守方球员对应的进攻方球员不在3秒区或者3秒区边缘、且彻底摆脱防守球员时，防守方球员不得滞留禁区3秒以上。

侵人犯规：与对方发生身体接触而产生的犯规行为。

技术犯规：队员或教练员因表现恶劣而被判犯规，比如与裁判发生争执等情况。

取消比赛资格的犯规：球员做出的不体现运动员精神的犯规动作，比如打人。发生此类情况后，球员应立即被罚出场外。

队员5次犯规：无论是侵人犯规，还是技术犯规，一名球员犯规共5次（NBA规定为6次）必须离开球场，不得再进行比赛。

违例：既不属于侵人犯规，也不属于技术犯规的违反规则的行为。主要的违例行为是：非法运球、带球走、3秒违例、使球出界、用脚踢球。

队员出界：球员带球或球本身触及界线或界线以外区域，即属球出界。在球触线或线外区域之前，球在空中不算出界。

干扰球：投篮的球向篮下落时，双方队员都不得触球。当球在球篮里的时候，防守队员不得触球。

球碰板后对方不得碰球，直到球下落。

被紧密盯防的选手：被防守队员紧密盯防的球员必须在5秒钟之内传球，运球或投篮，否则其队将失去控球权（NBA规则中无此规定）。

球回后场：球队如已将球从后场移至前场，该球队球员便不能再将球移过中线，运回后场。

篮球竞赛规则的演变

规则的修改，促进了篮球运动的发展，而篮球技、战术水平的不断提高，又促进了对规则不完善地方的适当修改或补充，从而使篮球运动向健康与高级的方向发展。

规则与篮球技、战术就像生产力与生产关系一样，是相辅相成、相互依赖、相互促进的关系。规则通过肯定、否定、允许或不允许，来保证篮球比赛的正常进行，促进篮球运动的健康发展。球场上符合规则的动作，就是正确的动作，反之是错误动作。

规则从最初的13条发展到现在的58条，篮球技、战术从原来的简单、低级发展到现在的高级水平，都是它们许多年来相互制约、相互促进的结果。如运球技术从最初的以肘关节为轴，发展到现在的以肩关节为轴，正是因为规则对发展中的技术不断肯定的结果。现在，规则明确指出：运球结束的标志是双手触球的一瞬间或运球的手掌心向上，大拇指超过垂直面时即运球结束。如掌心始终向下，大拇指未超过垂直面，球是不可能在手上有停留的。所以，以肩关节为轴的大臂运球与单手后拉、后转身运球的现代技术就以法定的形式肯定下来了。再譬如：投篮技术的发展，从最初的原地双手胸前投篮，发展到现在的高手自上而下的扣篮与单手或双手的补篮等高超的技术，规则明确规定都算队员在做投篮动作。因此，扣篮、补篮等现代技术就得到了迅速发展。而近年来，比赛中出现后仰跳投、后撤步跳投、勾手跳投等多种形式的技术，也是因为规则对攻守技术强调了垂直面的原则、腾空队员原则等几个处理身体接触与犯规的基本原则所决定的。在犯规处理上，特别强调了攻守平衡的指导思想，迫使和促进了投篮队员为摆脱防守、避免撞人犯规而采取的各种形式的跳投技术，以达到得分的目的，推动了防守战术的不断发展等。

国际篮联在一般情况下，每隔4年对规则要进行一次修改与补充，其目的是为了促进篮球技、战术进一步的发展，并限制粗暴动作，使比赛向文明、干净及紧张激烈方向发展。

规则的变化是不可知的，也不是哪一个人心血来潮随意更改的，它是按一定的修改目的来进行的。具体的修改规则的指导原则是：

1. 公平。这是修改规则的基础。规则应该对比赛双方都是公

平的。因为篮球比赛是双方在等同的时间、空间、地面、人数的条件下进行篮球意识、技战术及身体素质的较量。

2. 均衡。均衡（或者是平衡）是指进攻和防守这两个方面必须保持平衡。如一场比赛很容易得分或很难得分，都会使比赛变得呆板而不精彩，那么篮球比赛使人兴奋的魅力将会丢失。

3. 定义。规则定义要言简意赅，文字确切。

4. 编纂。规则要编纂，避免重复，做到前后一致，不得自相矛盾。

5. 简短。规则要简短扼要，避免啰唆，使人很难领会。

6. 例外。规则正面作了许多规定，如没有例外的规定（即注解），规则也很难实行，例外正是为了保证正面规则的实施。

7. 安全。规则要保证人身安全，保证比赛在良好的环境与气氛中顺利进行。

8. 权力。必须给裁判员权力，让其在比赛中有权威地胜任工作，执行规则。

9. 连续。规则要使比赛尽可能地减少中断次数，从而保证比赛的连续进行，使比赛更紧凑，更精彩。

10. 无利。规则要使比赛的任何一方都不能从违反规则中得好处，从而使比赛公平合理地进行。

篮球文化基本概念

所谓篮球文化，是指观赏和参与篮球运动的人的思维方式和行为方式的制度化凝结，是篮球运动的知识、技能、习俗和制度的总称。其核心是篮球价值观的群体共识，其实质是篮球运动的"人化"和"化人"。其内涵和外延有很大的广度，广义地说：凡是与篮球有关的人、事、信息都属于篮球文化。

19世纪末，篮球运动进入中国之后，在中国的土地上，东西方文化在碰撞、选择、融合的过程中，篮球及其美国的篮球文化也开始并逐渐被中国人所接受。

打篮球的好处

1. 训练神经系统反应

打篮球可训练脑部思考和判断能力,及随思考后身体继发的反射动作速度。神经系统:神经系统分为中枢神经系统及周围神经系统,中枢神经系统包括脑和脊髓,周围神经系统则含躯体神经系统及自主神经系统。

2. 脑

脑的结构主要分为有大脑、小脑、间脑和脑干四部分,此外脑还有十二对脑神经。

在脑的外围有脑脊髓液、脑膜和头骨在保护着脑。

如果脑部发生缺氧现象会造成身体麻痹、智能受损、癫痫发作,严重时甚至会死亡。

若是脑部缺乏葡萄糖时,就可能会有头晕、惊厥、或是意识不清的情形。

3. 大脑

大脑是脑的最大结构,可分成额叶、顶叶、颞叶和枕叶。大脑皮质上有脑回、裂、沟等构造。

大脑皮质可分为运动区、感觉区及联合区,运动区是控制肌肉活动的部分,感觉区是诠释感觉性神经冲动的部分,联合区则与情绪、智力的衍生有关。

肌肉活动,是由大脑半球内的基底神经节控制。至于行为和记忆的情绪表现是位于大脑半球和间脑的边缘系统在控制。

大脑又可区分成左大脑半球和右大脑半球,左大脑半球掌管语言能力,右大脑半球是管音感、大部分的感觉和语言以外的视觉分析。

4. 小脑

小脑的位置在大脑的后侧下方,它的功能有协调骨骼肌活动、维持姿势和身体平衡。

5. 间脑

间脑是由视丘和下视丘所组成。视丘可把嗅觉除外的所有感

觉性神经冲动传到大脑皮质，还能辨别痛觉和温度觉的性质和压力觉。

下视丘掌管自主神经系统，是神经系统和内分泌系统间的桥梁，能控制体温、食物和液体的摄取量、清醒状态与睡眠状态。

6. 脑干

脑干俗称生命中枢，它又分为延脑、桥脑、中脑三部分。

（1）延脑

是指脊髓上面的延伸至脑的部分，里面的神经核可作为调节心跳速率、呼吸频率、血管收缩（控制血压）、吞咽、咳嗽、呕吐、打喷嚏、和打嗝的反射中枢。

（2）桥脑

位于延脑上方，可作为脊髓与脑之间，或脑各部位之间的联络桥梁，它可把和随意性骨骼肌运动有关的神经冲动由大脑皮质传到小脑。桥脑也有呼吸调节中枢，可帮助控制呼吸。

（3）中脑

位于脑桥之上，恰好是整个脑的中点。中脑是视觉以及听觉的反射中枢。所有大脑皮层与脊髓间的上行及下行神经通路都经过中脑，同时，中脑通过白质与其他中枢神经系统的分部相联系。

球员类型

强力进攻型

这类球员所用的篮球鞋必须有足够强的减震作用和稳定性，因此，可以穿一双沉一些的球鞋来保证这两个要求。

大范围跑动型球员

这类运动员需要一双可以适当保护脚踝并具有一定减震作用的篮球鞋即可，这种鞋有很多的选择，一般都比较轻。

快速跑动型

首先要求鞋很轻，同时也要求有一定的护踝、减震和曲挠性。低帮的鞋往往是最好的选择。

篮球鞋的保养

篮球鞋的保养目的有二：一是性能方面的保养，二是外观的保养。性能方面的保养方法主要在于对鞋的正确保存，而外观的保养则主要体现在对鞋的科学清洗上，而有些时候两者是一体的。

在保存方法上，由于篮球鞋制作原材料种类比较多，例如一双篮球鞋上用到的材料很有可能包括了皮革、布、尼龙、非龙、无痕橡胶等，由此导致的制作工序比较复杂，胶水粘连的地方也就多。正是这些材料保证着一双鞋的性能，要保持性能，则在于对一双鞋的妥善处理，使以上提到的材料不至于老化。因此，正确保存的方法应注意以下几点。

第一，应该把鞋放在一个较为干燥通风的地方，避免阳光直射，因为潮湿的环境下会引起鞋体的腐化，太阳光的暴晒会使鞋的一部分材料变质、变色。但是放鞋的地方又不宜过于干燥，因为会导致皮革的龟裂。因为潮湿的环境下会引起鞋体的腐化，太阳光的暴晒又会使鞋的一部分材料变质、变色。

第二，保存鞋的时候，应该在鞋内塞上柔软的纸团，这样做的目的主要是纸团可以将鞋子内部残余的水分吸收，保持内部的干燥，而且有利于保持鞋形的固定，不至于在使用过后"垮掉"。

第三，对于收藏型的保存，最好买一些收缩膜，像鞋店里面一样把一双鞋完全包住，以求得鞋子最大限度地与空气隔离，防止较长一段时间内空气对鞋不断的氧化。例如 nike 的可见气垫如 max air 或者乔丹 11 代、16 代的外底在几年时间内就会慢慢变黄，用收缩膜来保持原有的颜色是一个比较好的选择。

在清洗方面。针对不同的材料应该有不同的方法。鞋的外底以及侧面非龙材料的部分，可以喷少许衣领净，过十几秒后拿软毛牙刷轻轻刷洗，但是刷洗的时间不宜过长，在刷完之后应该及时用温水或者凉水把泡沫冲走，尽量减少化学物品对鞋的侵蚀时间。清洗过后，应马上用干抹布将残余的水擦拭干净，如果清洗的鞋是可见试气垫的，则在以上工序完毕之后。首先将气垫周围

的水擦干净，以免使有些遇水时间长就分解的胶水发生化学变化导致开胶。如果有可能的话，用牙签将鞋底纹路中在走路过程中夹住的小石子剔除出来，因为长时间夹住异物会使鞋底纹路变形，在一定程度上会影响鞋的制动性能。鞋面的清洗方法则要看鞋面主要构成的材料是什么。基本上的清洗方法就是用抹布蘸上少许清水，然后轻轻地在鞋面擦拭，并注意鞋面上的脏物是否是"硬伤"，如果是鞋面有开裂的硬伤，则跳过有伤的地方，因为如果在有伤的地方继续擦，会使伤口变得更脏，甚至裂纹变大。如果鞋面是类似于 nike 的 foamposite、adidas 在 the kobe 系列中使用的 PU material 或者是漆皮，就直接拿湿布擦一擦就可以了，属于比较易于清理的一种材料。而注意有些部分用的是另外一种人造皮革，类似于反毛皮的材料，例如 and1 taichi mid 的内侧深色部分、air Jordan 7 黑色的鞋面，清理的时候一定要注意抹布的湿润程度，一般来讲，清理这种鞋面，用太湿的布反而污渍会变本加厉的脏。但是以上方法对于布面的鞋，例如 nike air Garnett III 的一部分鞋面一概不管用，可以说这种鞋面基本上没有清理的方法了。另外如果有可能的话，应该一段时间内，将鞋带从鞋上面撤下来集中清洗一番，对于清洗后鞋的外形有一个比较好的点睛作用。

最后在穿鞋的方面，尽量避免在非正常环境下对鞋的使用，即减少在雨天、雪天和太阳暴晒下温度较高柏油马路上的使用次数。在正常的磨损不可避免的情况下，应该提高换鞋的频率，让鞋在被使用过后有一个休息的时间，在下一次使用之前，尽量恢复到一个比较"健康"的状态中。鞋一旦脏了应该尽快清理，避免污渍长时间停留在鞋上，而导致的鞋面变质等情况出现，而且长时间不清理，会增加清理的难度。

总之对篮球鞋的保养是一个需要用心的过程。

NBA 简介

NBA 是 National Basketball Association 的缩写（国家篮球协会）。成立于 1946 年 6 月 6 日。成立时叫 BAA，即全美篮协会

(Basketball Association of America)，是由 11 家冰球馆和体育馆的老板为了让体育馆在冰球比赛以外的时间，不至于闲置而共同发起成立的。BAA 成立时共 11 支球队：纽约尼克斯队、波士顿凯尔特人队、华盛顿国会队、芝加哥牡鹿队、克利夫兰叛逆者队、底特律猎鹰队、费城武士队、匹兹堡铁人队、普罗维登斯蒸气队、圣路易斯轰炸机队和多伦多爱斯基摩人队。1949 年 BAA 吞并了当时的另外一个联盟（NBL），并改名为 NBA。1949～1950 年赛季，NBA 共 17 支球队。1976 年 NBA 吞并了美国篮球协会（ABA），球队增加到 22 支。1980 年达拉斯小牛队加入 NBA。1988 年，夏洛特黄蜂队和迈阿密热火队加入 NBA。1990 年奥兰多魔术队和明尼苏达森林狼队加入 NBA。1995 年两支加拿大球队加入 NBA，多伦多猛龙队和温哥华灰熊队，使 NBA 的球队达到 29 支。而今年的常规赛还有了新军夏洛特山猫的加入，促使 NBA 做出了 57 年历史上最大的赛制变动：30 支球队被划分为两大赛区、六个分区，这一改革在加强区域对抗的同时，也让新赛季的常规赛更有看头。

NBA 规则简介

NBA 的比赛规则与国际业余篮球联合会制订的 FIBA 规则不尽相同。NBA 规则除包含 FIBA 规则中各种必不可少的行之有效的法则之外，还有自己鲜明的地域性、商业性以及保证和促进精彩表演的特点。

NBA 和 FIBA 规则的主要区别是：

（1）NBA 每场比赛为 48 分钟，分 4 节进行，每节 12 分钟；FIBA 为 40 分钟，分上下半时，每半时为 20 分钟。

（2）NBA 的 3 分线为 6.70 米；FIBA 为 6.25 米；

（3）NBA 球场面积为 27.43 米×15.24 米；FIBA 为 28 米×15 米。

（4）NBA 限制区面积为 4.88 米×5.8 米的长方形；FIBA 为 3.6 米×6 米×5.8 米的梯形。

（5）NBA 每场比赛暂停次数为 7 次；FIBA 为 4 次。决胜期暂停数 NBA 为 3 次；FIBA 为 1 次。

（6）NBA 为场上队员请求暂停，FIBA 则为教练。

（7）NBA 暂停时间每次为 1 分 40 秒；FIBA 为 1 分钟。

（8）NBA 在上半场（前两节）和下半场（后两节）各有一次 20 秒的电视暂停（广告）；FIBA 无。

（9）NBA 每次进攻时间为 24 秒；FIBA 为 30 秒。

（10）NBA 个人限犯规次数为 6 次；FIBA 为 5 次。

（11）NBA 罚球时间为 5 秒；FIBA 为 5 秒。

（12）NBA 临场裁判人数为 3 人；FIBA 为 2 人。

（13）NBA 无紧逼防守下的 5 秒违例，FIBA 有。

（14）每场比赛超过犯规次数的罚球，NBA 为球队第 5 次犯规或每半场最后两分钟犯规；FIBA 为每半场球队第 8 次犯规。

NBA 场地区域设置

NBA 的球场尺寸是长 28.65 米，宽 15.24 米。球场两端标有长方形的罚球区，长 195.79 米，宽 164.88 米。

球场两端标有 3 分投篮线，三分线距离篮筐的距离为 23 英尺 9 英寸，但在角部区域这一距离仍为 22 英尺。在篮筐为圆心，4 英尺为半径的半圆区域内，进攻球员撞击已确定防守位置的辅助防守球员将不被判进攻撞人犯规，这一区域过去是一个矩形。

罚球区圆圈的半径是 1.83 米。中圈内圆圈的半径是 0.61 米，一条中线横贯其中。另有 4 条垂直于边线宽 5.08 厘米的标志线，各距底线 8.53 米向场内延伸 0.91 米。

NBA 赛制介绍

1995 年的常规赛由于有了新军夏洛特山猫的加入，使得 30 支球队被划分为两大赛区、六个分区，这一改革在加强区域对抗的同时，也让新赛季的常规赛更有看头。诞生 58 年来，NBA 联盟曾数次调整赛区划分，有的是因为球队增减而被动为之，有的则缘于经济上的企图或赛事上的便捷主动求变，但纵观历史，任何一次都无法象现在这样引起联盟结构的巨大震荡。由于新军夏

洛特山猫队的加盟，NBA的球队总数达到了偶数。经过NBA董事会投票，决定重新划分新赛区，实行新赛制。2003年11月18日，NBA总裁大卫·斯特恩正式宣布，从2004～2005年赛季始，NBA从原先的四赛区调整为六赛区，东西部各为三个，每个赛区都为5支球队。其中为了保持平衡，将原属东部的新奥尔良黄蜂队就近划归西部。

如此一来，新赛季的联盟格局分为两个大联盟，东部联盟的成员为大西洋赛区的凯尔特人队、网队、尼克斯队、76人队和猛龙队，中东赛区的公牛队、骑士队、活塞队、步行者队和雄鹿队，以及东南赛区的老鹰队、山猫队、热火队、魔术队和奇才队。

西部联盟则包括西南赛区的小牛队、马刺队、灰熊队、黄蜂队和火箭队。西北赛区的掘金队、森林狼队、开拓者队、超音速队、和爵士队。太平洋赛区的湖人队、快船队、勇士队、太阳队以及国王队。随着赛区的调整，NBA新赛季的赛制也相应改变。

常规赛赛制变更如下：

1. 每个小赛区的球队在常规赛中要与在同一个小赛区的球队比赛四场。

2. 小赛区的每支球队要与小赛区以外，但是在同在一个大赛区的每个球队相遇三～四次。

3. 小赛区的每支球队要与不同大赛区的每支球队比赛两场。

季后赛的赛制则变化为：

1. 每个小赛区常规赛积分最高的球队直接进入季后赛，在大赛区常规赛中成绩最好的另外一支球队与前面的三支球队合成季后赛的前四支球队，并且成为季后赛的种子队。

2. 大赛区另外四个季后赛名额将根据11支球队在常规赛中的整个排名成绩分配，而不考虑球队在小赛区的排名。

3. 主客场将按照常规赛的胜率来决定。

尽管具体的赛制模式没有大的变化，常规赛依然是82场，跨大区的对手之间依然只交手两次，但细化下来，还是有实质的不同。以往的NBA每个分区多达7支或者8支球队，区域间的对

抗意识并不强烈，更为强调的是东部（西部）之间的胜负与排名，举个最简单的例子，像大西洋区的热火关注的是它在整个东部的排名，而不是聚焦于它在分区内的得失长短。

NBA 季前赛介绍

除了常规赛和季后赛，NBA 独特的比赛系统，那就是季前赛。NBA 季前赛是各支球队在 NBA 常规赛季开始前进行的热身赛。

NBA 季前赛一般有 3 大功能：

第一，磨合阵容、丰富打法及检验新老球员的竞技状态。

第二，预热 NBA 常规赛。最初，季前赛是免费对球迷开放的，近几年来，也开始对外售票。

第三，宣传 NBA，扩大海外影响。本赛季 NBA 把火箭队与国王队的两场季前赛放到了中国，引起了极大的反响。

NBA 选秀制度介绍

为了保证联盟各支球队的实力水平不致太悬殊，从而增加比赛的精彩激烈性和可看性，在每年的总决赛之后，NBA 还都会在 6 月下旬举行一年一次的"新人选秀"大会。参加"选秀"的新人一般是全美各大学的学生，他们通常是 NCAA 全美大学生篮球联赛上的佼佼者。最近几年来，受功利思想的影响，很多大学没有毕业，甚至还在上高中的球员也纷纷参加"选秀"。例如 1995 年首轮第五位被森林狼队选中的凯文－加内特，1996 年首轮第 13 位被选中的科比－布莱恩特，都是以高中生的身份直接进入 NBA 的。

对于参加选秀的年轻球员，NBA 根据他们在大学期间（或高中阶段）的比赛表现打分排名。然后，NBA 各球队按照本年度常规赛中的胜率排名，从成绩最差的球队开始，依次挑选球员，每队每一轮只能选一个新人，通常选秀进行 2～3 轮。

NBA 全明星赛介绍

NBA 全明星赛始于 1951 年 3 月 2 日，每年举行一次。该项比赛是每年由观众投票选举出全美最优秀的 24 名职业篮球运动员（东部联盟、西部联盟各 12 名），组成东部队和西部队进行对抗。NBA 全明星赛比赛时双方球员轮流上场，以充分表现当选的每个球员的球技，对胜负要求不大。因此，该项赛事开办以来，吸引了世界广大的球迷观赏。

CBA 赛制介绍

CBA（CHINESE BASKETBALL ASSOCIATION）即中国篮球协会。

由中国篮球协会主办，北京等十四个赛区承办的 2004～2005 年中国男子篮球甲 A 联赛于 2004 年 11 月 14 日在 14 个城市拉开战幕。

本赛季是 CBA 联赛的第十个赛季，中国篮协首次按俱乐部所在主场行政区域分成南北两个赛区，每赛区 7 支队伍。南区有广东宏远、八一双鹿、江苏同曦、上海西洋、浙江万马、福建浔兴和云南红河，北区有吉林东北虎、山东金斯顿、新疆广汇、陕西东盛、北京首钢、辽宁盼盼和河南仁和。

联赛开幕式将在福建主场晋江市举行。CBA 明星赛在 2005 年 3 月 6 日进行，具体地点待定。联赛分三个阶段，共 317 场。

第一阶段为常规赛季，从 11 月 24 日到 3 月 2 日，采取一周三赛的赛制。在常规赛中，每支球队都需要和本赛区的球队打两个主客场循环赛，共 24 场比赛，与另外一个赛区的球队打一个主客场循环赛，共 14 场比赛。这样，每支球队在常规赛季共有 38 场比赛，所有比赛场次将达到史无前例的 266 场，比以往的常规赛季多出 84 场。

第二阶段为分区决赛，从 2005 年 3 月 9 日到 3 月 20 日。南北赛区的小组前四名采用同组第一与第四、第二与第三的对阵方式进行三战两胜的交叉赛，分别决出南北区冠亚军及第三、第

四名。

第三阶段为总决赛,从2005年3月23日到4月23日。南北赛区的前4名将捉对厮杀。1/4决赛将采取3战2胜的方法,而半决赛和决赛则都采取5战3胜的方法。

赛事介绍

国际上的重大篮球竞赛活动除奥林匹克运动会篮球赛和世界篮球锦标赛以外,还有传统性的欧洲、亚洲、非洲、南美洲、中美洲、欧美运动会等地区性的篮球赛,以及世界大学生、中学生运动会篮球赛,世界军队和世界俱乐部篮球锦标赛等。奥运会篮球比赛历届参加的办法不断变更,到1980年的第22届奥运会时,规定为12个国家参加,产生这12个国家的办法是:上届奥运会前3名;欧洲预选赛和美洲预选赛的前3名;亚洲、非洲和大洋洲各1名。分两组进行两个阶段的比赛决定名次。每4年举办一次,设男子比赛和女子比赛。世界篮球锦标赛男子从1950年开始,女子从1953年开始,男、女比赛分别举行。每届比赛间隔时间不定,一般是4年一届,历届世界男篮锦标赛的参加办法不完全相同,到1978年第8届时,参加办法是:上届奥运会前3名,上届锦标赛前3名,欧、美、亚、非、大洋洲锦标赛冠军队和主办国,被邀请国(按规程规定,主办国可邀请1~2个国家的球队参加比赛),共14个队分3组进行预赛,各取前两名,加上上届冠军和本届主办国队,共8个队采用单循环制决赛。

世界篮球锦标赛共有六个世界锦标赛,都是每两年举办一次。

男子比赛:有16支球队参加。

女子比赛:有16支球队参加。

青少年比赛:有16支球队参加,年龄为18岁以下。

22岁及以下年龄组比赛:这是一个新设的竞赛,举办目的是为青少年球员在参加成年组比赛之前提供转变期比赛。

男子轮椅篮球比赛:于1973首次举办。

女子轮椅篮球比赛:于1990年首次举办。

斯坦科维奇洲际篮球冠军杯。斯坦科维奇洲际篮球冠军杯比赛于 2005 年在中国首都北京市首次举办，比赛是由国际篮球联合会（FIBA）主席程万琦博士发起，为表彰国际篮联秘书长斯坦科维奇先生为国际篮球发展所作出的贡献，以斯坦科维奇先生名字命名而举办的比赛。斯坦科维奇杯是各大洲的冠军或亚军之间的比赛，是世界篮球的交流。斯坦科维奇杯只在中国举行。

篮球的奥运会历史

1904 年在第 3 届奥林匹克运动会上第一次进行了篮球表演赛。

1908 年美国制订了全国统一的篮球规则，并有多种文字出版，发行于全世界，这样，篮球运动逐渐传遍美洲、欧洲和亚洲，成为世界性运动的项目。

1936 年第 11 届奥运会将男子篮球列为正式比赛项目，并统一了世界篮球竞赛规则，此后，到 1948 年的十多年间，规则曾多次修改，与现行规则有关的重要变化是：将得分后的中圈跳球，改为失分队在后场端线外掷界外球继续比赛；进攻队必须在 10 秒钟内把球推进到前场；球进前场后不得再回后场；进攻队员不得在"限制区"内停留 3 秒钟；投篮队员被侵犯时，投中罚球 1 次，投不中罚球两次等。

1952 年和 1956 年第 15、16 两届奥运会的篮球比赛中，出现了两米以上的多人，国际业余篮球联合会曾两次扩大篮球场地的"限制区"（也叫"3 分区"）；还规定，一个队控制球后，必须在 30 秒内投篮出手。

60 年代初，有关 10 秒和球回后场的规定，一度因 1960 年第 17 届奥运会后取消了中场线改画边线的中点而中止。

1964 年第 18 届奥运会后，又恢复了中场线，这些规定又继续执行。

1977 年增加了每队满 10 次犯规后，在防守犯规时罚球两次，防投篮时犯规两罚，有 1 次不中，再加罚 1 次的规定。

1981 年又将 10 次犯规后罚球的规定缩减到 8 次。很明显，人员的变化技术，战术的发展引起了规则的改变，而规则的改变又促进了人员和技术、战术的进一步发展变化。

特别是50年代后期以来，规则的改变对篮球比赛的攻守速度，对运动员的身体、技术、战术以及意志、作风等各方面都不断提出新的更高的要求，从而促进了篮球技术水平的迅速提高，女子篮球是1976年第21届奥运会上才列为正式比赛项目的。

世界十大篮球品牌

1. 斯伯丁 Spalding（1891年美国，领导品牌）。

2. STAR 世达（韩国品牌，世界著名运动品牌之一）。

3. 优能火车牌（火车头）（著名品牌，上海制球联合公司出品）。

4. 耐克 Nike（世界品牌，开始于1972年美国）。

5. 阿迪达斯 Adidas（世界品牌，开始于1948年德国）。

6. 乔丹 Jordan（耐克旗下高端篮球品牌，以迈克尔·乔丹命名）。

7. 匡威 Converse（世界品牌，开始于1908年美国）。

8. 李宁 Lining（世界品牌，中国名牌，创建于1990年中国）。

9. 锐步 Reebok（世界品牌，开始于1895年英国）。

10. 匹克（中国驰名商标，知名品牌）。

街头篮球文化

街头篮球（street-ball）起源于美国，比赛并不需要在正规的篮球场上进行，在城市广场或街边开阔地划出半个篮球场大小的平坦硬地，树立一个篮球架，即可进行比赛。近几年三人篮球传入我国，在一些大、中城市已进行了多次比赛，很受人们欢迎。

讲到街头篮球文化，不可不提的就是纽约曼哈顿区的West 4th Street 和哈林区的 Rucker Park。在这两个地区造就了许多街头篮球的英雄与神话。山羊（Earl Manigault）便是其中一个传奇，

他可以轻易地在篮板顶取下 25 美分的硬币,还有那快速的运球与切入,令对手防不胜防,身高只有 6 尺 2(188)的他可以轻易地将身高有 7 尺 2(218)的 NBA 巨星 Kareem Abdul - Jabbar 打败,从此山羊(Earl Manigault)被人们称为是"未曾打过 NBA 的最伟大球员"。但是,由于美国街头的黑道势力和毒品的影响,许多街头球员即使有再好的实力也不能加入 NBA 联盟,所以也只能在街头完成自己的篮球生涯。

由于这个缘故,街头篮球一代一代地传了下来,每个街球玩家都有自己独有的风格和技巧来赢得观众的赞同和尊重。Hot Sauce 也许是当今 21 世纪最受欢迎的街头玩家,因为他创造了许多 New Tricks(新花式),使街头篮球更具有观赏性与娱乐性。如果你能亲眼看他打球,你就会真正明白街头篮球不仅仅是一种运动,而是一种艺术,使你置身其中而感受到那份街球带来的震撼。

第二章　足球与健身

足球介绍

足球运动是以脚支配球为主，两个队在同一场地内进行攻守的体育运动项目。

一场精彩的足球比赛，吸引着成千上万的观众，它已成为电视节目中的重要内容，有关足球消息的报道，占据着世界上各种报刊的篇幅，当今足球运动已成为人们生活中不可缺少的组成部分。

据不完全统计，现在世界上经常参加比赛的球队约80万支，登记注册的运动员约4000万人，其中职业运动员约10万人。

足球运动对抗性强，运动员在比赛中采用规则所允许的各种动作包括奔跑、急停、转身、倒地、跳跃、冲撞等，同对手进行激烈的争夺。比赛时间长、观众多、竞赛场地大，是其他任何运动项目所不及的。

传统足球是20块6边形和12块5边形一共32块皮组成。足球比赛分为11人制、7人制和5人制。

标准规则

最早的一部足球规则：

1. 场地面积长150米，宽100米。在每条边线上距端线25码处，各树立两根标志杆。
2. 球门由两根立竿组成，相距1英尺。
3. 用投币选择球门或开球权。

4. 上半时比赛时间结束后，交换场地。

5. 当队员将球踢出时，同队任何队员站在球的前面较对方队员更接近对方端线时，不得参加比赛接触球，也不得以任何方式阻碍其他队员接触球。

6. 当球被踢出边线外则为死球，由对方在出界地点将球直接踢入场内，恢复比赛。

7. 当一队将球踢出对方端线时，对方任何队员谁先拿到球便可持球在垂直端线25码处发任意球。

8. 当球踢来时，队员在对方端线后面不可触球。

9. 如果球落到端线之后和边线标志杆之外时，任意球应该在距端线25码处发。

10. 当一队员踢任意球时，同队队员不得处在他与对方端线之间，并且对方队员不可站在距离他10码之内。

11. 队员可选择任何方式踢任意球。

12. 球从两竿之间或从其间上方无限高度穿过，算胜一球。

13. 在比赛进行中，可用身体任何部位接触球，但不得用手、臂、肩部持、击球。

14. 所有冲击都是公平合法的，但禁止用手抱、推，用脚绊掉或吵闹。

这套正规原始规则，经英格兰足协主席公布刊登在（BELIS LIFE）杂志上。三年后足协补充规定，球门高度为6码，宽度为8码，两立柱之间拉上一条绳，作为球门高度。

足球比赛场地介绍

球场

1. 球场面积必须符合规则的规定。国际足联曾规定世界杯决赛阶段比赛场地为长105米、宽68米。国内基层比赛的场地可因地制宜，但在任何情况下，边线的长度必须长于球门线的长度，场内各区域的面积不得变更。

2. 球场地面必须平坦，硬度合适，以不伤害运动员和不影响球的正常运行为原则。国际足联世界杯赛组织委员会曾指令世界

杯足球赛不得在人造草皮球场上进行。

界线

1. 球场各线须与地面平齐，不得做成 V 型凹槽或高出地面的凸线。线的颜色须清晰。土地球场最好用白灰粉或灰浆画线，天然草皮球场宜用熟石灰粉画线，不要用生石灰粉或灰浆浇画。为了防止雨水冲刷，亦可用白色涂料画线，但不得用木条、砖石或碎瓦等物填平的沟槽作界线。

2. 场地各线的宽度不超过 12 厘米（一般以 12 厘米为宜）。边线与球门线的宽度应包括在场地面积之内，其他各线宽度亦应包括在该区域面积之内。球门区和罚球区的丈量，都应从球门柱内侧和球门线外沿量起。球门线的宽度必须与球门柱的宽度相等。

边线与球门线

1. 边线与球门线划定的足球场是足球比赛时队员的基本活动区域。比赛开始后，未经裁判员许可，队员及其他人员不得擅自进场。

2. 当球的整体从地面或空中越过边线或球门外的球门线时，即为球出界而成死球，分别以掷界外球、踢球门球或角球恢复比赛。

3. 球门间的球门线是判断球是否进门的标准线，只有当球的整体从地面或空中越过球门内的这条线时方可算球进门。

4. 执行罚球点球时，防守方守门员应站在球门间的球门线上。

5. 在对方罚球区内踢间接任意球时，如果球距球门间的球门线不足 9.15 米，则允许防守方队员站在球门线上。

中线

1. 中线把全场划分为两个相等的半场，中线的宽度应包括在每个半场的面积之内。

2. 开球时，双方队员必须站在本方半场内（且守方队员不得进入中圈）。当裁判员鸣哨后，球被踢并向前移动时，比赛方为开始，这时双方队员可进入对方半场。

3. 队员在本方半场无越位犯规。

球门区

1. 可以在球门区内的任何一点踢球门球及本方的任意球。

2. 当球在球门区内时,裁判员令比赛停止,若以坠球恢复比赛时,应在停止比赛时球所在地点最近的、与球门线平行的球门区线上坠球。

3. 凡在对方球门区内踢间接任意球时,应在离犯规地点最近的、与球门线平等的球门区线上执行。

罚球区

1. 守门员在本方罚球区内可以用手触球。

2. 队员在本方罚球区内违犯规则,可判为直接任意球的十种犯规中的任何一种时,都应判罚球点球。

3. 踢球门球或在本方罚球区内踢任意球时:
（1）对方应退出罚球区。
（2）必须把球直接踢出罚球区,比赛才能恢复。

4. 罚球点球时,除主罚队员与对方守门员外,其他队员均须在罚球区及罚球弧外的场内、罚球点的后面;当球被踢并向前移动,比赛即为恢复,此时队员方可进入罚球区。

角球弧

踢角球时,球必须放定在角球弧内。

罚球点

罚球点球时,球必须放定在罚球点上。因大雨冲刷,罚球点模糊不清时,由裁判员确定罚球点的位置。准确位置:在球门线中垂线上,距离7.2米（12码）。

点

中线的中点俗称开球点。开球时,球必须放定在该点上。

中圈

开球时,守方队员须站在中圈以外的本方半场内。这同踢任意球时,守方队员须站在至少距球9.15米处的意义相同,其作用是保证攻方队员踢球时不受对方阻碍。

罚球弧

罚球点球时,除主罚队员与对方守门员外,其他队员均须在

罚球区及罚球弧外的场内、罚球点的后面；当球被踢并向前移动，比赛即为恢复，此时队员方可进入罚球弧。

角旗

1. 角旗是场地四周的标志，应垂直竖于边线与球门线外沿的交点处。

2. 角旗杆的高度（杆顶至地面）不得低于1.50米，杆的顶端应为平顶，以防刺伤队员。角旗颜色应与助理裁判员用旗和场地颜色有明显区别，晚间比赛使用灯光时，可用白色角旗。角旗可用布或绸料制成，规格一般为30厘米×40厘米。

中线旗

在中线两端距边线外至少1米处，可各竖立一面与角旗大小相同的中线旗，作为中线的标志。它对判断越位有益。

球门

比赛场地的球门应是固定的，门柱及横梁的宽度与厚度均应相同。球门颜色必须是白色。准确规格为：球门7.2米×2.4米。

球门网

1. 球门网的作用是帮助裁判员看清球是否进入球门，因此，球门网只能挂在球门后面，牢固地附加在球门横梁、立柱上，下端钉在地上，不得使球穿过。挂钩不得钉在门柱侧面或横梁的下沿。

2. 球门网应适当撑起，使守门员有充分活动的空间，并在球进网后不致弹出。一般较多采用从球门后面用绳将网拉起的方法。

场地四周

1. 按照比赛组织机构的要求，可在球门线的外面（一般距角旗2米、球六区线与球门线的交点3.5米、球门柱6米）画一条摄影人员限制线，摄影人员应在这条线的后面。如有广告牌的后面。

2. 官员的席位设在场外靠近中线的延长线处；替补员的席位设在距官员席位两侧各10米左右并与之相齐处。各队的教练员、替补员及工作人员应在替补席上。替补席的席位数按照比赛组织机构的要求确定,目前我国确定为 14 个席位。

3. 技术区域。技术区域一词在《足球竞赛规则》第三章中国际足球理事会决议的第二条已经提及,区域内有为球队的技术人员和替补队员提供的座位。

技术区域可以根据场地情况做大小和位置上的调整。以下是对技术区域设置的一般性指导:

(1) 技术区域是从替补席两侧向外 1 米、距边线 1 米以内的区域。

(2) 建议用标记线明确该区域。

(3) 技术区域内的人数由竞赛规程规定。

(4) 根据竞赛规程,技术区域内的人员应在比赛开始前确认。

(5) 每次只允许一人在技术区域内进行战术指挥,指挥结束后应立即退回替补席。

(6) 教练员和其他官员必须在限定的技术区域内,除非遇到特殊情况,例如理疗师或队医在得到裁判员的允许进场察看受伤队员时。

(7) 技术区域内的教练员和其他人员必须对自己的行为负责。

检查场地

裁判员应认真检查比赛场地。比赛开始前和中场休息时,对于模糊不清的界线(尤其是球门附近的界线)要令有关人员重新画出。如因雨雪致使场地泥泞、界线不清时,可在场地四周的规定位置插上 10 面小旗,小旗距界线均为 1 米,小旗的规格与角旗相同,以有助于裁判员作出判断。

(1) 国际比赛球场最大面积为:长度 100 米、宽度 64 米。

(2) 各国足球协会必须严格遵照规定的面积,布置球场。在举办国际比赛时,必须于赛前,将比赛地点及球场面积,通知客队的国家足球协会。

(3) 国际足球协会规则小组,已同意规则中所用的英制与公制对照。

(4) 端线的宽度，应和球门柱及横木的厚度相同，因此，球门柱内外边的线应是一样宽。

(5) 为了划球门区域及罚球区域，在端线上量的 6 米及 18 米的距离，必须从球门柱的内方量起。

(6) 球场的面积，包括场内各区域界线的宽度在内。

球是圆形的，以皮革或其他合适的材料制成，一般是为 12 块黑色正五边形面料与 10 块正六边形面料拼合而成。球体的圆周，不得超过 70 公分（28 吋），不得少于 68 公分（27 吋）。

球的重量，在比赛开始时，不得超过 450 克（16 盎司），不得少于 410 克（14 盎司）。球的气压，在海平面为 0.6 至 1.1 大气压力（每平方公分 600 克至 1100 克＝每平方吋 8.5 磅至 15.6 磅）。更换不合标准的球如果在比赛中，球破裂或不合标准，停止比赛。更换标准的球，在球破裂的地点，坠球重新开始比赛。

如果当时球是在球门区内，则坠球的地点是在平行球门线的球门区线上，最接近比赛停止时球的位置的地点。

如果不是在比赛中，如中场开球、球门球、角球、自由球、罚球点球或掷球入场时，球破裂或不合标准，依照规则重新开始比赛。比赛时间内，未经过裁判同意，不可更换比赛用球。

运动方式

现代足球

近代的足球，最早在 19 世纪的英国产生。人类进入 20 世纪，足球也进入了 20 世纪。

无论是传说的拿战场上的敌人的头颅；还是万人同踢一个足球在两个城市之间比赛，都已经成为过去。现代足球已经起步，并逐渐形成了职业联赛。

1903 年，比利时、丹麦、法国、荷兰、西班牙等国商议成立一个国际足球组织，然而英国作为足球的发源地却热情不高。但是足球还是开始在欧洲及美洲普及。在意大利，英国移民早在 1893 年就建立了热那亚队，1899 年，英国人和意大利人又联手建立了今天的绿茵豪门 – AC 米兰。

1899年，意大利又创办了联邦锦标赛，前7届热那亚六夺冠军，AC米兰则在1901年夺得冠军。

在南美，足球也被英国的水手移民带到了这里，托马斯·利普顿爵士创办了利普顿杯赛，成为拉普拉塔河两岸的乌拉圭和阿根廷之间的对抗赛。

现在最知名的足球联赛是欧洲的五大联赛（意甲、英超、西甲、德甲、法甲）。

美式足球

美式足球或美式橄榄球源自英式橄榄球，是橄榄球运动的一种。

橄榄球运动由英国传入美国。19世纪中叶，美国东部经常举行一种类似足球的比赛，参赛者只要把球踢过对方的得分线即得分。参赛球队队员多达30人，有时更多。

由于这种美式橄榄球最初只许用脚踢，故取名FOOTBALL，即足球之意，沿用至今，现在有人仍把这种橄榄球称为美式足球。

橄榄球传入美国后，人们把规则改变，包括改为可以向前传球。

由于球赛中往往会与对方球员有身体冲撞，因此，球员需穿保护衣及头盔出赛。

美式足球是美国流行的竞赛运动。主要用持球或抛球两种方式。得分方法有多种，包括持球越过底线，抛球到在底线后的队友，或把直放在地上的球踢过两枝门柱中间，又叫射门。比赛时间完时，得分较多的一队胜出。

美式足球首先由哈佛大学学生以一种名叫"橄榄球"的球类运动开始，这个运动的目的是要带着球跑过对手。

在美国内战结束后，美式足球开始在大学中广泛流行。这个运动最初跟英式足球相近，耶鲁大学教练坎普将它改良至比较接近橄榄球。

由于比赛身体碰撞剧烈，有报道指球员在比赛中死亡，总统西奥多·罗斯福下令将比赛规则改变才未导致此运动的灭亡。

街头足球

街头足球 streetfootball，streetsoccer 街足起源于巴西以及欧洲等地区。

经过长期的积累和演变，街足已经成为一种由一对一单挑、三对三铁笼赛、花式表演、街舞、街头音乐等多种元素构成的独特街头文化，由于街足为肢体和思想创造了无限自由和想象的空间，受到青少年的狂热追捧，街足已经超越了人种和国界，风靡全球。

踢足球的技巧

相对于篮球、排球，足球运动对场地的限制更小，更加简单易行。就算以前从未"沾"过球，但只要把踢足球当成一个游戏，积极地动起来，所有人都能从中受益。张廷安说，"两个标柱一摆，就是一个球门，三四个人也可以在足球场上'斗牛'。"

他建议说，运动前先进行至少10分钟左右的热身，可以慢跑一会，把踝、膝、腕、髋这些所有运动中会用到的关节都活动开。运动一定要适量，踢球的时候消耗体力比较大，所以不要过量，一般在45至60分钟内即可，只为参与其中，享受足球。运动后再按摩一下小腿放松放松。

张廷安还指出，就健身而言，踢球的危险因素是非常小的。

首先，以足球健身，其目的主要就是为了获得身心的愉悦，使自身健康水平得到发展。

其次，摆正心态，结果输赢并不重要，而在于享受参与的过程。另外，踢球时，避免激烈的身体冲撞，减少运动伤害发生的可能。

最基本的是练颠球，培养球感和球技，当你能分别用脚、大腿、头颠100次以上不落地也就差不多了。同时练身体素质，主要是跑。耐力跑、变速跑、加速跑、折返跑等，提高速度和腿的力量。

无球技术

起动：原地起动，活动中起动。

跑：快跑、冲刺跑、曲线跑、折线跑、侧身跑、插肩跑、后退跑。

急停：正面急停、转身急停。

转身：前转身、后转身。

假动作：无球假动作。

有球技术

踢球：脚背正面、脚背内侧、脚背外侧、脚内侧、脚尖、脚用。

停球：脚内侧、脚底、脚背正面、脚背外侧、胸部、腹部、大腿、头部。

顶球：前额正面、前额侧面。

运球：脚背内侧、脚背外侧、脚背正面、脚内侧。

抢截球：正面抢截球、合理冲撞抢截球、侧后铲球及断截球。

假动作：有球假动作。

掷界外球：原地掷球、助跑掷球。

守门员技术：准备姿势、移动、选位、接球、扑接球、击球、托球、掷球、踢球。

无球技术分析

无球技术，主要指各种不结合球的跑、跳、移动以及其他各种无球的行动。

据统计，一个控制球能力很强的队员所能控制球的时间也只有两三分钟左右，扣除各种情况下的死球停止比赛的时间外，其余大部分时间都是用于无球情况下的活动。因此，无球技术掌握运用是否合理在整个比赛中具有重要意义。

起动

2. 足球比赛中的起动，是完成各种技术动作的基础，在一定程度上影响着技术动作完成的质量，突然快速起动，能为完成各项有球技术动作赢得时间优势。

在紧逼、凶抢的严密防守中要不受到对方阻挠的去接应球，只有突然的快速起动，才有可能暂时甩掉对手，抢先插入空档去

接到和处理球。

在连续快速的传球配合中,防守队员只有突然快速起动,才有可能盯得住对手,去截获或破坏掉对手控制的球。

因此,突然快速的起动是在短距离内超越对手或盯住对手,抢占有利位置的有效手段。

3. 从生物力学角度分析,突然快速的起动也为尽快发挥速度的加速跑,提供最大冲力和动能。

4. 足球比赛中的起动是多种多样的,有在静止中,有在慢跑中,有在跳起落地后,有在倒地爬起过程中,有在转身过程中,有在后退过程中等。但是不论在什么情况下起动,都必须注意以下几点:

(1) 身体重心低,直体快速前移。

(2) 步频快、步幅小,快速有力后蹬。

(3) 两臂配合两腿动作用力快速前后摆动。

(4) 眼睛既要注意周围队员的位置变化,又要兼顾球的运动情况,有利于起动后的动作的衔接。

跑

跑是人们基本活动技能,在足球比赛中,只有掌握正确跑的技术并合理的运用各种方式的跑,才能起到积极的作用。

速度已成为现代足球运动的特点之一。而快速跑则是足球速度的重要组成部分。在全面型的足球比赛中,队员是随着球的移动及场上的变化情况下,在高速度的运动着,如进攻队员的摆脱接应拉出空档,占领有利位置等。

队员堵截争抢,互相补位,紧逼盯人等,都需要快速跑动来完成。因此,跑已是足球运动中不可缺少的重要无球技术之一。

跑的技术中主要动作是后蹬前摆。后蹬动作,首先以伸展髋关节开始,当身体重心射影线离开支撑点时,要迅速有力地伸展髋关节、膝关节,最后脚趾蹬离地面。在后蹬结束时,髋、膝、踝三关节要充分伸展。前摆是当支撑腿开始后蹬时,摆动腿以膝关节领先,大腿带动小腿积极向前上方摆动,同侧髋随之前送,以带动身体前移,大小腿自然折叠以缩小摆幅,加快前摆速度,

当大腿摆到最高点时，又开始积极下压，小腿随惯性向前摆动，用前脚掌自然而积极地着地，完成趴地动作。同时上体适当前倾和两臂迅速有力地前后摆动，配合两腿协调快速用力的蹬摆，推动身体快速向前移动。

在足球比赛中，随着攻与守的不断变化，要求队员必须全面掌握慢跑、快跑、直线跑、曲线跑、折线跑及侧身跑、插肩跑、后退跑等无球技术。

1. 快速跑

快速跑是指跑的速度程度。跑的速度是由步幅和步频决定的。

在保持一定步幅的条件下，加快步频是提高速度的重要途径。同样在保持一定步频的条件下，加大步幅也能够提高跑速。但是在足球比赛中由于所处的情况不同，要求跑动步幅、步频都要有变化，如在接近对手和球时及与对方争球的情况下，跑动步幅就要小一些，步频则要快一些，重心低一些，身体前倾角度要小，这样就能够比较容易的控制身体平衡，就可以及时地做出需要做的各种技术动作，并能随时调整改变动作和跑的方向，就有了较大的灵活性，以发挥自己的最大速度。特别是需要进行争抢、抢传、抢射等情况下，更需要加大步幅和加快步频，以争得刹那间的有利时机。

2. 曲线跑

曲线跑是为了绕过对方队员，接应来球，内切包抄，断抢来球，盯住对手时采取的跑动方法。

曲线跑时，眼睛注视周围情况和球的发展，身体向内倾斜，内肩低于外肩，内侧膝稍外展，外侧膝稍内扣，以内侧脚的脚掌外侧和外侧脚的脚掌内侧用力蹬地。

3. 折线跑

折线跑一般多是进攻队员为了摆脱对手或穿越密集防守时采用的一种跑动方法。

折线跑时，眼睛要注视自己前面的左、右空档，由一个方向突然折向另一个方向时，上体和头部要突然向预定方向扭转、倾

斜,身体重心也迅速移到这一侧,同时异侧脚用力蹬地。

4. 侧身跑

侧身跑是为了便于观察场上情况,随时准备参与攻守的具体配合时采用的调整位置的跑动方法。

侧身跑时,上体稍转向有球的一侧,脚尖对着跑动方向,眼睛随时注视球的发展和周围攻守双方队员的位置、活动情况,以便及时参加具体的配合或采取个人行动。

5. 插肩跑

插肩跑是为了限制处在与自己并肩跑的对手的跑动速度,进行争抢位置或争夺球时采用的方法。

插肩跑是当与对手并肩靠拢跑动时,把同对手接触的一侧肩突然向前探出,同时上体随之斜插入对手与自己同侧的胸前,同时同侧臂几乎停止摆动,以限制对手跑动的速度。

6. 后退跑

后退跑一般是在以少防多时,为了延缓对方的推进速度,伺机进行争抢或是当对方队员处在威胁着本方球门的情况下,为了盯住对手,限制其活动,常用后退跑。

后退跑时,重心稍下降并后移,使身体稍后倾。步幅要小,步频要快,脚蹬地后必须离开地面,但不要高抬,两臂稍张开自然摆动维持身体平衡,眼睛注视球的方位,对方队员的位置和活动情况,以及同队队员回防等情况,以便确定自己的下一个动作。

急停和转身

比赛中进攻和防守的不断变换和球的位置也随时变化。

为了甩掉对手或不被对手甩掉,需要队员有时在高速度的奔跑中突然停止跑动及突然停止跑动后立即转身或原地转身改变移动方向。

在比赛中运动员的急停和转身动作可分正面急停、转身急停、前转身和后转身。

1. 正面急停

急停时,身体重心下降并快速后移,上体稍前屈,一脚向前迈出并以脚全掌着地用力前蹬,使上体成后倾,制动身体前冲,另一腿微屈稍后开立支撑身体的平衡,停止跑动。

2. 转身急停

转身急停时,重心下降,上体稍前屈并快速向转身方向扭转、倾斜,重心移向转身方向的同侧腿屈膝外转,脚掌外侧蹬地,脚尖指向转身方向,异侧腿迅速前迈。脚掌内侧积极着地蹬地,使整个身体成内倾,制动身体前冲,停止跑动。

3. 前转身

转身时,两膝微屈,重心移向转身方向的同侧脚,上体向转身方向倾斜,扭转和异侧脚前脚掌用力蹬地的同时,身体快速转动,蹬地脚随之上步。

4. 后转身

转身时,转身方向的异侧脚蹬地,重心后移,在身体开始向后转动的同时,另一脚抬起外转并向后迈出,脚尖向后,身体转向后方。

身体假动作

在比赛中,为了摆脱对手的紧逼或为了抢夺对手控制的球,常用快速而逼真的身体虚晃动作,使对手产生错误的判断,导致作出错误的行动或动作,而达到自己的预定目的。

逼真地假动作,会使对手产生相应的反应。当对手做出相应的反应时,由假变真的动作必须做得突然迅速,才能达到预期的效果。

因此,在快速虚晃中自如控制自己身体重心的移动,是顺利完成假动作的关键因素。

总之,无球技术是足球技术不可缺少的组成部分。在练习时,既要正确理解动作的要领,又要结合必要专项身体素质和有球技术练习,以及根据足球运动的特点方能全面掌握无球技术。

踢球

踢球是运动员有目的地用脚的某一部位把球踢向预定的目的地。

因此,各种踢球的动作总是与有目的行动相连接,形成完

整的用不同脚法踢球的技术动作。

踢球是足球运动中最主要和运用最多的一项基本技术，一场比赛，每个队一般要传球350～500次左右，比赛双力平均每5～7秒钟就有一次传踢球。比赛中，踢球主要用于传球和射门，是组织进攻与防守的主要手段。

运动员踢球技术的好坏，直接影响传球、射门和组成战术的效果。因此，运动员踢球技术掌握的如何，对球队运动技术水平有举足轻重的影响。

1. 踢球动作结构分析

踢球的方法多种多样，动作要领也有所不同，但是每种踢球方法都是由助跑、支撑脚站位、踢球腿的摆动、脚触球和踢球的随球动作组成。正是这五个环节组成踢球动作完整结构。下面以脚背正面踢定位球为例。对踢球的全过程进行结构分析。

脚背正面踢球是指用脚的第一、二、三、四跖骨体及跖骨底部分，即脚背的正中部分。当足跖骨屈并稍外翻时，形成一个较大的平面就是一般所指的脚背正面，用这一部分去击球即称脚正面踢球。

（1）助跑：助跑是指准备踢球前的几步跑动，是踢球全过程的第一个组成部分。

作用：助跑的主要作用在于调整人与球的方向、距离，便于摆动腿更好地发力，增加击球的力量，助跑的最后一步要稍大，以获得一定的初速度和使踢球腿增加摆腿幅度与速度，同时制动身体的前冲。

动作过程与要求：首先是判断好距离。助跑的方向与击球方向应一致，成直线跑。

动作要放松自然，步幅均匀，整个助跑是加速度过程，特别是最后两步必须积极快速，为了加大踢球腿的摆幅和摆速，要求助跑的最后一步要稍大。支持脚的跨步选位落点要准确。

踢球前不但要获得一定的前冲力，而且为了使身体在踢球时避免过早前冲和减少前踏的角度，最后一步要用跨步，支持脚落地时必须积极着地。

容易产生的错误：初学者步点判断不好，最后一步支撑脚落点不准。另外助跑速度掌握不好，容易过快前冲影响摆腿，或没有加速，这样都会影响正确的踢球动作。

（2）支撑脚站位：助跑最后的着地脚所处的位置，就是踢球时的支撑脚站位。

作用：支撑脚站位是运动员踢球时身体重心的稳定支柱，只有稳定的支撑身体重心，踢球腿的摆动有牢固的着力点才会发挥最大的摆速。因此，支撑脚在踢球过程中既起到支撑身体重心作用又起到保持身体平衡作用。

动作过程与要求：助跑最后一步，支撑脚要踏在球的前后轴线的平行线上，脚距球的距离大在10～15厘米，脚尖正对击球方向。

随着身体前移，支撑脚成滚动式地，由脚跟过渡到脚前掌。膝关节随之微屈，膝关节的夹角在135°～150°。

首先减少直腿支撑时造成对膝关节的挤压和撞击，使缝匠肌、阔筋膜张肌、股直肌等分别承受一部分由制动作用所带来的冲力。其次是减少制动。如果直腿支撑必然造成比较大的反作用力，由于膝关节微屈起到缓冲作用，这样就可以减少支撑时地面的反作用力，起到减少制动作用。

容易产生的错误：初学者支撑脚落地不准，容易出现以下三种错误：①支撑脚落地点靠前，造成不能充分加速摆腿，小腿刚开始加速即踢到球的后上方，造成击球点用力线与地面成一定角度，出球方向不是向前，而是向前下方；②支撑脚落地靠后，此时小腿摆动已超过身体重心，使身体重心落在后面，造成臀部下坐上体后仰，脚击球点在球的后下方；造成出球方向偏高；③支撑脚距球的一侧较远或较近，也就是脚与球的距离小于10厘米或大于15厘米，这样都破坏了根据人体结构特点所需要的合理位置。造成击球点不是球的后中部，而是偏左或偏右。

（3）踢球腿的摆动：踢球腿的摆动是在支撑脚向前跨步与助跑最后一步蹬离地面时，顺势向后摆起在支撑脚着地同时以髋关节为轴，大腿带动小腿由后向前摆的动作。

作用：踢球腿的摆动是击球力量的主要来源，踢球腿的摆速与摆幅的大小直接影响击球力量。

根据力学原理：作用力的大小取决于线速度的大小。因此，要加大击球的力量，必须要加快腿的摆速，特别是小腿的急速前摆。

动作过程与要求：踢球腿的摆动可分成自然后摆和加速前摆两个阶段。

自然后摆阶段。随着支撑脚着地的同时，摆动腿以髋关节为轴自然后摆，小腿自然向后弯曲，踝关节放松。

加速前摆阶段。当大腿后摆小腿自然向后弯曲时，使髂腰肌、股四头肌、阔筋膜张肌、缝匠肌等被极度拉长后，开始功能性收缩，这样使踢球腿以大腿带动小腿由后向前摆动，当大腿带动小腿前摆时，除了以上肌肉用力收缩外，包绕膑骨的肌腱和韧带一张一缩，使腿的摆动速度急速加快。这就是小腿要以爆发式加速，以产生最大速度击球。该阶段是决定足球力量与准确性的关键阶段。

容易产生的错误：①后摆腿动作应与支撑脚落地同时进行，初学者有时容易造成支撑脚踏地后，才开始后摆，这样做使一个连贯完整的动作截然分离，破坏了动作的连续协调性；②大腿前摆时，小腿未做爆发式加速，或过早加速，造成直腿踢球的错误动作；③摆腿时应以髋关节为轴，大腿带动小腿垂直摆动，由于支撑脚脚尖未对准出球方向，造成摆腿方向不正。

（4）脚触球：脚触球包括脚的部位和球的部位及击球的刹那踝关节紧张的动作。

作用：脚触球是决定击球方向准确和力量大小的关键，整个身体力量与协调性（肌肉的放松与紧张）都集中体现在击球的瞬间使球由静止状态急速飞出。

动作过程与要求：①当小腿加速前摆时，拇趾长肌紧张扣紧足踝使脚面绷直，以脚背正面击球的后中部，击球时的作用力是通过球的中轴线沿着直线向前（踢弧线球例外）。②根据力学物体弹性碰撞原理，产生力的大小与碰撞时间成反比，与物体的质

量及速度差成正比。因此，要想使击球力量大、又准确，必须缩短腿与球接触时间，即要加快摆腿速度与加强脚面的硬度，也就是常用的术语快速摆腿，绷直脚面。③击球时身体髋关节必须处在球的垂直上方，这是脚触球的最理想时机，因为如果髋关节不在垂直上方，而在垂直线的前上方，那么小腿就不能充分快速前摆。如果髋关节落在球的垂直线后上方，这时大腿的前摆已经完成，小腿已开始向上摆，造成击球偏高。

容易产生的错误：①击球的一瞬间，足踝一定要紧。因为扣紧足踝既可以控制出球方向，又可以增加脚面硬度加大击球力量，足踝未扣紧造成出球无力；②击球时支撑脚靠前或靠后，造成髋关节不在球的垂直上方，使脚不能击球的后中部，而是后上部或下部，影响击球效果；③击球点偏左或偏右（踢弧线球例外）造成作用力的方向向左或向右，不能沿着正确方向前进。击球点在球的左后侧，作用力通过球心向左前方运行。击球点在球的左后侧作用力通过球心向右前方运行。

（5）踢球后的随前动作：踢球后的随前动作是指踢球脚与球接触时踢球腿仍以触球时的同样摆动速度继续前摆和送髋的动作。

作用：缓和因踢球腿的急速前摆而产生的前冲惯性，以维持身体平衡，同时可增大出球力量与衔接下一个动作。

动作过程和要求：当脚击球后，由于惯性作用，摆动腿应随球继续前摆，身体重心顺势前移，踢球腿的异侧手臂自然向前摆，同侧手臂用力后摆，以维持身体平衡，同时便于衔接下一个动作。

容易产生的错误：①有意识的急速停止小腿前摆，影响出球力量。②身体未随摆动腿前移，影响衔接下一个动作。

2. 踢球的方法

踢球主要有脚内侧踢球，脚背正面踢球，脚背内侧踢球，脚背外侧踢球，还有脚尖踢球和脚跟踢球。

（1）脚内侧踢球：它是用脚内侧的跖趾关节、舟骨和跟骨所构成的三角部位接触球的一种踢球方法。

特点：脚与球的接触面积大，出球比较平稳、准确。出球力量较小。

基本动作要领：踢定位球时，直线助跑，支撑脚踏在球的侧方15厘米左右处，膝关节微屈，在支撑脚着地的同时踢球腿以髋关节为轴由后向前摆动。在前摆过程中屈膝外转，踢球脚的内侧正对出球方向，小腿加速前摆，脚尖稍翘起，脚掌与地面平行用脚内侧部位击球的后中部。

脚内侧踢球在脚与球接触过程中有两种方法：一种是推送的踢法。这种踢法脚触球时，踢球腿要继续前摆，这样踢球脚与球接触的时间较长，出球易平稳。另一种是敲击踢法。踢球时，踢球腿的大腿摆动不大，只是小腿快速前摆击球，击球后，小腿突然停止前摆，该动作接触时间短促，动作有力。

容易产生的错误：①踢球腿膝盖外转不够，脚尖没有翘起；②摆腿动作太紧张，成直腿扫球动作；③踢球脚脚掌内翻。

（2）脚背正面踢球：是用脚背正面的楔骨和跖骨的末端构成部位触球的一种踢球方法特点：踢球腿的摆幅大，摆速快，踢球的力量大，出球的性能变化小，出球方向也比较单一。

基本动作要领：踢定位球时，直线助跑，最后一步稍大并要积极着地，支撑脚在球的侧方10～12厘米处，脚尖正对出球方向，膝关节微屈，踢球腿是在支撑脚前跨和助跑的最后一步蹬离地面时，顺势向右摆起，小腿屈曲。在支撑脚着地的同时，以髋关节为轴，大腿带动小腿由后向前摆，当膝盖摆至接近球正上方的刹那，小腿做爆发式前摆，脚背绷直，脚趾扣紧，以脚背的正面击球的后中部。踢球腿随球继续提膝前摆。

容易产生的错误：①支撑脚的位置靠后，造成踢球时身体后仰，踢球的后下部，出球偏高；②踢球腿前摆时，小腿过早前摆，造成直腿踢球，出球无力；③摆腿方向不正；④踢球时，因怕脚尖触地，脚背不敢绷直，造成脚趾触球。

腿背正面踢定位球，是初学者必须严格掌握的基本技术动作。而在比赛中，还常常用脚背正面踢反弹球、空中球、倒钩球及搓球等。下面就在掌握好踢定位球基础上，作为提高掌握的动

作做如下介绍：

脚背正面踢反弹球时，要准确判断球的落点、落地时间和反弹路线，身体正对来球反弹方向，支撑脚在球的侧方。当球要落地时，踢球腿的小腿急速前摆，在球刚反弹离地时，以脚背正面击球的后中部。该动作易犯的错误在于：对球的落地时间判断不准，摆腿过晚，击球的后底部，击球偏高。

脚背正面踢空中球（侧身踢空中球）时，首先要判断好球的运行路线和确定好击球点，并使身体侧对出球方向，支撑脚跨上一步，脚尖指向出球方向，上体向支撑脚一侧倾斜，踢球脚的大腿带动小腿急速向出球方向挥摆，用脚背正面踢球的后中部，在摆腿踢球的过程中身体随之向出球方向扭转。在踢球的刹那，眼睛始终注视球，身体正对出球方向。踢球后，面对出球方向。该动作的易犯错误在于：摆腿过早或过晚，造成漏踢。支撑脚尖没有对着出球方向，限制了身体的扭转。上体倾斜不够，造成踢球时腿朝斜上方挥摆，击在球的中下部，出球偏高。

脚背正面踢倒钩球时，支撑脚先向前跨一步，膝关节弯曲，上体后仰，踢球腿以髋关节为轴尽力向上方摆动。当球落到头的前上方时，用脚背正面向后勾踢。该动作易犯错误在于，上体后仰不够，膝关节太直，造成踢出的球方向不是向背后而是向上运行。

脚背正面挑起踢倒钩球时，先判断好来球的运行路线并确定好击球点，然后踢球脚上步蹬地起跳，同时另一腿上摆，使身体腾空后仰，眼睛注视来球。在另一腿下摆的同时，踢球腿以大腿带动小腿急速挥摆，两腿在空中成剪式交叉，以脚背正面踢球的后中部，踢球后，两臂微屈，手掌向下撑地，手指指向出球的相反方向，屈肘。然后背部、臀部依次着地。该动作易犯错误在于不敢跳或跳起后不敢向后仰体。

落地以手掌撑地时，手指方向不对，容易造成肘、腕挫伤。

脚背正面搓球过顶时，摆动腿的动作是由后向前下方用力，脚掌贴擦地面，脚尖插入球底，踢球的底部，使球由脚尖经脚面向前上方回旋而出。该动作易犯错误在于踢球时，脚尖未插进球

的底部，造成击球点不正确。

（3）脚背内侧踢球：是用脚背内侧的几个楔骨、趾骨末端部位接触球的一种踢球方法特点：踢球腿的摆幅大，摆速快，踢球的力量大，由于助跑方向、支撑脚选位灵活性较大，出球的方向变化幅度较大。因此，可踢出平直球、远距离弧线球等，也便于转身踢球。

基本动作要领：踢定位球时，斜线助跑，助跑方向与出球方向成45°角。支撑脚以脚掌外沿积极着地，踏在球的侧后方20～25厘米处，屈膝，支撑脚脚尖指向出球方向，身体稍向支撑脚一侧倾斜。在支撑脚着地同时踢球腿以髋关节为轴，大腿带动小腿由后向前摆，当身体转向出球方向，膝盖摆到接近球的内侧正上方的刹那，小腿做爆发式前摆，脚尖稍向外转，脚面绷直，脚趾扣紧，脚尖指向斜下方，以脚背内侧踢球的后中部（踢高球时，击球的中下部），踢球腿随球继续前摆。

容易产生的错误：①支撑脚的位置偏后，踢球时上体后仰，易把球踢高；②踢球脚尖外转不够，接触部位不正确；③没有直向出球方向摆腿，形成划弧动作以致出球点偏外。

同样，脚背内侧踢定位球是初学者必须掌握的基本动作。作为提高，下面就用脚背内侧踢过顶球、踢弧线球及转身踢球动作作如下介绍：

脚背内侧搓踢过顶球时，动作方法基本上与踢定位球相同。只是支撑脚踏在球的侧后方，踢球脚不要过于绷直，踢球的后下部，并稍有下切的动作，使球向前上方飞起并回旋。踢球脚不随球前摆。该动作易犯错误在于踢球脚没有插进球底部，击球点不在球的后下部，使球不能产生回旋。

脚背内侧转身踢球时，助跑的最后倒数第二步，要稍向出球的相反方向，即向球的侧前方跨出。在助跑最后一步蹬离地面时，略微跳动，同时身体转向出球方向，支撑脚以脚掌外沿着地，脚尖指向出球方向，上体侧前倾，膝关节弯曲。在支撑脚着地的同时，踢球腿以髋关节为轴，大腿带动小腿由后向前摆。当膝盖摆到接近球的内侧上方的刹那，小腿做爆发式前摆，脚稍外

转，脚面绷直，脚趾扣紧，脚尖指向斜下方，用脚背内侧部位击球的后中部，踢球腿随球继续前摆。该动作易犯错误在于支撑脚的脚尖没有指向出球方向。转身和踢球动作不连贯，在转身的同时，摆动腿没有积极跟随前摆。转身时，上体没有前倾。

脚背内侧踢弧线球时，用脚背内侧踢球的后中部位。摆腿的方向不通过球心，在踢球的一刹那，踝关节用力向里转并上翘，使球成侧旋沿一定的弧线运行。该动作易犯错误在于踝关节用力过大或过小。

（4）脚背外侧踢球：是用脚背外侧部位接触球的踢球方法。

特点：它除具备脚正面踢球的特点外，由于踢球时脚腕灵活性较大和摆腿方向变化较多等优点，它是踢各种距离弧线球和弹拨、削球的主要方法。

基本的动作要领：踢定位球（平直球）时，助跑、支撑脚的位置和踢球腿的摆动，基本上与脚背正面踢球相同。只是用脚背外侧接触球。在踢球腿的膝盖摆到接近球的正上方的刹那，小腿做爆发式前摆时，膝盖和脚尖内转，脚面绷直，脚趾扣紧，以脚背外侧部位踢球的后中部，踢球腿随球继续前摆。

容易犯的错误：①踢球时，膝盖和脚尖内转不够，造成接触球部位不正确。②支撑脚靠后，造成踢球时身体后仰，踢球的后下部，以致出球偏高。

脚背外侧踢定位球是初学者必须掌握的基本动作，但在比赛中，还常用脚背外侧踢弧线球或弹拨球，为了进一步了解脚背外侧踢球方法，下面就这两种踢法做如下介绍：

脚背外侧踢弧线球时，支撑脚踏在球的侧后方15～20厘米处，踢球脚的脚腕用力，并以脚背外侧踢球的后中部，摆腿的方向不通过球心，并向支撑脚一侧的前方继续摆动，以加大球的旋转。该动作易犯错误在于踢球脚的脚腕用力不够，摆腿方向靠球心轴较近。

脚背外侧踢弹拨球时，踢球腿以膝关节为轴快速侧摆或侧前摆。击球时，踝关节快速转动将球弹出，踢球脚快速收回。运用这种踢法可将球快速弹拨到踢球脚的外侧或侧前方。

(5) 脚尖踢球：它是用脚尖部位接触球的踢球方法。

特点：踢球腿的摆幅大，摆速快，踢球的着力点集中，出球快而有力，但因脚尖与球的接触面小，出球的准确性较差。

基本动作要领：脚尖踢球与脚背正面踢球动作大致相同，支撑脚踏在球的侧后方。

足球术语

弧线球

足球运动技术名词。指使球呈弧线运行的踢球技术。足球在运行中，由于强烈旋转，使两侧的空气产生压强差而形成。

由于球呈弧线形运行，故俗称"香蕉球"。踢弧线球时，脚击球的部位应偏离球的重心。

常用于绕过位于传球路线中间的防守队员，或射门中迷惑守门员，使之产生错误判断。罚直接任意球时，用弧线球射门已是得分的一种重要方法。

鱼跃扑球

足球技术名词。守门员的一种难度较高的扑球技术。以与球同侧的一脚用力蹬地，另侧腿屈膝提摆，使身体跃出腾空扑球。因是腾身侧面跃出，增大了控制的范围，故能扑出用其他动作难以扑到的球。

清道夫

足球比赛中承担特定防守任务的拖后中卫之别称。1966 年第八届世界足球锦标赛，在"固守稳攻"的战术思想影响下，为了加强防守，于后卫线后面安排一个队员，其职责是只守不攻，执行单一的补位防守任务，"打清"攻到本方球门前的来球，因而得名。

全攻全守

足球运动战术之一。一个队除守门员之外的 10 名队员都在进攻和防守的职责，称为"全攻全守"。根据比赛中攻与守的需要，每个队员都可到任何一个位置上发挥这一位置队员的作用。这一战术打破了阵式对队员的束缚，能充分调动和发挥队员的积极性的才能。同时，对队员在身体素质、技术、战术和意志品质、战斗作风

诸方面，也提出了更高的要求。1974年第十届世界足球锦标赛中，出现了这种打法，被誉为国际足球史上的第三次变革。

下底传中

足球运动进攻战术之一。指边线进攻中，通过个人带球突破，或集体配合把球推到对方端线附近，然后长传至对方球门前的战术方法。攻方在快速推进中，常乘对方防线阵脚未稳时，采用此法，中间包抄，以射门得分。

外围传中

也称"45°角传中"。足球运动进攻战术之一。当攻方有球队员在边线附近与对方球门约成45°角的地区时，用过顶长传把球传向处于对方罚球区附近的同伴，供同伴用头顶球连续进攻，称为"外围传中"。尤其在守方队员已及时退回，且密集在球门前30~40米的地区，通向对方球门的路已被封住，或攻方有身材高大、争顶球能力强的前锋队员时，动用这种打法可取得较好的效果。

交叉换位

足球运动战术术语。比赛中进攻队员为了摆脱对方的防守，在跑动中左右换位的战术配合方法。最常见的有，左侧的队员疾跑至右侧的队员前接球，右侧队员传球后，交叉跑到左侧位置。这一战术配合改变了队员只在本位置范围内活动的踢法，使之战术更变化多端。

长传突破

足球运动进攻战术之一。运用远距离传球突破对方防线的战术方法。

当代足球比赛中，多用于快速反击时。防守队员在本方球门前抢截得球，利用对方压上进攻后不及回防的时机，长传给突前的同伴，以突破对方的防线。

插上进攻

足球运动进攻战术之一。指位于第二、第三线的前卫、后卫队员，插入第一线参加进攻的战术方法。因有纵深距离，故容易摆脱对方的防守，且第二、第三线队员的插上具有较大的隐蔽和突然性。因此，更具威胁性。后卫插入前锋线直接参加进攻是全

攻全守战术的一个重要标志。

区域防守

足球运动防守战术之一。每一队员根据位置划分一定的防守区域，在划定的范围内，主要采用站位的防守方法，而不紧逼盯人。这使进攻队传接球比较容易，且在同一区域内出现两个以上进攻队员时，防守就感困难。这一防守战术比较被动，已不能适应足球运动发展的需要，现已很少采用。

补位

足球运动战术术语。比赛中集体防守的一种配合方法。指防守中本队一个队员被对手突破时，另一队员前去封堵。两人补位是集体防守配合的基础。防守队员相互间保持适当的距离和角度，是进行及时补位的前提。过去主要指后卫线队员防守时的配合。当代足球采用全攻全守战术，补位的内容也有了相应的发展。担任锋与卫的队员之间在一次进攻中相互位置交换，也成为补位的重要内容之一，从而对补位队员的技术战术意识提出了更高的要求。

密集防守

防守战术之一。球门前的 30 米区域常被称为"危险地带"。比赛中，双方为了稳固防守，往往组织相当多的人把守这一区域，形成密集状态，以加强保护，减少空隙，阻住对方的突破，称为密集防守战术。

造越位

是一种防守战术。根据规则：进攻队员在传球时，接球队员如与对方端线之间防守队不足 2 人时则为越位。防守队员利用这一规定，在对方传球之前的极短的时间内，突然向前一跑，造成对方接球队员与本方端线之间有一个防守队员的局面，使对方越位犯规。

反越位战术

这是针对对方"造越位"战术而采取的一种进攻战术。当进攻队员觉察到防守者用制造越位的战术破坏本方的进攻时，及时改变传球方向，让在后面的队员插上接球或自己直接带球快速推

进射门，从而使对方退防不及。

篱笆战术

也称人墙战术。在自己门前危险区域内，当对方罚任意球时，几个防守队员并排成"人篱笆"，以帮助守门员封住对方射门的部分角度。

撞墙式二过一

比赛中进攻时的一种过人战术，即形成两人过一人局面时，二人一传一切，接球再传者一次出球，使传球者传来的球像撞在墙上一样，从而加快过人速度。

世界性足球比赛主要有奥林匹克运动会足球赛和世界杯足球赛。

世界杯足球赛是最引人注目的，也是重视程度最高、争夺最激烈的足球赛。此外，还有地区性足球赛，如欧洲杯足球赛、亚洲杯足球赛等。

足球的魅力

足球的魅力不是一句两句能说清楚的，每个人的感悟也是不同的。

足球最大的魅力是它的精神，坚强信心拼搏等，再有它的技战术，依靠团队来赢得胜利的战术，足球永远是 11 个人在踢，再有它的个人技术，也就是明星球员的魅力。但足球永恒的魅力永远是精神和团队作战！

魅力之一：伟大的体育运动。足球是全球通用的语言。足球可以弥合社会、文化和宗教分歧。足球促进个人发展和成长，培养团队协作和公平竞争精神，建立自尊并打开新的机会之门，进而可以促进整个社会和各个国家的发展。

魅力之二：团队精神。一支球队是一个团体，不是个人的运动，这个团队甚至代表着一个学校、或一个俱乐部、或一个国家、或一个地区。

魅力之三：一切皆有可能（出人意料）。足球是圆的，没有什么不可能。这也正是足球的魅力所在，结局你可以猜，但却无

法预料和分析。

魅力之四：球员高大英俊、技艺精湛、球迷疯狂而忠实。绿茵场上涌现出大批超级巨星，备受球迷的青睐！

魅力之五：规则简单易学、普及性高。

在公平竞争的原则下，来自世界各地的不同肤色的球员，得以在同一片蓝天下、同一块绿茵场上围着一个足球奋力拼搏，那背后寄寓着世人对于足球的多少美好理想啊！一个足球最终与世界和平与发展联系起来，足见其魅力确实不凡！

足球的重量是多少

国际足联核准合格标准：

68.5~69.5厘米，球体圆周的一致性是足球的重要性能之一。圆周一致的完美球体，可以使球员更好地带球过人和控制足球运行。

为了计算足球的平均球体圆周，每个阿迪达斯比赛用球都通过10个不同的球体测试点来测量球体圆周，足球重量介于420~445克之间，每场职业比赛中都需要使用好几个足球，而用于一场比赛的每一个足球都要求拥有相同的性能。

足球重量的一致性是至关重要的。如果足球重量过轻或过重，该足球的飞行角度和路线将难以预测。

选购足球新方法

身体是革命的本钱，所以注重身体健康的人，就一定会经常锻炼的，那么体育器材的选择尤其重要，而足球就是其中的一种，足球如何进行采购呢？又是一个很有学问的问题。

通常我们都知道，制作足球外皮有两大基本材料：PVC和PU。PVC比较耐磨，价格便宜，但冬天比较硬，不环保。PU也很耐磨，价格比较高，弹性好，柔软度好。虽然都是人造皮革，但比较适合做球。较之牛皮，更易大批量生产。牛皮吸水，越踢越重，并不是做球的好材料。

根据个人所需的档次，价格和用途进行选购。比如你只是夏天或秋天踢踢,那你买 PVC 的基本上可以了,如果你是个超级球迷,一年四季都要踢球,那你一定要买 PU。

再讲一下足球内部,足球内部包括,贴在外皮上的布和被布和外皮包裹的内胆。一般来讲,PVC 足球皮革内侧要贴两层布(巴基斯坦贴 4 或 5 层布,他们用布国家补贴),PU 的球贴 3 层布。

当然布越多,缝出的球不容易露线,而且比较圆。有一些球只有一层布,一定会露线,而且会不圆。内胆分为丁基胆和橡胶胆,丁基胆是含有化学成分丁基的橡胶内胆,丁基含量越多,气密性越好。一般高档次的球都是用含 70% 的丁基内胆。一般 PVC 只用橡胶胆,也能达标。气密性也基本可以了。PU 的球有的用橡胶胆,档次高的用丁基胆。

再说一下手缝足球和机缝足球。足球一定是手缝的好,线很粗,球坚固耐用;机缝的线细,皮革多为发泡的,很软,但不耐用。手工和机器差别一定很大,但 AD、NIKE 等一级品牌的球,机缝也已经很好了。

足球运动的损伤与防治

肌肉拉伤

肌肉拉伤的部位通常在大腿后群肌、腰背肌、小腿三头肌、大腿内收肌群。肌肉拉伤后,会出现伤处疼痛、肿胀、压痛、肌肉紧张或痉挛,触之发硬的症状。检查肌肉拉伤的方法是采用肌肉抗阻力收缩试验,肌肉拉伤较轻者有疼痛感,局部肿胀、压痛症状;重者可致肌肉断裂,肿胀明显,皮下淤血显著,肌肉出现收缩畸形。

处理方法:

比赛中肌肉拉伤时,应立即冷敷,加压包扎并抬高伤肢,疼痛较重者,可口服镇静止痛剂。24 小时后可外敷中药、痛点药物注射、理疗等。

预防:

在剧烈运动前,要充分做好准备活动,平时要结合运动项目

的特点，加强易伤肌肉的力量和柔韧训练，注意各技术的动作要领的合理运用，注意外界因素对易伤部位的影响，循序渐进以防再伤。

关节韧带损伤

关节韧带损伤主要是由间接外力作用引起的一种闭合性损伤，损伤的部位通常在踝关节、膝关节、掌指关节等，关节韧带损伤后会出现局部疼痛、肿胀，局部有明显压痛，关节运动功能受到障碍等症状，检查韧带损伤的方法是采用关节侧搬试验。

处理方法：

比赛中关节韧带扭伤时，应立即冷敷，加压包扎，抬高伤肢并适当休息，以减轻出血和肿胀，24～48小时后，拆除包扎，根据伤者情况，可采用中药外敷，痛点药物注射、理疗和按摩等。

预防：

平时要注意加强关节周围肌肉力量和韧带柔韧性练习，提高关节的稳定性和活动的幅度，运动前要充分做好准备活动，注意加强保护和自我保护，消除引起损伤的各种不利因素。

擦伤和撕裂伤

擦伤和撕裂伤对比赛和训练的影响并不算严重，往往最容易被忽视。出现此类情况最重要的是防治皮肤感染。对于创口浅、面积小的擦伤，可用生理盐水或凉开水洗净伤口，周围用70％酒精棉球消毒，创口上抹涂红汞或紫药水，不需要包扎即可。创口内若有煤渣、细沙等异物，要用生理盐水或凉开水冲洗干净，用双氧水，周围皮肤用酒精棉球消毒，然后用凡士林纱条覆盖创面，再用消毒敷料包扎，对于皮肤撕裂伤，若伤口小，经止血、消毒处理后，用黏膏黏合即可，伤口大则需要缝合，必要时使用抗菌素治疗。

肌肉痉挛

肌肉痉挛（俗称抽筋）是肌肉不自主的强直性收缩，在运动中以小腿腓肠肌最易发生，造成肌肉痉挛的最主要的原因是因运动量过大、肌肉疲劳；直接原因是因为出汗过多，体内电解质大量丢失所致，出现痉挛时，伴有肌肉僵硬，疼痛难忍久不缓解等

症状。

处理方法：

解除肌肉痉挛的方法采用牵引痉挛肌肉，排除小腿腓肠肌痉挛时，应让患者仰卧或坐位，膝关节伸直。牵引患者足部，将患者足踝关节缓慢地背伸，此外配合局部按摩，点穴或针刺（承山，委中穴等）。

预防：

运动前充分做好准备活动，对易发生痉挛的肌肉，运动前适当按摩，在天气过热的时候应适当补充水、盐、维生素 B_1，防止肌肉痉挛的出现。

关节脱臼（脱位）

关节脱臼是因为外力作用，使关节面之间失去正常连接关系的一种损伤形式，分为半脱臼和完全脱臼两种，前者是关节面部分错位，后者是关节面完全脱离原来的位置，严重的关节脱臼常伴有关节囊撕裂，关节周围韧带、肌腱及其附着组织的损伤，造成关节脱臼的主要原因是摔倒后的落地姿势不正确造成的。处理的方法如下。

首先是止痛，抗休克。一旦发生脱臼，应嘱咐伤者保持安静，不要活动，更不可以揉搓脱臼部位。如脱臼部位在肩部，可把患者肘部弯成直角，再用三角巾把前臂和肘部托起，挂在颈上，再用一条宽带缠过胸部，在对侧胸打结，送医院就诊治疗。

骨折

骨折是足球运动中较为严重的损伤，主要发生在小腿腓骨，膝前膑骨、足外踝、肩锁骨等部位。分为两种：一种是皮肤不破没有伤口，断骨不与外界相通的闭合性骨折；另一种是骨头的尖端穿过皮肤，有伤口与外界相通的开放性骨折。

处理方法：

如在比赛中出现小腿骨折，应用两块有垫夹板放在小腿的内、外侧，两块夹板上至大腿中部，下至足部，用4~5条宽带分别在膝上、膝下和踝部缚扎固定。足踝部骨折，应取一块直角夹板置于小腿后侧，用棉花或软布在踝部和小腿下部垫妥后，用

宽带分别在膝下、踝上和足跖部缚扎固定。

颈椎骨折时，应使头部固定于伤后位置，不屈不伸不旋转，数人协力把伤员搬至木板上、头部两侧用沙袋或卷起的衣服固定，用数条宽带把伤员缚扎在木板上，严谨头颈左右旋转与屈曲。

预防：

运动前要充分做好准备活动，准备活动充分做开以后，关节的灵活性加大了，有利于身体能更协调的开展各种技术运动作的练习，同时，平时要加强保护与自我保护意识，如跳起以后，落地时要适当的缓冲，倒地时，要适当的做一些滚翻的动作，这些都是能够预防骨折的方法。

足球运动能在增进健康、增强体质、培养品德、陶冶情操等方面体现价值，只要我们能消除、避免或控制在足球运动中产生的一系列的损伤因素，相信我们足球的未来是美好的，光明的，灿烂的。

踢足球的健身效果研究

丹麦哥本哈根大学运动科学系研究小组，选择了37名31岁到33岁、健康状况相似的男性，把他们分成3组：踢足球者、慢跑者和不运动者。

踢足球者和慢跑者每周运动3次，每次1小时。研究人员在他们运动前后，用仪器测试他们的心速和肌肉组织。

研究人员经过12周研究发现，踢足球者脂肪减少3.7%，新增肌肉约2千克。慢跑者脂肪仅减少2%，肌肉没有明显增加。不运动者两项指标均变化微小。

研究人员分析，虽然踢足球者和慢跑者平均心率相同，但踢足球者需要运用爆发力，所以心脏功能可以得到充分锻炼。

研究人员还发现，慢跑者运动时，常感精疲力竭，而踢足球者较少出现这种情况。

研究小组负责人彼得·克鲁斯多普说："人们踢足球时获得更多快乐，他们更专注于进球和团队合作，而不是疲劳和肌肉，疼痛。"

健身效果佳

绿茵场并不仅仅是男性和专业女足队员的地盘，对于普通女性来说，一样能从踢球中收获快乐与健康。

绿茵场几乎全是男性的地盘。虽然好处多多，但女性该如何迈出走向绿茵场的第一步？

足球健身效果最"全能"

这项研究选取了100位成年女性作为研究对象，她们被分成足球组、跑步组和对照组。前两个组每周锻炼两次，每次1小时。

经过16周的调查，研究者发现，跑步组的女性希望练出好身材，增强体质；足球组的女性则专注于足球游戏本身，希望能在共同的游戏中收获快乐与友谊。最终的结果是，这些"足球女将"在改善身材方面取得了更显著的成果。

在踢足球时，需要完成短跑、转身、踢、扭动等多个动作，这些都有助于提高心肺功能和全身力量。16周过后，足球组的女性不仅提高了最大摄氧量、肌肉力量，身姿也更加矫健，特别是跑动能力增强了，正可谓"健步如飞"，新陈代谢也更加旺盛，综合效果比单纯的跑步要好很多。可以说，踢球是一项"全能""复合"的锻炼方式。

踢球还加深了人际间的沟通。足球组的成员说，正是因为能在团队的交流中获得快乐，她们才充满了动力，不想错过每一次锻炼。

研究结束后，她们依然坚持定期踢球，一些妈妈还会让自己的孩子加入进来。而跑步组的成员很少有人能坚持跑步，但有一些人加入了踢球者的行列。还有一些人说，踢球经历让她们在与人沟通时更加自如、自信。

就健身而言，踢球对人体所产生的综合效用，是跑步、游泳等锻炼形式难至及的。

跑步所作用的只是单一的人体运动系统，而踢球除此之外，还会对人体的思维系统产生积极影响，尤其是心理上的合作与对

抗能力，以及思维的决策意识和应变能力。

球场上的每一次传球和跑动，都需要球员"眼观六路"，脚下灵活，与对手进行对抗，同队友形成协作配合，并立即做出判断和反应。

踢足球有哪些好处

一般性的好处

1. 有效预防心血管病。体育锻炼时，由于肌肉的紧张活动，心脏工作增加，心肌的血液供应和代谢加强，心肌纤维增粗，心壁增厚，心脏体积增大，外形圆满，搏动有力。这一切也是治疗心血管病的良方。

心血管病是当今世界上危及人类生命的头号杀手。据报道，在我国，死于心血管病的人亦居首位。大量研究表明，参与有规律的体育锻炼，可以显著地降低心血管病形成和发生的危险性。

2. 降低糖尿病发生的危险性。糖尿病的特征之一是人的血糖水平很高，如果不加控制，还会引起其他许多健康问题，如视力减弱和肾亏等。有规律的体育锻炼，能控制血糖的提高，从而使个体产生糖尿病的可能性大大减小。

3. 提高消化系统的功能。体育锻炼会增强体内营养物质的消耗，使整个肌体的代谢增强，从而提高食欲；另外，还会促进胃肠蠕动和消化液分泌，改善肝脏和胰腺的功能，从而使整个消化系统的功能得到提高，为人体的健康和长寿提供良好的物质保证。

4. 控制体重与改变体形。过分肥胖会影响人的正常生理功能，尤其容易造成心脏负担加重，寿命缩短。

如果一个人的皮下脂肪超过正常标准的15%～25%，那么，他的死亡危险率会增加到30%。由于体育锻炼能减少脂肪，增强肌肉力量，保持关节柔韧，故可控制体重，改善体形和外表。

5. 增强心脏功能。良好的体育锻炼，可以增强心脏功能，使脉搏输出量增加，能使动脉血管壁的中膜增厚，平滑肌细胞和弹力纤维增加；使骨骼肌肉的毛细血管分布数量增加，分枝吻合丰

富；使冠状动脉口增粗和重量增加；心肌的毛细血管数量增加，这均有利于包括心脏本身在内的器官供血和机能的提高。同时，体育锻炼还可以使血压有所下降，并能降低血清胆固醇含量，对于预防高血压、冠心病有良好的作用。

总言之，经常参加体育锻炼，可以提高身体素质，这是因为身体锻炼是在特殊条件和特殊环境下进行的，有机体必须最大限度地动员和发挥身体各器官系统机能，如神经调节，呼吸加强，血液循环加快，这样天长日久，各种身体素质就会不断提高。

其他好处

1. 更有效改善呼吸系统的功能。

足球是集跑步与腿部运动于一身的。

在跑步、传球、射球的过程中，会加强呼吸的深度，从而吸进更多氧气，排出更多的二氧化碳，从而使肺活量增大，肺功能加强。这是由于主要的呼吸肌群（隔肌、肋间内外肌、肋提肌、上下后锯肌等）和呼吸辅助肌群（斜角肌、胸锁乳突肌、胸小肌、胸大肌等）加强收缩，并促进这些肌肉本身的发育，胸廓扩张，胸腔容积增大，肺泡发育良好，呼吸的力量增强，肺活量，肺通气量和吸（摄）氧量增大。

有研究指出，经常锻炼的人由于身体适应能力较强，其呼吸显得平稳、深沉、匀和，频率也较慢，安静时呼吸频率为 7～11 次/分，而不锻炼的人呼吸频率为 12～18 次/分，女性比男性快 2～3 次/分。

2. 强化腿部的骨骼。

足球是训练腿部的最佳运动。

在不断运动腿部的过程中，由于促进了新陈代谢，骨的血液供给得到了改善，骨的形态结构和机能都发生了良好的变化：骨密质增厚，使骨变粗，骨小梁的排列根据压力和拉力不同更加整齐而有规律，骨表面肌肉附着的突起更加明显。这些变化使骨变得更加粗壮和坚固，从而提高了骨的抗折、抗弯、抗压缩和抗扭转方面的功能。

坚持体育锻炼，还可以增强关节周围的力量，关节囊和韧带

也增厚，从而增大关节的稳固性；同时，体育锻炼使关节囊、韧带和关节周围肌肉伸展性加大，从而提高关节的灵活性。

3. 更有效地延年益寿。

有一项持续 10 年的研究显示，不运动的人比时常踢足球的人早逝的可能性大 42.5%。原因是身体不运动，便会加快多处衰老，甚至会未老先衰。而这些不运动的人对于癌症、心脏等的抵抗力也是比踢足球等的人为低。

欧洲五大联赛

欧洲五大联赛是当今世界上职业化、商业化最好、水平最高的联赛。五大联赛包括：英超、西甲、意甲、法甲、德甲。

1857 年，世界上第一个足球俱乐部谢菲尔德俱乐部建立。以后世界各国陆续建立了很多俱乐部。在欧洲，利物浦、皇家马德里、曼联、巴塞罗那、阿森纳、切尔西、拜仁慕尼黑、AC 米兰、国际米兰、尤文图斯、多特蒙德、罗马、拉齐奥、波尔图、马赛、里昂、凯尔特人、阿贾克斯、埃因霍温等队都是战绩卓著，历史悠久，球迷众多。欧洲俱乐部有冠军杯、联盟杯和优胜者杯三大联赛。1999 年，优胜杯取消。利物浦、巴塞罗那、阿贾克斯、曼联、拜仁慕尼黑和尤文图斯得过三大杯。而阿贾克斯、曼联和尤文图斯还取得过欧洲超级杯、本国顶级联赛、杯赛、超级杯和世界俱乐部杯（丰田杯）冠军，完成了大满贯。南美的足球俱乐部也颇具影响力，最著名的是博卡青年、河床、圣保罗、桑托斯等队。他们的洲际比赛叫南美解放者杯。

第三章 乒乓球与健身

乒乓球概述

现时的乒乓球直径40.00毫米，重量2.6~2.8克，白色、黄色或橙色，用赛璐珞制成，乒乓球台长274厘米、宽152厘米、高76厘米，中间有横网，运动员各站球台一侧，用球拍击球，球须在台上反弹后才能还击过网，以落在对方台面上为有效。比赛以11分为一局（曾经长期实行21分制，最早甚至出现过100分制）采用五局三胜（团体）或七局四胜制（单项），比赛分团体、单项（单打、双打、混双）。

1926年，国际乒乓球联合会（ITTF, International Table Tennis Federation）正式成立，并决定举行第一届世界乒乓球锦标赛。五十多年来，乒乓球运动的发展大约经历了三个阶段。初期，运动员使用的球拍虽形状各异，但都是木制的，击出的球的速度慢，力量小，谈不上什么旋转，打法也单调，只是把球推来推去。

1936年，第十届世界乒乓球锦标赛在匈牙利布格拉举行，大赛中出现了令人惊叹的局面。男子团体冠军争夺赛，在罗马尼亚和奥地利进行。比赛从星期天21时进行，孰料双方派出三名削球手，由于打法相同，双方水平又接近，且都用了蘑菇战术，不肯轻易挑板，而且企图从对手的失误中取胜。比赛进行到三时还是2:2。当地规定，公共场所必须在三时关闭，惹来了警察干涉，最终耗时31时，奥地利才以5:4战胜。

1903年，英国人古德发明了胶皮球拍，有力地促进了乒乓球技术的发展，从1926年到1951年，世界各国选手大都使用表面

· 65 ·

有圆柱形颗粒的胶皮拍。击球时增加了弹性和摩擦力，可以使球产生一定的旋转，因而出现了削下旋球的防守型打法，这一打法在欧洲流行长久，不少运动员采用这种打法获得了世界冠军。这一时期乒乓球运动的优势在欧洲，其中匈牙利队成绩最突出，在117项次世界冠军中，他们获57项次，占欧洲队的一半。但这种球拍只能以制造下旋为主，人人皆此，磨来守去，即使夺得了冠军也毫无意义。20世纪50年代初，奥地利人发明了海绵球拍，日本运动员道德在世界比赛中使用，并一举夺取得第十九届世界锦标赛的四项冠军，打破了欧洲运动员的垄断地位。由于日本运动员利用这种球拍创造的远台长抽进攻型打法，具有正手攻球力量大，速度快，发球抢攻威胁大等优点，因而速度慢、旋转弱、攻击力不强的欧洲防守型打法被逐渐取代，使日本夺得了50年代乒乓球运动的优势，1952年到1959年，在49项次世界冠军中，日本队夺得24次项次，占47%。这是乒乓球运动水平的第一次大提高。

1959年，容国团获得了第二十五届世界乒乓球锦标赛男子单打冠军后，中国运动员开始登上了国际乒坛。逐渐形成了以"快、准、狠、变"为技术风格的直拍近台快攻打法。在1961年第二十六届世界锦标赛中，中国队既过了欧洲关，又战胜了远台长抽加秘密武器——"弧圈球"打法的日本选手，第一次夺得了男子团体世界冠军。并连续获得第二十七、二十八届男子团体冠军。中国近台快攻的优点是站位近，速度快，动作灵活，正反手运用自如，比日本远台长抽打法又大大前进了一步。60年代，中国乒乓球技术水平位于世界最前列，乒乓球运动的优势由日本转移到中国。这是乒乓球运动水平的第二次大提高。

在日本、中国乒乓球运动发展的同时，欧洲运动员从失败中总结经验教训，经过近二十年的努力，终于取日本弧圈球技术和中国近台快攻打法之长，创造出适合于他们的先进打法，即以弧圈球为主结合快攻的打法。代表人物是匈牙利的克兰帕尔和约尼尔。以快攻为主结合弧圈球的打法，是以正反手快攻为主要技术，用反手快拨快攻力争主动，以正手拉弧圈球寻找机会扣杀为

得分手段。代表人物是瑞典的本格森、捷克的奥洛夫斯基等。这两种打法的特点是放置较强，速度快，能拉能打，低拉高打，回旋余地较大。乒乓球运动又推进到放置和速度紧密结合的新高度。这是乒乓球运动水平的第三次大提高。

20世纪70年代以来，由于国际交往和学习研究的加强，各种打法互取长短，使乒乓球技术得到了更快的发展和提高。比如，我国近台快攻、直拍快攻结合弧圈球、横拍快攻结合弧圈球等打法和技术，均有所发展和创新，在国际比赛中取得了优良的成绩。现在，乒乓球已发展成为各国人民喜爱的运动项目之一。国际乒乓球联合会亦已拥有127个会员协会，是世界上较大的体育组织之一。由国际乒联和各大洲乒联举办的世界锦标赛、世界杯赛、洲际比赛及各种规模和形式的国际比赛不胜枚举。1982年，国际奥委会关于从1988年起把乒乓球列为奥运会正式比赛项目的决定，必将激起世界各国对乒乓球运动的进一步重视，推动乒乓球运动更快地发展。

乒乓球得名的由来

1890年，几位驻守印度（India）的英国海军（navy）军官偶然发觉在一张不大的台子上玩网球颇为刺激，后来他们改用空心的小皮球代替弹性不大的实心球，并用木板代替了网拍，在桌子上进行这种新颖的"网球赛"，这就是Table tennis得名的由来。

Table tennis出现不久，便成了一种风靡一时的热门运动。20世纪初，美国开始成套地生产乒乓球的比赛用具。最初，Table tennis有其他名称，如Indoor tennis。后来，一位美国制造商以乒乓球撞击时所发出的声音创造出Ping－pong这个新词，作为他制造的"乒乓球"专利注册商标。Ping－pong后来成了Table tennis的另一个正式名称。当它传到中国后，人们又创造出"乒乓球"这个新的词语。

在日语里，乒乓球叫做"卓球"。乒乓球运动的很多用词是从网球变来的。打乒乓球所用的球叫Ping－pong ball或Table－

tennis ball，乒乓球台叫 Ping – pong table，台面称 court，中间的球网称 net，支撑球网的架子叫 net support。

乒乓球单人比赛原来一般采取三局两胜或五局三胜制（每局21分），2001年改为七局四胜制或五局三胜制（每局11分），所谓"局"，英文是 set。发球叫 serve。

乒乓球起源于英国，欧洲人至今把乒乓球称为"桌上的网球"，由此可知，乒乓球是由网球发展而来。19世纪末，欧洲盛行网球运动，但由于受到场地和天气的限制，英国有些大学生便把网球移到室内，以餐桌为球台，书作球网，用羊皮纸做球拍，在餐桌上打来打去。

20世纪初，乒乓球运动在欧洲和亚洲蓬勃开展起来。1926年，在德国柏林举行了国际乒乓球邀请赛，后被追认为第一届世界乒乓球锦标赛，同时成立了国际乒乓球联合会。

乒乓球运动的广泛开展，促使球拍和球有了很大改进。最初的球拍是块略经加工的木板，后来有人在球拍上贴一层羊皮，随着现代工业的发展，欧洲人把带有胶粒的橡皮贴在球拍上。在20世纪50年代初，日本人又发明了贴有厚海绵的球拍，最初的球是一种类似网球的橡胶球，1890年，英国运动员吉布从美国带回一些作为玩具的赛璐珞球，用于乒乓球运动。

在名目繁多的乒乓球比赛中，最负盛名的是世界乒乓球锦标赛，起初每年举行一次，1957年后改为两年举行一次。

1904年，上海一家文具店的老板王道午从日本买回10套乒乓球器材，从此，乒乓球运动传入中国。

乒乓球与其他球相比，有什么特点？

1. 乒乓球是一个个人项目，最多就是双打两个人，更多的时候要求的是独立作战的能力，打得好与坏，自己的因素占了90%以上，就算有教练在场外指导，那也只是一个大体战术的思路，还是需要自己去融会自己的想法和教练的意图，独立思考、分析每一个来球的旋转、落点、速度等。从处理每个球来说，是没有人可以帮你的，这也是乒乓球不同于足球、篮球等集体项目的重要方面。我的一个好朋友是足球爱好者,他对足球等集体球类项目有这样的理解:"无论在场上还是场下,都必须跟队友搞好关系。关系不好,是没有人传球给你的。技术再好也无从发挥。"集体项目强调的是团队合作,可以让人学会怎样与人相处,这是集体项目的一个韵味。

2. 乒乓球的旋转变化之多、打法之众恐怕没有其他球类项目能比得上。直拍和横拍,反胶、正胶、生胶、长胶以及防弧等,每一种的区别都非常大,因而乒乓球选手的技术风格非常多,球的旋转变化也千变万化。有人认为这是乒乓球不能在欧美等国家推广的重要原因,因为观众经常对一些球员的失误感到莫名其妙,而把回合少归罪于胶皮。其实这正是乒乓球区别于羽毛球、网球等的重要因素。各式各样的武器、千变万化的旋转、百花齐放的打法正是乒乓球运动魅力之所在。中国男队有马琳和王皓等高水平直拍选手,还不显得打法上太单一,但女队主力层几乎全部都是横拍两面反胶,这在观赏性上逊色不少。

3. 乒乓球的速度之快也没有其他球类项目能出其右。它要求选手在瞬间就对球的旋转、速度、落点、力量等作出判断和反应,对反应速度有很高的要求,打球时间长的人都有一种预判性的球感。

4. 乒乓球技术的优美性。技术风格的多样性决定了每个人的动作有不同的美感。例如老瓦的快慢自如、刘国梁的贼、萨姆索洛夫的慢、金泽洙的步伐之快、王涛的突然加速、丁松与朱世赫的削中反攻,还有女队的陈静的优雅、邓亚萍的凶狠、张怡宁和王楠的黏、高军、陈子荷的怪等,都是球场上一道美丽的风景线。

乒乓球运动的特点

乒乓球运动是智能、技能、体能三者兼容以智能为主隔网对抗的运动项目。运动员挥拍打出的每一个球,都包含有速度、旋转、力量、弧线和落点五个竞技要素。比赛得分是按规则将球击中对方桌面迫使对手回球出界或落网。其特点是球小、速度快、

变化多、技巧性强、趣味性高，设备比较简单，不受年龄、性别和身体条件的限制，在室内外都可进行，运动量可大可小，具有广泛的适应性和较高的锻炼价值，比较容易开展和普及。

乒乓球运动集健身、竞技、娱乐性于一体。经常打乒乓球能提高视觉的敏锐性和神经系统的灵活性，使人心情舒畅，想象力丰富，利于提高学习和工作效率；能改善人的心血管、脑血管系统的机能，使人的反应加快，身手敏捷，动作协调，四肢灵活、柔韧，形体健美；能提高控制情绪的能力及培养机智果断、勇敢顽强、勇于进取和敢于拼搏的优良品质与作风。此外，生活、工作中产生的不良情绪，也可在打乒乓球锻炼中得到缓解和宣泄，起到积极的心理调节作用，提高社会的适应能力。

乒乓球拍的保养

1. 避免受热。乒乓球拍的海绵和胶皮受热后易老化，黏性和弹性降低，俗称"死了"。板子受热后也容易变形，影响击球的准确性。同时，避免海绵和胶皮接触汽油，一旦接触汽油，橡胶制品就会变形、变质，这一点应特别注意。因为海绵是一个膨胀体，在使用过程中，不能过分牵拉、重压，在温度比较低的地方打球，要注意适当保温，底温会影响海绵的弹性。用单张的胶皮和海绵板的人，在更换胶皮时，要用火烤式电熨斗烫，使胶皮与海绵之间的胶水充分溶化，以防因换胶皮损坏海绵。胶水可以使海绵发泡，增加弹力，但与底板进行粘贴时，要使用无毒的专用胶水，这样既可以保护海绵，也可以保护底板。

2. 防止非正常外力的擦、碰、挤压。以正确的动作击球，球拍是不会磕碰球台的。当球拍不用时，最好放在专用的拍套里，同时在拍套内放一块木制或塑料制的平板，最大限度地减少外力对球拍的影响。

3. 保持球拍表面的清洁胶皮面一旦有了污垢，黏性就会大大地降低，此时，正胶的拍子可用干净的布蘸清水轻轻擦净。反胶的拍子每次打完球后都要用柔软的布料蘸清水擦净，一定要注意避免在胶皮的表面上擦出划痕，最后在表面上贴一层尼龙纸或薄软的塑料片。球拍收藏时应置于通风干燥处，远离热源，避免阳光暴晒，更不能球拍上堆压重物。在乒乓球工具中，胶皮种类繁多，但大体上可以分为两类，一类是反贴，一类是正贴。反贴中包括反胶和防弧胶皮，正贴包括正胶、生胶和长胶。由于含胶量的不同，反胶胶皮摩擦力较大，表面有吸附作用，黏着力强，胶皮与球接触点不易滑动，有利于增加球的旋转。为了充分发挥这一特点，在使用反胶时，最重要的是要保持胶皮的清洁。不要用有油的手擦拭胶皮。每次打完球后，可用清水将胶皮冲净，贴上塑料薄膜；如果用清水还不易去除的脏物，也可用诸如肥皂等清洁剂洗净，晾干，再用。

正贴胶皮含胶量低，齿粒硬度大，摩擦力小，胶皮与球接触，面积小，容易滑动。基于这样的特点，使用正胶时，要特别注意保持胶皮的干燥。如果在潮湿的地方打球，可使用干燥剂擦拭胶皮，以减少胶皮表面的湿度。正贴胶皮的底皮一般都较薄，在与海绵粘贴时，一次不要往胶皮上涂过多的胶水，以防因胶皮打"卷"，造成无谓损耗。

乒乓球场地设施

1. 场馆标准
奥运会乒乓球比赛在体育馆内进行，馆内的具体标准为：

2. 比赛区域
包括可容纳4张或8张球台（视竞赛方法而定）的标准尺寸（8米宽、16米长）的正式比赛场地、比赛区域还应包括比赛球台旁的通道、电子显示器、运动员、教练员坐席、竞赛官员区域（技术代表、裁判长、仲裁等）、摄影记者区域、电视摄像区域以及颁奖区域等所需要的面积。

3. 灯光
奥运会为了保证电视转播影像清晰，要求照明度为1500～2500勒克斯，所有球台的照明度是一样的。如果因电视转播等原因需要增加临时光源，该光源从天花板上方照下来的角度应大于75°。比赛区域其他地方的照明度不得低于比赛台面照明度的1/

2. 光源距离地面不得少于5米。场地四周一般应为深颜色，观众席上的照明度应明显低于比赛区域的照明度，要避免耀眼光源和未遮蔽的窗户的自然光。

4. 地面

地面应为木制或经国际乒联批准的品牌和种类的可移动塑胶地板。地板具有弹性，没有其他体育项目的标线和标志。地板的颜色不能太浅或反光强烈，可为红色或深红色；不能过量使用油或蜡，以避免打滑。

5. 温度

馆内比赛区域的空气流速控制在0.2~0.3米/秒之内，温度为20~25℃，或低于室外温度5℃。

乒乓球器材规格

场地规格赛区应由0.75米高的同一深色的挡板围起，并与相邻的赛区及观众隔开。每张球台的比赛场地面积为8米×16米。场地内放有球台、球网、球、挡板、裁判桌、裁判椅、记分器等。每张球台至少还要使用两台电子记分牌，决赛时使用四台。电子记分牌安放在乒乓球比赛场地两侧后面或四角，牌上有运动员的姓名、所属国家或地区、时间、各局比分等，使观众在看台上可以清楚地看到显示屏上的比分。体育馆内还有一个所有观众都能看清楚的大电子显示屏，能同时显示所有球台比赛的有关信息。决赛或仅使用一张球台比赛时，裁判员使用话筒，以方便全场观众观看比赛。器材规格球台——高76厘米、长2.74米、宽1.525米，颜色为墨绿色或蓝色。球网——高15.25厘米、台外突出部分长15.25厘米，颜色与球台颜色相同。球——呈白色或橙色，且无光泽，直径40毫米、重量2.7克的硬球。挡板——高0.75米、宽1.4或2米，颜色与球台颜色相同，所有器材均由国际乒联特别批准和指定，在整个比赛过程中包括训练设施均必须采用相同牌号的器材。

乒乓球观赛礼仪

乒乓球运动是一项很细微的运动。在比赛过程中，运动员的心理和精神都处于一种高度集中的状态中，运动员需要用眼睛仔细观察对手球拍撞击球时的动作、时间、部位、拍形和来球的运行情况及对手的表情等；还要用耳朵听出对手球拍撞击球的声音，从而判断出来球的旋转、速度、力量、落点、节奏情况以及对手的心理状态、可能采取的战术等方面的情况，同时还要考虑自己如何回球。运动员对这些情况的正确判断和击出有威胁的回球，除了依赖自身的能力以外，还需要一个很好的赛场环境，因此，观看乒乓球比赛应该注意以下几点：

1. 从运动员准备发球开始到这个球成为死球的这一段时间内，整个赛场要保持安静，不要鼓掌、跺地板、大声讲话、呐喊助威、随意走动、展示旗帜和标语等。

2. 不要使用闪光灯拍照。闪光灯对乒乓球比赛的影响是非常大的，因为乒乓球球拍和球的碰撞是在瞬间完成的，闪光灯会闪花运动员的眼睛，使运动员无法判断来球的质量，从而影响到回球的质量和命中率。

3. 呐喊助威时要轻一些，不要将锣鼓和喇叭带进体育馆内，因为过大的声音、过激的语言会影响到运动员的心情和注意力。哪一方输了，不要产生嘘声，否则给球员带来压力；也不要对裁判产生嘘声。

4. 场馆内禁止吸烟；手机关闭或调整到振动、静音状态。

乒乓球的主要战术

一、推攻战术

特点：主要运用正手攻球和反手推挡的速度和力量，并结合落点变化和节奏变化来压制和调动对方，以争取主动或得分。推攻战术是左推右攻打法对付攻击型打法的主要战术，有反手推挡能力的两面攻运动员、攻削结合运动员等也常使用它。

方法：握拍方法

①左推右攻；②推挡侧身攻；③推挡、侧身攻后扑正手；④左推结合反手攻；⑤左推、反手攻、侧身攻后扑正手。

注意事项：

1. 推、攻都要有线路变化、落点变化和节奏变化，这是推攻战术争取主动和创造扣杀机会的主要方法。

2. 推挡一般以压对方反手为主，然后突然变正手，以创造进攻机会。如果对方正手较差，才可以推对方正手为主。

3. 在推挡中突然加力推对方中路，使对方难于用力回击，然后用正手或侧身扣杀。

4. 遇到机会球时要果断扣杀，这是推攻战术得分的主要手段。

5. 推攻战术要坚持近台，又不能死守近台，要学会近台和中台的位置转换，掌握对手节奏。

6. 推攻战术对付弧圈类打法应坚持近台为主，用快推和加、减力推挡控制落点，伺机采用近台反拉或中等力量扣杀弧圈球，然后进入正手连续进攻。

二、两面攻战术

特点：主要利用正、反手攻球技术的速度和力量压制对方，争取主动和创造扣杀机会。两面攻技术是两面攻打法对付攻击型打法的主要战术。

方法：

1. 攻左扣右；2. 攻打两角，猛扣中路。

注意事项：

1. 正、反手攻球都要有线路变化和落点变化，以便创造扣杀机会。

2. 要以压对方反手为主，然后攻击对方正手或中路，以创造扣杀机会。

3. 遇到机会球时要大胆扣杀。

4. 两面攻战术在主动进攻情况下要坚持近台，被动情况下可适当后退，在中近台或中台进行反攻。

5. 两面攻战术对付弧圈球打法应坚持近台，用快带顶住对方

的弧圈球，伺机采用近台反拉或中等力量扣杀弧圈球，然后转入连续进攻。

三、拉攻战术

特点：运用正手快拉创造进攻机会，然后采用突击和扣杀作为得分手段。拉攻战术是快攻打法对付削球类打法的主要战术。

方法：

1. 正手拉后扣杀；
2. 反手拉后扣杀。

主要事项：

1. 拉、扣的力量要有较大的悬殊，以使对方措手不及。
2. 拉球要有线路和落点变化以调动对方，争取主动和创造进攻机会。
3. 遇到机会球时要大胆扣杀或突击。
4. 采用拉攻战术要有耐心，不要急于求成，对没有把握的机会球不要过凶。

四、拉、扣、吊结合战术

特点：由拉攻与放短球相结合而成，是快攻型打法对付削球打法的常用战术。

方法：

1. 在拉攻战术的扣杀或突击后放短球。
2. 在拉攻战术中放短球后，结合扣杀或突击。

主要事项：

1. 拉攻中放短球，要在对方站位较远并且来球比较近网时进行，这样，放短球的落点容易靠近球网，可增加对方向前移动的距离和难度。
2. 放短球后扣杀时，如果对方靠台极近，可对准对方身体方向扣杀，这样，往往能使对方难于让位还击。

五、搓攻战术

特点：主要运用"转、低、快、变"的搓球控制对方，以寻找战机，然后采用低突、快点或拉攻等技术展开攻势并进入连续进攻；在搓球中，遇到机会球时进行扣杀，常常带有突然性，往

往可以直接得分。搓攻战术是乒乓球各种打法都不可缺少的辅助战术。

方法：

1. 正、反手搓球结合正手快拉、快点、突击或扣杀。
2. 正、反手搓球结合反手快拉、快点、突击或扣杀。

注意事项：

1. 搓攻战术既要尽可能早起板，以争取主动，但又不能有急躁情绪，否则，起板容易失误。
2. 在搓球中，遇到机会球时要大胆扣杀，这是搓攻战术的主要得分手段。
3. 在搓短中摆短，可使对方不易抢先进攻，故有利于创造进攻机会，以便伺机用正、反手或侧身进攻。

六、削中反攻战术

特点：由削球和攻球结合而成，常以逼角加转削球为主，伺机反攻；或以转、低、稳、变的削球，迫使对手在走动中拉攻，以从中寻找机会，予以反攻。这种战术有"逼、变、凶、攻"的特点，是攻、削结合打法的主要技术。

方法：

1. 正、反手削球逼角，结合正手攻或侧身攻对方右侧空当。
2. 正、反手削两大角长球，结合正、反手反攻。

注意事项：

1. 正、反手削球都要注意旋转强度的变化。在削加转后用削加转球相似的手法削不转球，是使对方拉出高球，以进行反攻的有效方法。
2. 削球时要尽可能压低弧线，以避免对方扣杀或突击。
3. 削球逼角时要适当配合削另一角，以使对方在走动中击球。

七、发球抢攻战术

特点：发球抢攻战术是以旋转、线路、落点以及速度不同的发球来增加对方回击的难度，使其出现机会球，或降低回球质量，然后抢先进攻，以争取主动或直接得分，这是乒乓球所有打法特别是进攻型打法的主要战术和得分手段。

方法：

1. 发下旋转与"不转"抢攻。

2. 发正、反手奔球抢攻。

3. 发正、反手侧上、下旋球抢攻。

注意事项：

1. 发球要有线路和落点变化，以使对方前、后、左、右走动中接发球。

2. 发球后要有抢攻准备，以不失抢攻的机会。

3. 自己发什么球，对方可能以什么技术回击，要做到发球前心中有数，这样，才能较好地做好抢攻的准备。

4. 抢攻要尽可能凶，又不能过凶，否则，会影响命中率。

八、接发球抢攻战术

特点：由某一单项攻球技术所形成，进攻性强，可变接发球的不利地位为主动地位，也可直接得分，是乒乓球运动各种打法特别是进攻型打法的主要战术。

方法：用快点、快攻或中等力量突击进行接发球抢攻。

注意事项：

1. 由于接发球抢攻是在对方主动发球，自己处于被动的接发球地位时所采取的进攻性打法，所以难度较大。接发球抢攻一般不可过凶，要看准来球的旋转方向、旋转强度和高度，采用适当的方法进攻。例如对方发加转下旋球，接发球抢攻时要采用提拉手法，以免下网，同时，攻球的力量不可过大。

2. 接发球抢攻动作结束后，要立即作好对攻或连续攻的准备，以便继续处于主动地位。

3. 接发球抢攻、抢冲的力量越小，应越注意球的路线或落点，一般应多打在对方反手；若对方反手强而正手弱，则可多打在对方正手。

弧圈结合快攻：以弧圈球为主，快攻为辅，当今最流行的打法，男子中这种打法的可能占八成。一般两面反胶，如世界冠军王励勤、张怡宁，前国手乔红、何智丽等。

快攻结合弧圈：以快攻为主，弧圈球为辅，占位比前者近，一般一面反胶，一面是正胶、生胶、长胶（也有两面都是正胶、生胶、长胶的）。如世界冠军邓亚萍、陈静，世界名将金香美、黄文冠等。

削中反攻：以被动的削球为主，伺机反攻的打法，50年代时曾垄断世界乒坛。现在从事这种打法的较少了，男子有前国手丁松（攻多削少）、韩国名将朱世赫，女子有韩国名将金景娥、国手范瑛等。

怪球：现在基本没有这种打法了，没有确凿的定义。一般是以长胶削、磕、拱、飘等技术集合封堵来球，伺机（用倒板技术）反攻，代表人物有前国手陈子荷、倪夏莲等。

乒乓球拍的基本使用方法

1. 球拍柄右侧贴在示指的第三关节处，以示指的第二关节压住球拍的右肩，示指的第一关节自然向内弯曲，拇指的第一关节压住球拍的左肩（拇指与示指之间的距离要适中）。其他三指自然弯曲斜重叠，以中指第一指节托于球拍背面，使球拍保持平稳。

这种握拍法，手腕比较灵活，可以在发球时利用手腕动作，发出动作相似而旋转、落点不同的球；也可以很灵活地打出斜、直线球；对台内球的处理也较为有利，由反手位用反手击球后再打正手位的来球，以及由反手位用反手击球后进行侧身正手攻球时，有利于正、反手两个技术动作的协调结合。对中路追身球，手腕可以自然下垂，通过手腕来调节拍形，对来球进行合理的回击，用这种握拍法进行正手攻球时，拇指与中指协调用力，示指相对放松，无名指微离中指，指尖轻托球拍背面，以保持发力时球拍的稳定。进行反手攻球或推挡球时，示指和中指协调用力，拇指相对放松。用手腕发力时（包括正、反手击球），以中指发力为主，拇指和示指保持拍形的稳定，同时作辅助用力。

2. 握拍方法与第一种基本相同，但拇指与示指之间的距离较大（钳形较大），这种握拍法有利于上臂和前臂的集中发力，因此，中、远台攻球，正手攻球，扣杀球都比较有力。但由于拇指

与食指之间的距离较大，握拍较深，对手腕的灵活性有一定的影响，对处理台内球、转球、推挡球和追身球差。

3. 拍柄右侧贴在示指第二三关节之间，以拇指和示指的第一关节压住球拍的左、右两肩，两指间的距离适中（但比第一种握法要小一些），以中指的第一指节左侧将球拍背面托住，无名指和小指斜叠在中指之下，用无名指辅助中指托住球拍背面，使球拍保持平稳。

这种握拍法为部分两面攻的运动员所采用，其优点是进行反手攻球时，提起前臂后拍头朝上，有利于反手高压打球，使打出去的球快速有力。这种握拍法，由于沉手时拍形下垂，因此，在进攻中路迫身球时比较协调。由于拇指与示指之间的距离较小，手腕比较灵活，因此，易于处理台内球，对突击加转球也较好，其缺点是对正手离身球因拍形下垂而难以高压击球，同时因手腕比较灵活，拍形不易固定。

乒乓球的打法

可以分为许多类型，现在的国际乒坛上主要有以下几种打法：

直拍左推右攻，例如中国台北的蒋澎龙、韩国的柳承敏、中国的杨影；

直拍横打弧圈结合快攻，例如中国的马琳、王皓、李静；

横拍弧圈结合快攻，例如中国的孔令辉、王楠、王励勤；

横拍快攻结合弧圈，例如中国的邓亚萍、张怡宁；

削攻结合，例如韩国的朱世赫、金景娥、中国的丁松。

乒乓球发球方式

一、正手发奔球

1. 特点：球速急、落点长、冲力大，发至对方右大角或中左位置，对对方威胁较大。

2. 要点：①抛球不宜太高；②提高击球瞬间的挥拍速度；③第一落点要靠近本方台面的端线；④点与网同高或稍低于网。

二、反手发急球与发急下旋球

1. 特点：球速快、弧线低，前冲大，迫使对方后退接球，有利于抢攻，常与发急下旋球配合使用。

2. 要点：①击球点应在身体的左前侧与网同高或比网稍低；②注意手腕抖动发力；③第一落点在本方台区的端线附近。

三、发短球

1. 特点：击球动作小，出手快，球落到对方台面后的第二跳下不出台，使对方不易发力抢拉、冲或抢攻。

2. 要点：①抛球不宜太高；②击球时，手腕的力量大于前臂的力量；③发球的第一落点在球台，不要离网太近；④发球动作尽量与发长球相似，使对方不易判断。

四、正手发转与不转球

1. 特点：球速较慢，前冲力小，主要用相似发球动作，制造旋转变化去迷惑对方，造成对方接发球失误或为自己抢攻创造机会。

2. 要点：①抛球不宜太高；②发转球时，拍面稍后抑，切球中下部；越是加转球，越应注意手臂的前送动作；③发不转球时，击球瞬间减小拍面后仰角度，增加前推的力量。

五、正手发左侧上（下）旋球

1. 特点：左侧上（下）旋转力较强，对方挡球时向其右侧上（下）方反弹，一般站在中线偏左或侧身发球。

2. 要点：①发球时要收腹，击球点不可远离身体；②尽量加大由右向左挥动的幅度和弧线，以增强侧旋强度；③发左侧上旋时，击球瞬间手腕快速内收，球拍从球的正中向左上方摩擦；④发左侧下旋时，拍面稍后仰，球拍从球的中下部向左下方摩擦。

六、反手发右侧上（下）旋球

1. 特点：右侧上（下）旋球力强，对方挡住后，向其左侧上（下）反弹，发球落点以左方斜线长球配合中右近网短球为佳。

2. 要点：①注意收腹和转腰动作；②充分利用手腕转动配合前臂发力；③发右侧上下旋球时，击球瞬间球拍从球的中部向右上方摩擦，手腕有一个上钩动作；④发右侧旋球时，拍面稍后仰，击球瞬间球拍从球的中下部向右侧下摩擦。

七、下蹲发球

1. 特点：下蹲发球属于上手类发球，我国运动员早在50年代就开始使用，横拍选手发下蹲球比直拍选手方便些，直拍选手发球时需变化握拍方法，即将示指移放到球拍的背面，下蹲发球可以发出左侧旋和右侧旋，在对方不适应的情况下，威胁很大，关键时候发出高质量的球，往往能直接得分。

2. 要点：①注意抛球和挥拍击球动作的配合，掌握好击球时间；②发球要有质量，发球动作要利落，以防在还未完全站起时已被对方抢攻；③发下蹲右侧上、下旋球时，左脚稍前，身体略向右偏转，挥拍路线为从左后方向右前方，拍触球中部向右侧上摩擦为右侧上旋；从球中下部向右侧下摩擦为右侧下旋；④发下蹲左侧上、下旋球时，站右中部向左上方位稍平，身体基本正对球台，挥拍路线为从右后方向左前方，拍触球摩擦为左侧上旋；从球中部向左下部摩擦为左侧下旋；⑤发左（右）侧上、下旋球时，要特别注意快速做半圆形摩擦球的动作。

八、正手高抛发球

1. 特点：最显著的特点是抛球高，增大了球下降时对拍的正压力，发球速度快，冲力大，旋转变化多，着台后拐弯飞行，但高抛发球动作复杂，有一定的难度。

2. 要点：①抛球勿离台及身体太远；②击球点与网同高或比网稍低，在近腰的中右处（15厘米）为好；③尽量加大向内摆动的幅度和弧线；④发左侧上、下旋球与低抛发球同；⑤触球后，附加一个向右前方的回收动作，可增加对方的判断（结合发右侧旋球，更有威力）。

乒乓球术语

一、比赛台面的区域

1. 左、右半区　又称1/2区，其方向对击球者本身而言。
2. 近网区　指距球网40厘米以内的区域。

3. 底线区　指距端线30厘米以内的区域。

4. 中　区　指介于近网区和底线区之间的区域。

5. 边　区　指靠近球桌边缘的区域。

二、球拍拍形

球拍拍形包括拍面角度、球拍横度和拍面方向。

1. 拍面角度　拍面角度是指拍面与台面所形成的角度。

（1）拍面与台面成90°为垂直。

（3）拍面与台面形成的角度小于90°为前倾。

（4）拍面与台面形成的角度大于90°为后仰。

2. 球拍横度　指球拍绕前后转动所形成的球拍角度变化，拍柄与球台端线垂直时为0°，随球拍绕前后轴不断转动二增加其左横角度；当拍柄与端线平行时，为左横90°；球拍围前后轴向右转至与球台端线平行时，为右横90°，平常所说的球拍呈半横状，即是横度为45°之意。

3. 拍面方向　拍面方向是指球拍左右偏转时，与球台端线所形成的角度。

三、击球部位

击球部位是指击球时球拍触球的具体位置，它基本上与拍形角度相吻合。

1. 上部；

2. 上中部；

3. 中上部；

4. 中部；

5. 中下部；

6. 下中部；

7. 下部。

四、击球时间

击球时间是指来球在本方台面弹起后至回落的那段时间。

1. 上升前期：球从台面弹起刚上升的阶段。

2. 上升后期：球弹起接近最高点的阶段。

3. 最高点期：球弹起达到最高点的阶段。

4. 下降前期：球从最高点开始下降的最初阶段。

5. 下降后期：球下降到接近台面之前的阶段。

五、击球路线

击球路线是指从击球点到落台点之间形成的线。五条基本线路（以击球者为基准）为：正手斜线、正手直线、侧身斜线、侧身直线、中路直线。中路直线球在实际比赛中是随时以站位而定的，即追身球，也称中路追身路。

六、击球点

击球点是指击球时，球拍与球接触瞬间的那一点所属空间的位置，这是对击球者所处的相对位置而言，包含以下三个因素：

1. 球处于身体的前后位置。

2. 球与身体的远近距离。

3. 球的高、低位置。

乒乓球比赛规则

一、发球、接发球和方位的选择

1. 选择发球、接发球和场地的权力应通过抽签来决定，中签者可以选择先发球或先接发球，或选择先在某一方。

2. 当一方运动员选择了先发球或先接发球或选择了场地后，另一方运动员应有另一个选择的权力。

3. 在每获得二分之后，接发球方即成为发球方，依此类推，直到该局比赛结束，或者直至双方比分都达到10分，实行轮换发球法，这时发球和接发球次序仍然不变，而且每人只轮发一分球。

4. 一局中在某一方位比赛的一方，在该场的下一局应换到另一方位。单打决胜局中当有一方满5分时应交换方位。

二、发球、接发球次序和方位的错误处理

1. 裁判员一旦发现发球、接发球次序错误应立即暂停比赛，并按该场比赛开始时确立的次序，根据场上的比分由应该发球或接发球的运动员发球或接发球；在双打中，则按发现错误时那一

局中首先有发球权的一方所确立的次序继续进行比赛。

2. 裁判员一旦发现运动员应交换方位而未交换时，应立即暂停比赛，并按该场比赛开始时确立的次序，根据场上比分纠正运动员所站的方位后再继续比赛。在任何情况下，发现错误之前的所有得分均有效。

三、合法还击

对方发球或还击后，本方运动员必须击球，使球直接越过或绕过球网装置。或触及球网装置后，再触及对方台区，凡属上述情况，均为合法还击。

四、重发球

不予判分的回合出现下列情况，应判重发球：

1. 如果发球员发出的球，在越过或绕过球网装置时触及球网装置，此后成为合法发球或被接发球员或其同伴阻挡。

2. 如果发球员或同伴未准备好时球已发出，而且接发球员或其同伴均没有企图击球。

3. 由于发生了运动员无法控制的干扰，如灯光熄灭等原因，而使运动员未能合法发球、合法还击或未能遵守规则。（运动员与同伴相撞或者被挡板绊倒而未能合法回击，则不能判重发球。）

4. 裁判员或副裁判员宣布的暂停比赛。例如：①由于要纠正发球、接发球次序或方位错误；②由于要实行轮换发球法；③由于警告或处罚运动员；④由于比赛环境受到干扰以致该回合结果有可能受到影响（例如外界球进入赛场或者是足以使运动员大吃一惊的突然喧闹）。

五、判一分

回合中出现重发球以外的下列情况，应判失一分：

1. 未能合法发球。
2. 未能合法还击。
3. 阻挡。
4. 连续两次击球（如执拍手的拇指和球拍连续击球）。
5. 除发球外，球触及本方台区后再次触有本方比赛台面。

6. 用不符合规定的拍面击球。

7. 双打中，除发球或接发球外运动员未能按正确的次序击球。

8. 裁判员判罚分。

9. 其他已列举的违例现象。

六、一局比赛

在一局比赛中，先得11分的一方为胜方；比分出现10平后，先多得2分的一方为胜方。

七、一场比赛

1. 一场比赛应采用三局两胜制或五局三胜制。

2. 一场比赛应连续进行，但在局与局之间，任何一名运动员都有权要求不超过两分钟的休息时间。

八、轮换发球法

1. 如果一局比赛进行到15分钟仍未结束（双方都已获得至少9分除外）；或者在此之前的任何时间，应双方运动员要求，应实行轮换发球法。计时员应在每一局比赛的第一个球进入比赛状态时开表；在比赛暂停时停表，恢复比赛时重新开表。比赛暂停包括：球飞出赛区至重新回到赛区、擦汗、决胜局交换方位及更换损坏的比赛器材。一局比赛进行到15分钟尚未结束，计时员应报"时间到"。

2. 当时间到时，球仍处于比赛状态，裁判员应立即宣布暂停比赛，由被暂停回合的发球员发球继续比赛。当时间到时，球未处于比赛状态，应由前一回合的接发球员发球，继续比赛。

3. 出现上述情况时，计数员应在接发球方每一次击球后报出击球数，在使用轮换发球法时，计数员报数应用英语或用双方运动员及裁判员均能接受的任何其他语言。

4. 此后，每个运动员都轮发一分球直至该局结束，如果接发球方进行了十三次合法还击，则判发球方失一分。

5. 轮换发球法一经实行，该场比赛的剩余部分必须继续进行，直至该场比赛结束。

中国乒乓球神话诞生地

1992年,张燮林率领中国乒乓球女队备战第二十五届奥运会,首次进驻河北正定训练基地,16年间走出几十位世界冠军的正定国家乒乓球训练基地的前身,而很难想象的是,这座被蔡振华称作"世界上最好"的乒乓球基地,前身却只是一个小学的乒乓球运动队。

与女排的漳州基地、足球的香河基地不同,正定基地的发展并非依靠行政指令和国家投资,追溯正定训练基地发展历史,他的起点颇具戏剧性,能够最终成为"国球"的大本营,完全依靠一位体育老师的执著。

正定地处冀中平原,北连北京、石家庄,交通便利,这也是中国乒乓球队将训练基地设于此处的原因之一。

正定地处冀中平原,古称常山、真定,历史上曾与北京、保定并称"北方三雄镇",是河北省会石家庄的北大门,地理位置优越,交通便利,京广铁路、107国道、京深高速公路纵贯南北,石德铁路、石太铁路、307国道、石黄高速公路穿境而过,坐落境内的石家庄机场已开通20多条国内外航线。

打乒乓球的技巧

影响乒乓球技术的四大基本因素是乒乓球有各种各样不同打法,还有多种战术。不管是什么打法,战术如何变化多端,乒乓球技术离不开四个基本因素,那就是:力量、速度、旋转和落点。

力量作用于球,是通过球的前进速度和旋转强度表现出来的。

如果你在进攻当中猛力扣杀,使对方接不好,那么你就要打得有力量。

如果你是在加强旋转的强度,无论是制造上旋或下旋,那么你一定要用力摩擦球。

为了尽量减少对方的准备时间,你必须抓紧时间,争取在最

短、最快的时间内把球回击到对方的台面上，使对方措手不及，这就是速度。

为了增加对方还击的难度，还可以制造各种旋转球，迫使对方回球失误后"出机会"球，这就是旋转。

乒乓球台不大，要使自己打过去的球更具威力，必须要调动对方前后、左右的移动或奔跑。因此，需要讲究落点。

乒乓球发球技术的八个注意

1.注意发球动作要符合规则

发球动作只有两部分组成，①一只手的上抛动作：上抛高度大于等于16cm，上抛动作要在球台端线外、高于台面且需垂直上抛；②另一只手的挥拍动作：若按照新规则，要高于台面，并且要使两侧居中的裁判和对方运动员的视线能看清动作。

2.注意发球的针对性

知己知彼，百战百胜。发球前，应尽可能地了解对方的基本情况和特点：基本情况主要有：①是直拍还是横拍；②是左手还是右手；③是亚洲选手还是欧美选手；④是生胶还是半长胶；⑤是反胶还是正胶；⑥是近台快攻打法还是削攻打法；⑦是初次见面还是熟手，对上述情况，要做到心中有数。如果有条件的话，最好通过热身、录像、报导等，了解对方的特长，了解对方发球、击球、落点规律和球路。

3.注意发球直接得分

通过学习研究各种螺旋发球，练就最拿手的发球和绝招发球，如练发擦边球、回头球、近网边线球，在发球的开局，直接得分。在开局和中局，就争取主动，把比分拉开，这在"十一分制"中，显深得格外重要。

4.注意为发球抢攻做准备

总体上来说，发球为抢攻做准备的，就是用各种方法提高发球的质量，增加对方接球的难度，使对方回球质量不高，从而为抢攻创造了条件。

具体说来，应注意下面几点：

（1）利用对方的漏洞和弱点，在落点、旋转、力量、曲线上不断地变化，从而提高发球的质量，创造抢攻的机会。

（2）研究发球的规律，在发球时，就大体上可以预测对方回球的线路，从而提高抢攻成功的概率。

（3）利用组合发球的威力，调动对方。如发近网、短而转的球，组合发底线，左、右、近身、长而急的球，往往能收到事半功倍的效果。

（4）利用旋转的组合，如发近网转和不转的球，及发近网侧下旋球和"左爆冲侧上螺旋球"，把球发到对方左边线。这样旋转的组合，使对方感到难以适应，从而控制了比赛的节奏，使攻球频频得分。

5.注意发球的力量

谈到发球的力量，特别是发球加力，人们常会联想到加力的后果，不是球飞出界，就是球弹跳太高。但是实际上，发加力短球，球又短、又转、又低、落点好；发加力长球，球又长、又急、又转、落在左右边角上，正是体现了乒乓球的艺术性、技术性。它不仅在实践中可以做得到，在理论上也是正确的。只要我们在加力时，控制好撞击力和摩擦力的比例，适当增加球在球拍上摩擦时的螺旋线的长度、减少摩擦厚度、适当延长球在球拍上摩擦的时间，就可以达到上述效果。

6.注意发球的旋转

乒乓球旋转的多样性和由此产生的曲线的丰富性，在所有的球类运动中是独一无二的。那么如何制造出各种各样的旋转，特别是动作相似而性质不同的旋转呢？主要应注意如下几条：

如何练好接发球在乒乓球比赛中，相对其他的环节，如发球抢攻或相持，接发球的难度最大。因为它完全受发球者的控制，而接发球对发球者在技术上没有任何限制的方法，大大增加了接发球的不可预测性，所以，不断提高接发球的能力，合理的把所掌握的技术运用到接发球中，是迅速提高比赛实践能力的关键。

乒乓球接发球技术要点

接发球的判断的正确与否，直接影响接发球的方式和接发球的成败。为了判断发球的旋转性质、旋转强度及来球线路落点，应利用各种信息进行综合分析。

1. 就对方发球时的站位，决定自己接发球的站位。
2. 观察对方发球前的引拍方向。
3. 观察球拍触球瞬间摩擦球的方向，判断球的旋转性质。
4. 观察发球时挥臂的动作幅度和手腕用力大小，判断球的落点长短和旋转强弱。
5. 根据发球的第一落点判断来球的长短。
6. 根据球在空中的飞行弧线判断旋转。
7. 根据手感判断来球的旋转。
8. 记住不同性能球拍的颜色及各自的性能。

接发球技术的具体运用

1. 接上旋转（奔球）正反手攻球或推挡回接，拍面适当前倾，击球的中上部，调节好向前的力量。
2. 接下旋长球用搓球、削球、提拉球回接，搓或削时多向前用力。
3. 接左侧上下旋球可采用攻球和推挡（搓球或拉球）回接，拍面稍前倾（后仰）并略向左偏斜，击球偏右中上（中下）部位，以抵消来球的左侧上（下）旋力。
4. 接右侧下、下球可采用攻球或推挡（搓球或拉球）回击，拍面稍前倾（后仰）并向右偏斜，击球偏左中上（中下）部位；回接要点和方法与接左侧上、下旋球相同。
5. 接近网短球用快搓、快点或台内突击回接，主要靠手腕和前臂的力量。
6. 接转与不转接在判断不准的情况下可轻轻地托一板或撇一板，但要注意弧线和落点。
7. 接不同性能球拍的发球，长胶、生胶、防弧胶的发球基本属不转球,用相应的方法回接。

8. 接高抛发球,如球着台后拐弯的程度大,应向拐弯方向提前引拍。

论乒乓球与健身

乒乓球是一项有氧耐力运动,对于业余选手,这是一项非常好的健身运动,强度适合,老少皆宜,安全,对于想减肥增肌降压降糖,提高心血管耐力的人是最适合的。

乒乓球运动技术动作主要有:正手技术动作——拉、冲、打、挑、搓、(削)等;反手技术动作——拉、打、冲、拨(推)搓(削)等。以及与之配合的各种步法移动,都得配合适当,否则是打不好乒乓球的。

要很好地完成这项技术运动,就必须具备良好的专项速度、灵敏度力量及耐力素质。另外,更重要的是,业余选手必须是一个乒乓球运动的爱好者,并具备有坚韧不拔的坚强意志和吃苦耐劳的决心,不怕苦,不怕累,持之以恒,艰苦锻炼,循序渐进地刻苦练习,才能逐步提高。

常打乒乓球专项身体训练,才能使专项素质练习发挥实际,各部位器官都能得到锻炼,特别是能全面提高视觉功能,包括中心视力和运动视力等。视光学上的视觉基本训练中,就有追踪、辨认、搜寻等训练方式,而乒乓球运动恰恰包括了上述所有的眼球动作。

造成眼睛疲劳的最根本原因是眼睛长期承受近距离阅读的压力,缺乏有效的放松"运动",而在打乒乓球时,一则脱离了近距离用眼的环境,二则双眼必须紧紧盯着穿梭往来,忽高忽低、忽左忽右、旋转多变的快速来球,眼睛视点不断跟着转动、眼球不断转动,眼肌血液循环增加,眼神经功能提高,眼睫状体在远近调解中恢复松弛,晶状体凸变减少,故能使眼睛消除或减轻疲劳,起到预防作用。

除了防治近视外,由于扫视、跟随、注视等眼球运动伴随着乒乓球的全运动过程,所以,经常打乒乓球可令运动视力得到提高,对提高大脑的反应速度也大有好处。

总之,上述运动是一种有趣的视力训练,它可以帮助人们更好地使用视力,提高视觉效率,进而提高运动成绩和生活质量,所以,乒乓球与身体健康是相关密不可分的。

乒乓球既是一项竞技活动,也是一项人们喜闻乐见的全民健身活动项目。它是一项集力量、速度、柔韧、灵敏和耐力素质为一体的球类运动,同时又是技术和战术完美结合的典型,从健身的角度而言,乒乓球运动对场地和器材的要求不高,对健身者身体条件的要求相对较为宽松,无论男女老幼均可以收到良好的健身效果。

一、强身健体

乒乓球的球体小,速度快,攻防转换迅速,技术打法丰富多样,既要考虑技术的发挥,又要考虑战术的运用,乒乓球运动中要求大脑快速紧张地思考,这样可以促进大脑的血液循环,供给大脑充分的能量,具有很好的健脑功能。

乒乓球运动中既要有一定的爆发力,又要有动作的高度精确,要做到眼到、手到和步伐到。相对其他项目来说,乒球运动不仅锻炼大脑,也锻炼全身的肌肉,更重要的是提高了身体的协调和平衡能力。

因此,经常从事乒乓球运动的人,不仅头脑反应快,而且身体灵活、动作速度快。乒乓球爱好者都有这样一个体会,在紧张的工作和学习之余,挥拍对打一阵乒乓球后,有一种特别舒服的感觉,随之而来的是振奋的精神和旺盛的精力。

科学研究表明,乒乓球运动可以明显缩短反应时间。乒乓球运动的运动强度变化范围较大,但基本上属于有氧运动范畴,通过乒乓球运动,可以很好地发展心肺耐力。最近,有学者提出乒乓球运动是"最优防近视运动",打乒乓球可为近视眼的预防和治疗助一臂之力,其微妙之处在于打乒乓球时,眼睛以乒乓球为目标,不停地远近、上下、左右调节和运动,不断地使睫状肌和眼球外肌交替收缩和舒张,大大促进了眼球组织的血液供应和代谢,因而能有效地改善睫状肌的功能,对保护视力和预防近视起

到积极的作用。

二、锻炼心理素质

打乒乓球，在比赛中比分起伏变化，双方运用的战术更是多种多样。而乒乓球比赛区分于其他球类项目比赛的特点之一，是个人独立作战，这就更能锻炼一个人的思想、作风、意志品质和聪明智慧。

对于一位乒乓球选手来说，良好的心理素质是成功的关键所在。随着乒乓球技术的飞速发展、比赛对抗性的日趋增强，一场比赛的胜负往往仅取决于一、两分球的得失，成功与失败只是一步之遥。在比赛最关键的时刻，决定胜负的因素不是你所掌握的技术，而是你的心理素质和意志品质，整场比赛的失利也许只是一念之差。所以运动员要具备良好的心理素质，在紧张激烈的比赛中，能始终保持清醒的头脑，积极主动思考分析场上变化，具体实施时，要果断大胆、勇猛顽强、敢打敢拼。在比分或者在某一回中占优势时能够乘胜追击；相持时不手软，落后时不气馁，奋起直追，自始至终大胆贯彻自己的战术意图，力争达到预期的目的。

乒乓球运动能锻炼运动员的耐力。打乒乓球，不仅需要手臂不断地挥拍击球，而且还必须不断地随对方来球落点的变化迅速移动脚步。据统计，在一场激烈的乒乓球比赛中，运动员挥拍竟达千次以上，脚步移动达1000至3000米，这确实对运动员的耐力是一个不小的锻炼和考验。

在我国，乒乓球是我国的"国球"，越来越多的人喜欢乒乓球这项运动。不仅是因为我国乒乓球体育竞技事业常兴不衰，更重要的是它在强身健体、健智、健心方面的重要作用，愿越来越多的人加入到我们的乒乓球运动和乒乓球事业中来，愿我国的乒乓球体育事业更加辉煌灿烂。

第四章 羽毛球与健身

羽毛球运动的起源和发展

一、起源

羽毛球运动的雏形，出现在 19 世纪中叶。当时印度的"浦那城"里，有一种类似羽毛球的游戏开展得十分普遍，它用圆形硬纸板或以绒线编织成球形插上羽毛，练习者手持木拍，将球在空中轮流击出。这项活动在英国驻印度军队里开展得尤其活跃。根据考证，类似羽毛球活动的板羽球游戏在中国古代也早就有了。

现代羽毛球运动起源于 1873 年。那年在英国伯明顿镇，有一位鲍费特公爵，在他的庄园组织了一次游艺活动，由于天公不作美，户外活动只能改在室内进行，应邀来宾中有好几位是英国驻印度的退役军人，他们建议进行"浦那"游戏。当时室内场地呈葫芦状，他们在场地中间拉了一根绳子代替球网，每局比赛只能有两人参加，有一定的分数限制，大家打得非常热闹。于是，羽毛球作为一种高雅的娱乐性活动迅速传遍英国，为了纪念此项运动的诞生地，伯明顿（badminton）骄傲做地成为羽毛球的英文名字而流传于世界。

二、规则的演变

羽毛球游戏刚兴起时，没有人数、分数和场地的限制，参与者只需要互相对击，现代羽毛球从伯明顿庄园开始，有了一定的分数、场地和人数限制；1875 年，第一本关于羽毛球规则的书在英国问世。当时的规则很简单，规定了场地呈长方形，中间挂网的高度，双方对击的要求，并没有单打及双打的区别。随着人们

观赏水平的提高及技术、战术的发展，规则也随之变化，出现了单、双打场地的区别及发球区的规定，发球得分及发球得分后的换区等规则，为了使比赛激烈、精彩，又规定了双方打满13平、14平（女子单打打成9平、10平）时要进行加分比赛。现时国际羽联已制订了新的规则，规定只有双方打满14平（女子单打打成10平）时才可进行加分比赛；又将每局比赛之间的休息时间加以限制，力求使羽毛球比赛更加紧张激烈、精彩纷呈。

羽毛球运动设备也是从原始的低级阶段向高级阶段发展的。羽毛球从开始时的硬纸板和绒线团到木托用皮包起来，再发展到用14~16根高级羽毛插在软木托口；羽毛球拍从木板发展成椭圆形穿弦木拍。后来，规则规定球拍重95~120克，拍框长25~25.5厘米，宽20~20.5厘米，拍柄长39.5~40厘米，其制作材料也发展成木框钢管拍、铝合金拍、碳素纤维拍、钛合金拍。选择球拍时，应以较轻、牢固而有弹性、握在手里舒适为原则。

三、世界羽毛球运动组织

1875年，第一个军人羽毛球俱乐部在英国成立。1893年，英国已有14个羽毛球俱乐部，他们举行会议，正式成立了"英国羽毛球协会"。当时，英国羽毛球协会对羽毛球运动的开展、提高和传播起了积极的推动作用。这项运动首先在欧洲传播，然后发展到美洲、亚洲和澳洲。20世纪二三十年代，加拿大、丹麦、马来西亚等国也相继成立了羽毛球协会。为了推动世界羽毛球运动的发展，1934年，由英格兰、法国、爱尔兰、苏格兰、荷兰、加拿大、丹麦、新西兰和威尔斯九个羽毛球协会共同协商成立了"国际羽毛球联合会"（简称国际羽联）。第一任主席是汤姆斯，总部设在伦敦。

国际羽联的成立对羽毛球技术、战术的发展起了促进作用，除了传统的"全英羽毛球锦标赛"照常举行外，在1948年增设了"汤姆斯杯赛"（世界男子团体锦标赛），1956年增设了"尤伯杯赛"（世界女子团体锦标赛），并相继举办了"世界羽毛球锦标赛""世界杯赛"等，使世界羽毛球运动又向前迈进了一大步。

基于当时的政治原因，以中国为首的许多国家的羽毛球协会未能加入国际羽联,使一些国际性比赛相对逊色,没能真正体现世界级水平。直至1978年,在香港成立了"世界羽毛球联合会"(简称世界羽联),先后举办了两届世界羽毛球锦标赛,中国共荣获8项冠军,表明中国羽毛球运动已达到世界最高水准。为了推动世界羽毛球运动健康、稳步地发展,经过许多国家羽毛球界的共同努力,在1981年,国际羽联和世界羽联正式合并,组成了"国际羽毛球联合会"(简称国际羽联),使世界羽毛球运动产生了新的飞跃,出现了欣欣向荣、生机勃勃的景象。目前,国际羽联已有94个国家和地区参加,"国际奥委会"已把羽毛球比赛列入奥运会的正式比赛专案,羽毛球运动出现了前所未有的最佳发展时机。

四、技术与战术的发展

羽毛球运动从开创至今,技术与战术的发展从简单到全面,从全面到快速灵活,从快速灵活到多变,其中产生了几次飞跃。

第一次飞跃是在开创时期,这一时期英国选手垄断整个世界羽坛,虽然他们的技术比较单一,打法陈旧,几乎没有战术变化,但是他们的技术水平一直处于领先地位,为羽毛球运动传播到全世界立下了头功。

直到1939年,丹麦、加拿大等国选手以良好的体力和进攻型战术向英国选手发起了挑战,这才打破了英国选手称霸羽坛的局面,在第36届全英锦标赛上,英国选手仅获一枚混双金牌;第37、38届全英锦标赛冠军全给丹麦选手囊括而去。

第二次飞跃是在20世纪50年代至60年代中期,这是羽毛球的技术与战术全面发展的时期,男子技术优势从欧洲全面转向亚洲,形成了亚洲人在世界羽坛上称雄的局面。

在50年代,亚洲以马来西亚、印度尼西亚选手为代表,他们主要以拉、吊来控制球的落点,主要代表人物是马来西亚的王炳顺、庄友明。他们使马来西亚接连三次获得汤姆斯杯赛冠军,包揽了1950－1957年8届全英羽毛球锦标赛单打冠军和1951－1954年4届双打冠军。从1958年开始,羽毛球技术开始向快速、灵活的方向发展,以印度尼西亚的陈友福为代表,以较快的速度

运用下压抢网和加强扣杀上网的技术,击败了以技术性为代表的打法,从此开创了印度尼西亚控制世界羽坛的局面。从1958年至1979年,印度尼西亚共七次荣获汤姆斯杯。

在这一时期,中国虽然没有参加正式世界比赛,但技术与战术水平提高得很快,达到了世界先进水平,以汤仙虎、侯加昌为代表的中国选手体现了快攻打法特点。快攻打法除了脚步移动快,还表现在后场跳起扣杀后快速上网高点击球、两边起跳突击、发球抢攻等方面,特别是他们"快、狠、准、活"的技术风格,以绝对优势压倒了印度尼西亚队和欧洲队,为推动世界羽毛球运动发展作出了巨大贡献。从此,中国的快攻技术开始被国际羽坛所接受。

到60年代末70年代初,在研究中国技术特点的基础上,世界羽坛注重了速度和进攻,发展了新技术;出现了以印度尼西亚梁海量为代表的劈杀技术,以林水镜为代表的双脚起跳扣球技术,使世界羽毛球技术水平迅速提高。

第三次飞跃是80年代,世界羽坛技术与战术向快速进攻、全面、多变的方向发展。以中国、印度尼西亚、印度、丹麦、马来西亚、韩国为代表的各国选手打法更全面,变化更多,速度更快,特长突出,攻守兼备而各领风骚,在技术上已达到炉火纯青的地步,进入了世界羽毛球运动史上的巅峰期。

在80年代初,羽坛代表人物有林水镜、韩健、栾劲、苏基亚图、柏加殊、费罗斯特、米宾·西迪、陈昌杰等。最为突出的典型是林水镜,他速度快,进攻凶狠,而费罗斯特、韩健则以控制对方后场的进攻、加强防守、创造条件抢攻而闻名。

80年代中后期,羽坛代表人物有杨阳、赵剑华、熊国宝、罗天宁、阿迪、魏仁芳、拉锡克·西迪、朴柱奉、保罗·拉森等。杨阳、赵剑华将"快、狠、准"的打法发展成"拉吊进攻"和"变速突击"的打法;阿迪、魏仁芳发展了技术全面、快速而准确的打法。

到了90年代,名将们的技术达到更炉火纯青的地步,新的技术又开始形成。

印度尼西亚年轻集团军和韩国的凶狠拼搏作风、马来西亚西迪兄弟的拉吊技术以及中国吴文凯、刘军为代表的快攻型打法在世界羽坛上各领风骚。

世界女子羽毛球运动起步较晚，它的技术也是随着男子的技术提高而提高的。20世纪40年代末期至50年代初期，丹麦女子选手的技术领先一步，她们获得全英羽毛球锦标赛七项单打冠军、五次双打冠军，到了50年代中期至60年代中期，美国女选手吸收了男子快攻、拉吊等羽毛球打法，竞技实力显著增强，从1954年至1967年14届全英锦标赛，她们获得了13次女单冠军，并获3届尤伯杯赛冠军。

60年代末期，日本女队在进攻的基础上加强了防守，以严密的防守，寻找进攻机会，从而显示了相当的优势。她们从1965～1981年接连5次获得尤伯杯冠军，6次获全英锦标赛女单、女双冠军。

中国女子羽毛球从50年代起步，到60年代达到世界先进水平。当时以陈玉娘、梁小牧、梁秋霞为代表的中国女选手，学习男子技术动作，以快速、灵巧的技术在各种场合击败过世界冠军。到了80年代，中国女子羽毛球队和男子队一样，全面走向世界，以张爱玲、韩爱萍、李玲蔚等为代表的中国女队，技术全面、打法多变。主动积极、快速突击性强，开创了世界女子羽毛球技术与战术的全盛时期。

90年代出现了中国的唐九红、黄华、叶钊颖和印度尼西亚的王莲香、韩国的方铢贤等为代表的世界级优秀选手，表明女子技术动作更接近男子，比赛更加紧张激烈。

综观世界羽坛，世界羽毛球运动技术与战术发展总趋势正在向"快速、全面、进攻和多拍"方向发展："快速"反映在出手动作、步法移动和判断反应以及战术变化等方面的速度加快；"全面"是指技术全面，攻守兼备，控球能力强，具有良好的身体素质和心理素质；"进攻"是凭技术特长，采用先发制人，积极主动，以抢攻为主；"多拍"是在战术变化中，从若干次攻守回合中，提高控球能力，减少失误。

羽毛球运动的特点

是一种全身运动项目

无论是进行有规则的羽毛球比赛还是作为一般性的健身活动,都要在场地上不停地进行脚步移动、跳跃、转体、挥拍,合理地运用各种击球技术和步法将球在场上往返对击,从而增大了上肢、下肢和腰部肌肉的力量,加快了锻炼者全身血液循环,增强了心血管系统和呼吸系统的功能。

据统计,大强度羽毛球运动者的心率可达到每分钟160～180次,中强度心率可达到每分钟140～150次,低强度运动心率也可达到每分钟100～130次。长期进行羽毛球锻炼,可使心跳强而有力,肺活量加大,耐久力提高。

此外,羽毛球运动要求练习者在短时间对瞬息万变的球路作出判断,果断地进行反击,因此,它能提高人体神经系统的灵敏性和协调性。

羽毛球的赛事

目前,由国际羽联主办的世界重大羽毛球赛有:

1. 汤姆斯杯

即世界男子团体羽毛球锦标赛,1948年举行第一届比赛,现为两年一届,在偶数年举行。比赛由三场单打,两场双打组成。历史上夺得汤姆斯杯冠军最多的国家是印度尼西亚队,共11次。

2. 尤伯杯

即世界女子团体羽毛球锦标赛,1956年开始举行第一届比赛,两年一届,在偶数年举行。比赛由三场单打,两场双打组成。历史上夺得尤伯杯冠军最多的国家是中国队,共11次。

3. 世界羽毛球锦标赛

即世界羽毛球单项锦标赛。设有男、女单打、双打和混合双打五个比赛项目。1977年起开始为三年一届,1983年改为两年一届,在奇数年进行。2005年改为每年一届,但奥运年不举办。

4. **苏迪曼杯**

即世界羽毛球混合团体比赛。1989年开始举办,两年一届,在奇数年举行,比赛由男女单打、男女双打组成。

5. **世界杯羽毛球赛**

属于邀请性比赛,由国际羽联邀请当年成绩优异的选手参加。创办于1981年,1997年国际羽联决定从1998年起改为主办由世界顶尖级选手参加的明星赛,并准备尝试奖金丰厚的羽毛球大满贯赛事。

6. **全英羽毛球锦标赛**

由英格兰羽毛球协会于1899年创办的。它是世界历史上最悠久的羽毛球赛事。最初由英国和英联邦国家选手参加,现在已成为全球性的羽坛大会战。

7. **奥运会羽毛球比赛**

羽毛球1992年进入奥运会,当时比赛只设单项比赛,没有团体比赛,并且没有混双项目。1996年亚特兰大奥运会起增设混双项目。

8. **国际系列大奖赛**

国际羽联参照世界网球大奖赛办法组织的始于1983年。比赛分成若干区,由许多比赛组织成系列。根据运动员在各次比赛中的成绩积分进行排名,前16名进行总决赛。这主要包括各类公开赛和超级赛。

羽毛球的常用术语

一、羽毛球场地

羽毛球场地是一个长13.40米,双打宽6.10米,单打宽5.18米,场地中央被球网(两边柱子高1.55米,中间网高1.524米)平均分开的长方形场地。

羽毛球场地横向被中线平分为左右两个半区;纵向被分为前场、中场、后场。前场就是从前发球线到球网之间的一片场地;后场是指从端线到双打后发球线之间的一片场地;中场是前发球

线与双打后发球线之间的一片场地。

二、站位与击球

运动员站在羽毛球场上的位置称为站位。站位有两种情况：一种是受限制的站位。如发球、接发球时运动员的站位，就必须按要求站在规定的区域内（左半区或右半区）；另一种是不受限制的站位，可根据自己或同伴（双打）的需要而选择的站位。如单打的站位一般在离前发球线 1 米左右的中线附近，双打站位可根据双打两个运动员的具体战术需要而选择前后或左右的站位。

根据以上对羽毛球场地的划分，又可把不受限制的站位具体分为左半区站位、右半区站位、前场站位、中场站位、后场站位。

击球是指运动员挥拍击球时，拍与球接触的一刹那。运动员站在左半区迎击对方来球叫做左半区击球，在右半区的击球叫做右半区击球，站在前场、中场、后场的击球，则分别叫做前场击球、中场击球、后场击球。除此之外，根据来球高度的不同，我们又可分为上手击球（高于肩的来球，击球点在肩上）和下手击球（击球点低于肩）。

三、持拍手与非持拍手

持拍手是指正握着球拍的手。非持拍手是指没有握拍的手。

在羽毛球运动中，我们经常听说的正手技术、反手技术、正手击球、反手击球等术语。所谓正手技术是指握拍手同侧的技术；反手技术是指握拍手异侧的技术。

如右手握拍的运动员，在击右侧球时所用的技术就称为正手技术，并由此派生出正手发球技术、正手击球技术等技术名称。

在羽毛球运动中，非持拍手的功能主要是在发球时用来持球、抛球；在击球过程中用来平衡身体，以便更有效地击球。

四、击球的基本线路

所谓击球线路是指球被运动员击出后在空中运行的轨迹和场地之间的关系。

羽毛球运动员击球线路之多是无法胜数的，以下只研究决定

羽毛球线路规律的几条基本线路。

我们仅以运动员（右手持拍）正手击出三条球路来分析一下球的路线的名称。第一条从自己的右方打到对方的左方（线路与边线平行）可称为直线，第二条打到对方的右方（线路与边线有较大的角度）可称为对角线，第三条打到对方的中线球（线路与边线有较小的角度）可称为中路。同理，反手后场（中场、前场）的三条击基本击球线路，亦可这样称呼。在具体称呼时，可与正手、反手结合在一块。如正手直线、正手中路、正手对角线、反手对角线等。若在中线击球时，可这样称呼打到对方场区的左方为左方斜线，打到对方场区的右方为右方斜线，打到中间为中路球。

在对羽毛球线路的称呼上应注意如下问题：首先要看击球点和球的落点靠近哪里，击球点靠近右边线，而落点靠近中线，都成为正手中路球。其次要根据击球时所用技术名称，如反手搓球，可成为反手搓直线、反手搓中路球等。

总之，羽毛球的基本线路可分为五条，即：左方直线、中路直线、右方直线、右方斜线（右方对角线）、左方斜线（左方对角线）。而根据击球运动员站的位置（左、中、右），每个位置又可分别击出直线、中路、斜线，因此又可派生出九条线路来。羽毛球的击球线路之多无法描述，但其基本线路就那么几条，只要我们掌握了其规律，对我们的训练、比赛都是大有益的。

五、拍形角度与拍面方向

拍形角度是指球拍面与地面所成的角度。拍面方向是指球拍的拍面所朝向的位置。

拍形角度可分为七种：拍面向下、拍面稍前倾、拍面前倾、拍面垂直、拍面后仰、拍面稍后仰、拍面向上。

拍面方向可分为三种：拍面朝左、拍面朝右、拍面朝前。

拍形角度和拍面方向控制的好坏对击球质量的影响是非常大的，所以我们必须在每一次击球中认真调整好拍形、拍面，击出合乎质量要求的球来。

六、击球点

所谓击球点是运动员击球时球拍与球相接触那一点的时间、空间位置。

击球点包括三个方面的内容：第一包括拍和球的接触点距地面的高度；第二包括接触点距身体的前后距离；第三包括距身体的左右距离。对击球点选择得是否合适，将决定着击球质量的好坏，它将直接影响着运动员击球的力量、速度、弧线、落点，最终将导致影响运动员击球的命中率，造成失分，直至失败。因此，选择合适的击球点至关重大。选择合适的击球点应做到如下两点：第一判断要准；第二步法移动要到位（步法要快）。只要做到了这两点才能保证调整在最合适的位置，击球点才有保障。

现代羽毛球运动起源于英国，据说1860年在英格兰，格拉斯哥郡的倍明顿庄园举行宴会上，由于下雨，客人们只能待在室内，有几个从印度回来的退役军官就向大家介绍了一种隔网用拍子来回击打毽球的游戏，人们对此产生了很大的兴趣。后来人们就以倍明顿（Badminton）作为此项运动的名称。1893年英国成立了羽毛球协会，1899年举行了第一届全英羽毛球锦标赛。此后羽毛球运动就传到了世界各地。

羽毛球运动是深受广大群众喜爱的小型球类运动。由于它的运动器材简便，不受场地限制，两把拍子一个球，无论走到哪里，无论有网无网，无论室内、室外，只要有一小块空地，就能进行活动和锻炼。羽毛球运动特有的风格，它一方面是一项技巧性很强的竞技性比赛项目，另一方面，它是一项普及性很强，老少皆宜的活动。既能强身健体，又充满乐趣。无论是从事竞技性运动，还是一般性的大众健身活动，多需要在场上不停地移动跳跃、转体、挥拍击球。因此，青年男女经常进行羽毛球锻炼，能促进生长发育，提高身体各方面的机能，培养不怕困难，不甘心落后，顽强的拼搏精神，从而提高身体素质和身心健康。

羽毛球初学者的注意事项

力争在身体前上方击球，千万不要让球落至颈部以下高度，

否则回击的球就没有攻击力。

握拍手尽可能保持放松，以便最大限度地发挥手腕的力量。

在单打时，每次击球后应立即回到中心位置。在双打防守时则应回到与同伴平行的位置，而在双打进攻时则应与同伴保持前后的位置，在双打发球时，发一短球后应立即向前封网以防对手打短球回击。

在单打时，除非扣球，千万不要把球打在对方的中场，尽可能打两角。

在进行有力的正手或反手击球时，身体应向击球一侧转动以便站稳双脚。

单打发球要尽量高而远，双打发球要短，球的飞行路线要贴近球网的上缘，发球要多变。

在规则允许的范围，内尽可能多用假动作迷惑对方，但事先不要流露自己的意图。

打高远球时，要准确地判断球的飞行方向，球要尽可能打得高，而且接近对方底线。

吊网前球时，球的路线要短，并尽可能靠近球网。

扣球的应尽可能远离对手或直接命中对方的握拍手或肩。

当你一时不知所措或需要短暂的喘息机会，可打一高远球，然后回到本场中心位置。

对于初学者来说，反手端线通常是其薄弱区域，应注意打其弱点。

在前场回击高球时，应尽量采用扣球，扣球是重要的得分手段，但不要在底线处击出高而短的球，这通常是给对手杀球机会的。

许多运动员有自己的特有打法，因此，要善于判断球的落点，及时进入适宜的位置，但千万不要过早暴露自己的动向。

在双打接发球时，要举起球拍，迫使对方发低球，如果对方的发球过高，立即上前扑杀。

如果你正在得分，不要改变打法，如果正在失利，则应立即

调整的打法，如果你的连续进攻没有奏效，可打一高远球，然后寻找战机，重新发起进攻。

羽毛球知识详解

一、羽毛球羽毛的分类（原料等级差别）

1. 鹅毛材质：中国内地羽毛分三大产区

四川毛：每年4月~7月。

华东毛：（安徽、江苏、浙江），每年7月~10月。

东北毛：（东北三省），每年10月~12月。

制造好打、适重羽球，以四川毛为主，制造耐用、漂亮羽毛的球，以东北毛为主。

2. 羽毛裁制率：一只鸭，左右翼，平均约各16根羽毛。

一只鹅，左右翼，平均约各20根羽毛。

比赛级（A）以上，左、右各翼，鸭3~4根，鹅5~6根。

标准级（B），左、右各翼，鸭约4根，鹅约4根。

标准级（C），左、右各翼，鸭约4根，鹅约4根。

一个羽毛球需16根排列同等角度的羽毛才构成飞行优良的好球，外加羽毛外观洁白、滑顺，才能称得上是超级羽毛球。

二、羽毛球球头的分类

按照所用的材料分常见的有：硬质塑料、泡沫塑料、软木这三种，前两种主要用于低档的娱乐性用羽毛球，成本较低，性能较差。

中、高档的羽毛球都是采用的天然软木质的球头，而软木球头又大致可以分为三类：整体软木球头、复合软木球头、再生软木球头。目前球头有两种：一种是全软木球头，低品质的软木材料比较容易开裂，一种是台纤板球头软木复合（人造材料），这种球头的强度比较好。

三、台纤板球头的结构

球头上层为化纤材料约13毫米，下层为软木。下层的软木有三种：

1. 小颗粒碎软木，硬度在邵氏 60°以下（中国台湾中华软木厂专利）；

2. 大颗粒碎软木，硬度在邵氏 60°以上（上海东立球头厂专利）。

3. 13 毫米整体软木（上海崇明岛软木厂专利）硬度邵氏 60°以上。

从上述这三种球头的使用情况来看，耐打度均远好于全软木的，最主要的原因之一是软木的球头平面会开裂，台纤板的球头基本没有开裂情况出现。拍感比较好的球头是后两种，打起来声音较清脆，同时不黏拍。一般认为小颗粒碎软木球头一定没有后两种好。

有一种认为复式软木——就是台纤板（Complexcork）羽毛球，耐劳度（Durability）提升 30%以上。

如何选择羽毛球

羽毛球的质量主要由羽毛、球头、胶水三种原材料的品质决定。

羽毛：按质量高低顺序依次为鹅毛、樱桃鸭毛、赤谷鸭毛、洋（豚）鸭毛、水鸭毛。

球头：按质量高低依次为软木球头、台纤球头（14 毫米，10 毫米，7 毫米）、合成球头。

胶水：按质量高低依次为配合胶水（主要是树脂胶水和其他溶剂混合）树脂胶水、硝化棉胶水。

羽毛球质量的判断最好是试打，一般是随机选用一打球（厂家寄的样品一般会特制，建议在市场上购买），先将一打 12 个球全部以发高远球的方式发一遍，以判断其飞行的稳定性和速度，然后再选择其中之 2~3 个球进行大力杀球测试，如能经历业余高手 15~20 拍的大力杀球而不变形的，应该视为耐打不错。10 拍以下就是耐打不好了。

羽毛球的主要质量指标有三个。

一、飞行稳定性

飞行稳定性的定义是：羽毛球实际飞行轨迹与理论轨迹的偏差，简称稳定性。

1. 羽毛球在飞行状态下自身摇摆的程度分为四个级别（四档）：

A. 飞行：是羽毛球在飞行状态下，自身完全没有摇摆（晃动），飞行轨迹是一条标准的直线（俯视平面看），羽毛球自身转速达到350转/分左右，直到飞行处于自由落体阶段时，仍不能十分清楚地看到羽毛球的毛杆部分。

B. 飞行：是羽毛球在飞行状态下，自身只有微小程度的摇摆（小晃动），飞行轨迹基本是一条标准的直线（俯视平面看），羽毛球自身转速达到350转/分左右，直到飞行处于自由落体阶段时，仍不能十分清楚地看到羽毛球的毛杆部分。

C. 飞行：是羽毛球在飞行状态下，自身会有小摇摆（较明显地晃动），飞行轨迹是基本是一条直线（俯视平面看），羽毛球自身转速达到300转/分左右，直到飞行处于自由落体阶段时，可能会较清楚地看到羽毛球的毛杆部分。

D. 飞行：是羽毛球在飞行状态下，自身会有明显地摇摆（明显地晃动），飞行轨迹不定（俯视平面看）。羽毛球自身转速有快有慢。不能达到上述三种飞行标准的均属于 D 飞行球。

相关行业俗语：

蛇形球：羽毛球在击发球后，从脱离拍面开始飞行时，由于自身转速超过标准，球速先快后慢，造成飞行轨迹像蛇在草地上游动，俗称蛇形球。这种球主要是发生在右毛球中。

转弯球：羽毛球在击发球后，从脱离拍面开始飞行时，由于自身转速超过标准，造成飞行轨迹有一个明显地向左转弯的现象（面对飞来的羽毛球看），俗称转弯球。这种球主要是发生在左毛球中。

飘球：羽毛球在击发球后，从脱离拍面开始飞行时，由于自身转速低于标准，造成飞行轨迹没有一定的规律，给人一种随运动场馆的气流而飘动的感觉（微小感觉），羽毛球在自由落体状态时，能很清楚地看到羽毛毛杆。俗称飘球。

这种球在左右毛球中均可能出现。

二、飞行速度

1. 速度与落点的关系：

羽毛球的落点通常是用飞行速度来表示，而速度又是用羽毛球的重量间接来表示，例：球筒上标明50或77是指球的重量为5.0克或77格林（欧洲重量单位），北京地区冬季一般要用5.1克或78格林的球，夏季要用5.0克或77格林的球。广东地区冬季要用5.0克或77格林的球，夏季要用4.9克或76格林的球。球友要根据自己所在地区的气温与球馆的温度来确定购买何种速度的羽毛球。

2. 正确选择飞行速度：

（1）市面上有些球虽然也是标注为50，但重量很可能已在5.1克以上。这种球一般是采用了开大球口直径的方法，来增加飞行阻力，从而达到降低飞行速度的目的。此种球的最大缺点是极易损坏球拍线。

（2）由于厂家的工艺性不好，有时一筒球中会有4.8克~5.4克的球出现，这对球友来说，是很难掌握其飞行速度的。

（3）羽毛球自身转速过高，会造成飞行速度偏慢，羽毛球自身没有转速，又会造成飞行速度过快。

考量何种品牌球的工艺性比较好，仅从一打球的重量是否一致（12只球一个重量，误差仅为0.1克），基本就可以确定。

三、耐打度

羽毛球的耐打度是一个非常重要的质量指标，一般来说从以下几个方面来考量：

1. 正常双打情况下，不小心打在毛叶上，羽毛不会立即就断掉。

2. 双打比赛一般情况下一只球可以很顺利地打完一局球，单打比赛一般可以打完二局球（用球不是很挑剔）。

3. 大力杀球的情况下，只要不是劈杀球（球拍面与羽毛球侧面接触），一般情况下要能抵挡业余球手 20 拍以上的杀球，要能抵挡专业球手 12 拍以上的杀球。此时球的飞行稳定性应该还没有很大的改变，球还能继续使用一段时间。

4. 羽毛球两道线圈的胶水含量一般来说眼睛直观地看上去，线圈的线迹被胶水基本补满（胶水固含量 0.55~0.6 克），就可认为是较好的球，如果仍能看到勾线的痕迹，就证明胶水很少，以至于耐打度下降。

5. 羽毛球在使用的过程中一般情况下不能很快变形。

中高档球由于在选料与制作工艺方面比较严格，因此，耐打度一定会好于低档球，训练球的耐打度一般会比低档球差一点。

选　购

一、羽拍椎柄上贴有的如 2UG3 是什么意思？

前面的 XU 表示羽拍的空拍重量：U–95~100 克、2U–90~94 克、3U–85~89 克、4U–80~84 克，一般 yonex 羽拍的常见重量为 2U、3U、4U。Gx 表示拍柄的粗细：G1 最粗，G5 最细。

二、为什么有的羽拍的椎柄上打有一排数字？

椎柄上打的数字分两种：①仅仅打有一个较大的阿拉伯数字，这表示该羽拍的销售地区，我现在了解的只有 4–香港东南亚地区、3–北美地区、5–中国内地地区；②除了较大的数字还有一串小的数字和英文字母，这种羽拍是 yonex 提供给各国代表队的，前面的大数字仍然代表地区，小数字为羽拍的编号，每只不同，最后的英文字母代表国家如：CH–中国（CN、CP 为赞助中国国家队的拍子）、CD–加拿大。

三、有的羽拍型号后面有 long、swing power 等标志

这些标志的意义如下：long—加长型比普通羽拍长 10mm，有助于球员扩大其接回球范围，增强攻击性，发出刁钻短球，击出强而有力的高角度杀球，power–加力型采用强化攻击力概念（SPT）而设计，球拍顶部较重，能以更小的力量击出高攻击力回

球，light－轻型拍一般重量为3U，使用轻型设计的球拍，比使用传统球拍的挥拍速度更快但力量较弱，更适用于防守，slim－拍框只有9mm阔及5.5mm厚，从横切面来看，比传统拍框纤细了25％，堪称世界上最纤细之羽拍拍框；能减低10％之风阻及增加5％之击球速度，tour－巡回赛用拍比同型号的羽拍材料工艺更好，性能更佳、Swing Power－（介绍）采用不同的弹性、不同的重量、不同的平衡点位置，适合不同类型的球员，VF－"variframe"可变截面拍框，拍框顶部采用破风式（AR）设计，减小了空气阻力，提高了击球力；拍框底部采用箱形（CAB）设计，减小了击球扭矩，增强控制性，MF－yonex公司2000年新技术"Mega－Frame"大拍面，拍框在宽度和长度上都比普通球拍加大，极大地增加了击球甜点区。MPF－"muscle power frame"肌肉形拍框设计，用于Ti－10等新款球拍。

四、全碳羽拍是否是一体成型的

由于一体成型（jointless）很难使羽拍的重量分布合理，而且扭力较差。所以很少采用，而拍框和拍杆分开制造再用内置T型接头（Built－in T－joint）技术连接的羽拍其各方面性能都要好得多。

五、是不是越贵越好？

一般说来，羽拍的价格是和他的材料、工艺和品牌相关的，新出的型号一般比较贵，通常过一段时间价格就会下降不少。总的来说，贵的羽拍是主要提供给专业选手用的，对业余选手不一定适用，而且一般的业余选手也很难感觉出不同型号的些微区别。所以最主要的是挑选一款你最顺手的而不是只看价格。当然如果你不考虑价格因素，而且又要有形有款，就不妨紧追最新。

羽毛球拍的保养方法

羽毛球拍的保养方法，主要注意四点：

1. 球拍不用闲置时，注意保持球拍受力均匀，最好悬挂放置，切勿受挤受压，以免球拍变形。

2. 注意经常检查羽线,如有严重起毛现象或裂痕,则及时交拉线商更换,不要等羽线断了才更换,以免球拍拍框受力不均变形。

3. 根据 YY 公司说明,拉线应采用横竖线分开拉的标准拉线方法,先拉竖线,从球拍顶部中间拉起。拉线磅数最好不要超过球拍上标明推荐磅数的 1.2 倍。

4. 球拍在使用中注意尽量避免撞击。除非你经济条件特别好,否则在双打中不必使用太高档的球拍。

球拍正常使用的话,几年寿命没问题。但碳纤是比较脆的材料,多数球拍用到最后都在无意撞击中断裂。

打羽毛球的好处在哪

一、娱乐性

羽毛球作为一种娱乐活动,参与者在球的对击过程中,通过不停的奔跑和身体的变化,努力地去把球击到对方的场地。每当击球者在击出一个好球或赢得一个球时都能使自己兴奋并达到一种成功的喜悦。同时球的飞翔又有快慢、轻重、高低、远近、狠巧、飘转等变化,使这种运动本身充满了丰富的乐趣。

二、锻炼性

1. 增强体质

羽毛球运动可以全面增强人的体质。前场、后场快速移动击球,中后场的大力扣杀球,被动时的扑救球,双打的换位击球等都需要练习者有较好的力量素质、速度素质、耐力素质、灵敏素质、柔韧素质以及快速的反应能力。扣杀需要力量;在双方对拉回合的过程中,为了取得主动需要有较快的速度、耐力和速度耐力;在扑救球时(多半是被动情况)又需要有很好的灵敏和柔韧;双打中又需要极快的反应与判断能力。因此,经常从事该项体育活动可以发展人体的灵活性、协调性,可以提高人们上下肢及躯干的活动能力,改善呼吸系统和心血管系统的功能,提高有氧供能和无氧供能的能力,调节神经系统并提高其抗乳酸的能

力，而且能起到增进健康、抗病防衰、调节精神的作用。

2. **培养意志**

羽毛球运动因其竞争性、对抗性、大强度等诸多因素的要求，使意志品质在该项运动中占有非常重要的地位。羽毛球比赛经常遇到这类情况，即运动员出现了"极点"，喘不上来气、身体无力、眼前发黑、感觉自己再也坚持不下去了。这种现象不是一方出现，在势均力敌的情况下往往是双方先后都会出现，甚至几乎是同时出现（如一个球打了很多回合），这时就看谁能再坚持一下，胜利往往存在于再坚持一下之中。要具有顽强的意志品质和坚定的信念。即使不在比赛中，这项活动也需要较强的意志，否则你将不会很好地完成该项练习，使练习中应该产生的愉悦、趣味及锻炼价值荡然无存。

三、打羽毛球瘦身的好处

1. **羽毛球运动可增加能量消耗**

羽毛球运动的总能耗与持续时间有重要关系。人体在运动中消耗的能量，可为静坐的几倍到几十倍。有研究表明，长期规律的运动，可提高安静状态下的基础代谢率。所以，在你选择了打羽毛球后，就要坚持隔日进行1小时以上的锻炼。

2. **羽毛球运动可促进脂肪分解，减少其合成**

脂肪是主要氧化供能物质，因此，长时间在有氧情况下进行羽毛球运动，消耗脂肪自然不在话下。另外，运动还会使胰岛素分泌减少，从而抑制体内脂肪的合成。

因为最低体脂量应与良好的健康相协调，所以在进行羽毛球运动时，球友们一定要注意对自己运动强度和时间的控制。

3. **羽毛球运动可以减少体脂，改善身体成分组成**

长期进行羽毛球项目的锻炼，尤其是中小强度的运动量，可使人的瘦体重（瘦体重＝体重－脂肪重量）增加，优秀运动员的体脂低于常人即可证明这一点。

一般不参加运动者，如果进行系统的体育锻炼，就会使瘦体重增加，由于瘦体重的增加重量抵消了体脂的减少重量，使体重

总量略减或保持不变。有研究显示，运动可增加安静状态下的脂肪供能，有助于调节体重，防止脂肪堆积，避免肥胖。如果仅通过减少饮食量减轻体重，则会减少瘦体重，速度过快还会引起脱水。

不过值得注意的是，打羽毛球要注意掌握正确姿势，长期以错误的姿势打球，很容易造成运动损伤。如最为常见的大力扣杀时肘内侧韧带拉伤，就是由于杀球时，肘关节低于肩关节造成的。因此，练习羽毛球最好在专业教练的指导下进行。此外，要选择合适的场地和运动鞋，做好充分的准备活动。

打羽毛球与健身

现代羽毛球运动 1870 年起源于英国，后来盛行于西欧及美洲。一开始它是一项贵族运动，但随着后来的逐渐普及，到今天已成为一项大众喜爱的体育项目。

羽毛球运动是一项能够让人眼明、手快、全身得到锻炼的体育项目。

长期练习羽毛球的人都会有这种感受：通过经常观察对手挥拍情况和高速飞行中的球，有经验的运动员能像武林高手一样，在对手击球的一瞬间看清楚球拍翻转变化的微小动作。

其实，让人练得"眼明手快"的原因很简单，因为运动中的羽毛球速度很快（据统计，一名优秀运动员的击球速度能达到每小时 350 千米），这就要求对方球员的眼睛紧紧追寻高速飞行的球体，眼部睫状肌不断收缩和放松，大大促进了眼球组织的血液供应，从而改善了睫状肌功能，长期锻炼就能提高人的视觉灵敏度和眼睛的反应能力。对于普通爱好者，尤其是中老年人和过度使用眼睛的人来说，如果能坚持练习，视觉敏感度将会明显提高。

另外，运动中锻炼者需要运用手腕和手臂的力量握拍和挥拍，还要充分活动踝关节、膝关节、胯关节等部位，做出滑步、跨步和弓箭步等各种步态，所以对于全身肌肉和关节的锻炼也是

很充分的。在捡球、接球的过程中，不断的弯腰、抬头等动作，使腰部、腹部的肌肉也能得到充分锻炼。

美国大学运动医学会（ACSM）提出，要达到全身减肥的目的，每天应该做30分钟以上，每分钟心率为120～160次的中低强度有氧代谢运动。对于普通羽毛球爱好者来说，这恰恰相当于一场低强度单打比赛的运动量。

所以，长期进行羽毛球锻炼，除了能使心血管系统和呼吸系统功能得到加强外，减肥功效也是很显著的。

羽毛球运动不受场地的限制，对设备的基本要求比较简单，只需两个球拍、一个球和一条绳索即可。在风不大的情况下，可以在户外进行活动，只要把球网架起来，就可以在一定长度和宽度的空地上画上几条线，双方对练。

因此，它不仅可以在正规的室内运动场进行，也可以在公园、生活小区等处广泛地开展。

羽毛球的生产周期和耐打性要求

一只鹅从孵出到宰杀，一般来说生长周期是120天，鹅毛梗的胶质层和里面的海绵体均基本生长成熟，因此，对羽毛球的耐打度会有一定的好处。而随着科学的不断进步与全球气候的变暖，一只鹅的生长周期目前只有90天左右，因此，相对120天的生长周期来说肯定是耐打度要稍差一些。毛梗胶质层和海绵体均不够成熟是主要原因（科技是饲料改良，气候是平均温度上升2°～3°）。

一、怎样让羽毛球更耐打？

准备一碗烧开不久的开水，将羽毛球的球毛部分浸入水中2～3分钟，注意不要让水浸到球头部分，水温不能低，如水凉了，要及时换成开水。

浸泡完毕后，将球取出阴干，注意一定要阴干，就可以使用了这样处理过的羽毛韧性较好，只要不直接打在球毛上，球的耐打性会提高不少。特别要注意，如果处理后，没有在5～6天内

使用，应该重新处理一次，另外如果买到的是鸭毛球，由于其结构和强度远逊于鹅毛，处理的效果会不好。

其原因：

1. 鸭毛油脂比鹅毛多。
2. 鸭毛海绵体很少不易吸水蒸气，所以效果不明显。

二、羽毛球网标准

羽毛球网长 6.10 米、宽 76 厘米，为优质深色的天然或人造纤维制成，网孔大小在 15～20 毫米之间，网的上沿应缝有 75 宽的双层白布（对折而成），并用细钢丝绳或尼龙绳从夹层穿过，牢固地张挂在两网柱之间。

标准球网应为黄褐色或草绿色。网柱高 1.55 米，无论是单打或双打，两根网柱都应分别立在双打场地边线的中点上。

正式比赛时，球网中部上沿离地面必须为 1.524 米高，球网两端高为 1.55 米。球网的两端必须与网柱系紧，它们之间不应该有缺缝。

羽毛球附加技术

一、跳杀技术学习

以右手握拍为例，（如果你是左手那就相反）要领有如下：

1. 准备杀球之前先侧身，左脚在前，两脚的脚尖着地，并且用快速的后退步伐后退，使击球点在你的右肩前上方。因为击球点靠后的话就只能打高球了。

2. 杀球前身体后仰，基本成弓形，这样使你用上全身所有的力量。

3. 杀球前握拍一定要放松，手心和拍柄之间要有缝隙，这是最重要的，因为只有先放松才能用得出力量杀球，否则如果握拍一直很紧的话，手腕的力量就肯定使不出来了。要在杀球的瞬间握紧拍子使劲杀球。

4. 杀球的瞬间靠的是手腕和手指（手指主要是示指）的爆发力，就像抽鞭子一样，这也是羽毛球所有后场技术都注重的，和网球不一样,绝对不要靠甩大臂来发力,否则球过去后既没有速度又会使你受伤。

5. 起跳的时候大概在球开始下落的时候,并且双腿要先保持微屈的姿势,靠脚尖蹬地的力量起跳杀球,杀球后立即转身,左脚在后且先着地,右脚落地后即回到场地中心位置。

二、跳杀动作

像林丹、陶菲克那样精彩的扣杀球,除了要具备绝对的技术和弹跳以外,还有一些必不可少的前提基础。

1. 出众的胸肌。因为杀球特别是他们那样的跳杀球是要把全身有限的力量全部用在杀球的瞬间,使球的速度达到及至。作为女选手,起跳杀球很少,但是无论什么样的杀球,都要在杀球之前先要将身体后仰成弓形,然后身体的力量由腰到胸再到上肢最后作用到球上。胸作为中转站,胸肌就有着至关重要的作用,所以作为男选手,练好胸肌是最重要的前提。

2. 熟练的杀球能力。在你具备了身体的外部前提下,平时从原地到后退的杀球(包括正手和头顶)必须熟之又熟,并且落点要到位。

3. 体能练习要保持。因为他们的跳杀球是先要后退移动再起跳杀球,而后还要迅速上网,这样反复的进攻没有充沛的体能是根本做不到的。即使是原地的跳杀球也是很消耗体力的,所以体能要保持。

4. 此外弹跳能力也很重要,因为跳的高击球点抢的就高,球就有威胁。

鉴于以上,平时要做的是要多练习羽毛球的专项素质,蛙跳、高抬腿跑、前后左右跳等。再有就是练好基本的杀球后,再像他们那样发展大规模的起跳杀球。

户外羽毛球

羽毛球因为可以在户外进行,有对抗性,全身都能得到锻炼而赢得了众多青睐,出现了目前盛极一时的情况,但运动专家提

醒人们，户外打球也不能太随意，要防止运动损伤。

最近，走在傍晚的街头，除了饭后散步的人群之外，恐怕最常见的就是结伴在空场或路边打羽毛球的人了。

不过，运动专业人士认为，现在打羽毛球的人们忽略了这项运动几个需要注意的方面，所以很有可能健身不成，反而伤身。

一、仔裤不适合打球穿

东湖俱乐部健身中心经理林晓海介绍，打羽毛球其实有一些需要准备的事项。但是现在走在街上，看到有不少市民穿着平时的衣服就出来打球了，衬衫、牛仔裤等，什么样的都有。

其实有很多根本不适合打球的时候穿着。在户外打羽毛球当然不用"全副武装"，弄得很专业，但服装首先要选择吸汗、透气的，最好宽松得体，像牛仔裤比较厚，关节活动起来不是很灵便，很容易出现迈一大步，结果把脚崴了的情况。

二、土地场是室外打球的首选

从场地上讲，羽毛球本身并不是一项很好的室外运动，因为它需要很平滑、有弹性的地面。所以如果要在外面打球，最好选择土地，因为它和水泥地、柏油路、方砖地等比起来要有弹性，过硬的地面在运动中容易伤到下肢，尤其是胫骨，受伤后可能出现疼痛、发炎等症状。

由于地面太硬，还有可能伤到足弓、脚踝、脚跟等部位，因为对这些部位的冲击太大了。

有人喜欢在草地上打球，不过草地看上去很平软，实际上却会有一些凹凸不平隐藏在草的下面，在运动中很容易因为看不见而踩空，出现崴脚、摔跟头等情况。

三、鞋底要有水波纹

运动中鞋子也很重要，尤其是找不到土地场时，合适的鞋子既是保证安全又是保障达到运动效果的工具。

羽毛球的运动鞋最好选择鞋底有水波纹的那一种，要在前后左右都有支撑。因为打球时脚的动作很大，需要在前后左右各个方向运动，而不像慢跑，只要前后运动就好，所以慢跑鞋不适合

拿来打球,否则容易伤脚。

拍子应该选择一体成形的,拍头和拍把是一体,没有接头的最好,而且,拍子重量要轻。羽毛球是一项依靠手腕力量的活动,如果拍子太重,就会增加手腕受伤的机会。

四、准备活动很重要

无论哪一种运动,开始的准备活动都很重要。即使在路边打羽毛球也不能到了就打,首先要活动手腕和脚踝,然后做膝关节绕环和蹲起。接着活动腰背,拉伸、转体,这样在抽球的时候才不会受伤。如果想活动一下跟腱,可以用一只脚的脚尖踩着马路牙子,脚跟着地,然后把中心从另一条腿上转移到这条腿上,感觉到小腿的筋被拉伸就可以起到作用。运动的时候注意不要太激烈。

运动之后的放松同样重要,尤其是手臂和腿部肌肉的放松,不尽量伸展,第二天就会出现酸痛,还有的人打得太多,甚至出现一侧肢体过于健壮,反而不够健康了。

第五章 毽子与健身

毽子的起源

踢毽子是我国民间的一项体育游戏,被人们誉为"生命的蝴蝶"。在古代,它是所谓"杂技""杂戏""博戏""百戏"的一种。毽子,在古籍里又写作毽、子、踺。清人翟灏《通俗编》卷三十一"毽子"条载:"《吴氏字汇补》:'毽,抛足之戏具也。'"毽子分毽铊和毽羽两部分,毽铊多用圆形的铅、锡、铁片或铜钱制成,毽羽多用翎毛。《燕京岁时记》上说:"毽儿者,垫以皮钱,衬以铜钱,束以雕翎,缚以皮带。"毽子的踢法甚多,阮葵生《茶余客话》"踢毽"条说:"其中套数家门,凡百十种。"据说清朝光绪年间,承德有一个百岁老进士,能踢出喜鹊登枝、金龙探爪、狮子滚绣球等一百零八种花式。

踢毽子的历史很悠久,但究竟始于何时,并无确切记载。古代的名物考据家认为踢毽子源于蹴鞠,如宋人高承《事物纪原》称踢毽子为"蹴鞠之遗事也"。而"蹴鞠者,传言黄帝所作,或曰起战国之时"(《史记·苏秦列传》裴骃集解引刘向《别录》),如此说来,踢毽子的历史就要追溯到战国以至遥远的黄帝时代了。黄帝时代,史事邈远不可求,说踢毽为黄帝所作,是把黄帝当作垛子,即把一切发明创造的功绩都归之于黄帝一人的结果,并不可靠。说起于战国之时,或许有些根据,但因踢毽子乃细物中之细物,要找到确凿的起源时间的证据,几乎不可能,故且以前人成说为据,断为起源于战国好了。虽然这仍属于传统中的史影,但唐代以前的鞠"用毛纠结为之"(《初学记》),与毽羽类同,且也是"抛足之戏具",所以鞠与毽还的确有点血缘关系。

据文物家考证，汉代画像砖上已有踢毽者的形象，照此推断，踢毽子最晚也起源于两千年前的汉代。到了南北朝，人们已经能够熟练、巧妙地踢毽子了。唐代释道宣《高僧传》记载："沙门慧光年立十二，在天街井栏上，反踢蹀，一连五百，众人喧竞异而观之。佛陀因见怪曰：此小儿世戏有工。"（卷二《习禅·魏嵩岳少林寺天竺僧佛陀传》）蹀就是毽子，反踢就是用脚外侧踢，也叫"拐"，反踢五百下，可见脚上功夫。踢毽子甚至影响了少林寺武功，少林寺僧曾把踢毽子作为一项练武的辅助功。

唐宋时，踢毽子更加风行，技巧也更高超。《事物纪原》记载："今时小儿以铅锡为钱，装以鸡羽，呼为鞬子，三五成群走踢，有里外廉、拖枪、耸膝、腆肚、佛顶珠、剪刀、拐子各色……"可知此时踢毽子有边跑边踢之法，且不光用脚踢，还用膝、腹、头耍弄毽子，"耸膝""腆肚""佛顶珠"即是。宋代，由于踢毽子的人多，还产生了以卖毽子为生的小商业。南宋词人周密写的笔记《武林旧事》卷六"小经纪"条，列举了首都临安城（杭州）里经营各种玩具的小商业，如风筝、黏竿、毽子、鹁鸽铃、象棋、弹弓等，并指明："每一事率数十人，各专借以为衣食之地。"

明清时代，踢毽子更为普及，技艺也大为长进。清人潘荣陛《帝京岁时纪胜》记述北京民间踢毽子："都门有专艺踢毽子者，手舞足蹈，不少停息，若首若面，若背若胸，团转相击，随其高下，动合机宜，不致坠落，亦博戏中之绝技矣。"《通俗编》"踢毽"条说："今京市为此戏最工，顶额口鼻，肩背腹膺，皆可代足，一人能兼应数敌，自弄，则鞬子终日绕身不堕。"由于踢毽子趣味盎然，观之赏心悦目，故成为艺术家，尤其是民间艺术家的创作题材。花瓶上出现了匠人们绘的踢毽图，画家也把踢毽子的场面画下来，清代风俗画集《北京民间风俗百图》里的踢毽图，就是现存的一幅。

踢毽子既有趣，运动量又可大可小，故踢毽者男女老少都有。尤其清代妇女踢毽子更为引人注目。一首北京竹枝词唱道："青泉万迭雉朝飞，闲蹴鸾靴趁短衣。忘却玉弓相笑倦，攒花日

夕未曾归。"（《清代北京竹枝词》）当时女孩们爱玩名曰"攒花"，即"数人更翻踢之"的踢毽游戏，为了玩得痛快，她们脱掉裙裳，身着短衣，她们踢着，笑着，常常日落不归。清初著名词人陈维崧作了一阕《沁园春》，咏闺人踢毽子，词云："娇困腾腾，深院清清，百无一为。向花冠尾畔，鬻他翠羽；养娘箧底，检出朱提。裹用绡轻，制同转，簌尽墙阴一线儿。盈盈态，讶妙逾蹴鞠，巧甚弹棋。鞋帮只一些些，况滑腻纤松不自持。为频夸狷捷，立依金井，惯矜波悄，碍怕花枝。忽忆春郊，回头昨日，扶上栏杆剔鬓丝。垂杨外，有儿郎此技，真惹人思。"（见陈乃干辑《清名家词》）我们好像看到一位清代女郎在清幽的深院里踢毽子的盈盈姿态，那精心制成的毽子上下翻舞，变化多端，简直比踢球还巧妙，比弹棋更有趣味。

清朝光绪皇帝的瑾妃非常喜欢踢毽子，她的侄子唐海回忆瑾妃踢毽子的情景：午休后，"吃完加餐，喝完茶，瑾妃亲自带我们到御花园里走走，但更多的时间是在前殿踢毽子玩。踢毽时瑾妃要把大衣襟的下摆拉起来塞到腰搭上，和我赛着踢，对着踢。当她自己踢时，越踢越带劲，有时把毽子踢到前殿挂匾后边，这时宫女便传来小太监用竹竿弄下毽子再接着踢。姑母踢毽子的姿势很好看，前踢、后踢、左踢、右踢，雪白的鸡毛毽子，在姑母脚下来回旋转。太监和宫女们在旁边喝彩叫好，'瑾主妃踢得妙！'就这样，一直踢到进晚膳才算罢休"。

我国历史上有许多城乡有踢毽子的风俗，以至成为年节"岁时"活动。如清代北京人踢毽子多在秋冬之季，以此为"天寒时消遣之一法"。《燕京岁时记》上说踢毽子"足以活血御寒"。《帝京岁时纪胜》里有一首童谣："杨柳青，放空钟。杨柳活，抽陀螺。杨柳发，打杂杂。杨柳死，踢毽子。"清·前因居士《日下新讴》里有一首诗："杨柳抽青复陨黄，儿童镇日聚如狂。空钟放罢寒冬近，又见围喧踢毽场。"每当杨柳凋零，天气寒冷的时候，踢毽子就热闹起来了。塞外承德更有"踢毽之乡"的美誉，旧时，几乎家家有毽，人人会踢。一到新年，人们结伴成群，上街踢毽，一时彩蝶纷飞，似闻春讯。清代广州正月十五有

踢毽子会，清初文学家屈大均写的《广东新语》记载，每逢元宵节，"昼则踢五仙观，有大小，其踢大者市井人，踢小者豪贵子"（《广东新语》卷九，《事语·广州时序》）。热闹的踢毽子活动，使元宵佳节锦上添花。虽然踢毽子在历史上被视为"不登大雅之堂"的"雕虫小技"，但由于它有益健康而又有趣，更重要的是它根植于民间，所以获得了很强的生命力，千年不衰，至今仍然是人们喜欢的一种体育游戏。

毽子中国民间体育游戏。毽子有鸡毛毽、皮毛毽、纸条毽、绒线毽等。起源于汉代，由蹴鞠发展而来。

20世纪，北京、上海、广东、福建、山东等许多地方都举行过大规模的踢毽子比赛。新中国成立以后，各地踢毽子活动开展得更为广泛，不仅受到青少年的喜爱，而且也成为中老年喜爱的健身项目。许多地方还经常举行各种各样的比赛。踢毽子比赛有比踢的次数，有比踢毽子的花样和难度。方式有单人踢和两人对踢，也有集体踢或传踢。踢毽子的基本动作有盘、磕、拐、蹦4种。盘：用两脚内侧交替踢。磕：用膝盖将毽子弹起。拐：用脚外侧反踢。蹦：用脚尖踢。踢毽子的花样繁多，如旋转踢、脚尖和膝盖交替踢、毽穿圆环（即从两手围成的圆圈中穿过）、远吊、近吊、高吊、前踢和后勾，还可用头、肩、背、胸、腹代足接毽或毽绕身不堕等。

毽子古代称之为"抛足戏具"，是一种用鸡毛插在圆形的底座上做成的游戏器具，是中国古代体育项目中比较盛行的游戏。

毽球俗称"毽子"，古代文人也称为"燕子"，并有诗句"踢碎香风抛玉燕"的描述。中国的毽球运动历史久源。相传距今3000多年前的商朝，人们就有一种边跳边踢的舞蹈，这可能就是踢毽子的雏形。1913年山东济宁喻北屯城南张村一个东汉墓中出土了23块石画，上绘八人在表演踢毽子，他们动作和谐舒展、潇洒自然。

踢毽运动的发展

到了20世纪30年代，涌现了一批全国闻名的踢毽子能手。

如北京的谭俊川、金幼申、溥子衡、林少庵，上海的周柱国、陈鸿泰，河北的杨介人，浙江的谢叔安，河南的路锦城等，数不胜数。踢毽技术在普及的基础上得到了提高，各种踢法丰富多彩，高难翻新的动作层出不穷，不同风格争奇斗胜，使观者眼花缭乱，惊叹不已。我国传统的踢毽运动，日趋完善。

1928年月12月，在上海市举办"中华国货展览会"时，举行了我国第一次踢毽子公开比赛，推动了这项民族体育项目的发展。1933年3月26日。在南京市又举行了第一次全国性的踢毽比赛，据当时的报纸报道："报名参加者颇为踊跃，其中有河北的溥子衡、金幼申（编著者注：溥子衡、金幼申系北京人）、杨介人三人，对于踢毽子极有经验，能踢之花式均有百余种之多，观者无不赞美。此外，有著名体育家及踢毽能手参加……，届时定有一番热闹也。"比赛结果：河北杨介人获普通踢（盘踢）和花样踢第一名；北京运动员溥子衡、金幼申并列普通踢和花样踢第二名，三人所踢花样都有百余种之多，第四名踢的花样有三十种，第五名踢的花样有二十种。"在发奖会上，杨介人、溥子衡、金幼申三人再次进行了表演，还拍了电影纪录片。

1933年10月举行的全国体育运动会上，踢毽子同拳术、摔跤、弹弓、剑术等民间运动项目一起，又进行了比赛。上海运动员周柱国、北京运动员溥子衡和金幼申分别获普通踢的前三名，浙江运动员谢叔安获第四名。上海运动员陈鸿泰获特别踢（交踢、北京叫小毽股）第一名，上海运动员周柱国和北京运动员金幼申分别获特别踢的第二三名，第四名为河南运动员路锦城获得。比赛后，北京运动员金幼申、溥子衡二人，还在南京、上海等地的一些大学、中学等单位进行了多场表演，得到了各界人士的好评。

但是，此后踢毽子运动衰落了，直到新中国成立后，这项民族体育运动才逐渐得到了恢复和发展。1950年，北京市吸收了在街头靠踢毽子糊口的艺人参加了杂技团，专设了踢毽子节目，并出国进行表演，受到了国外观众的热烈欢迎。

1963年，踢毽子同跳绳等，被列入国家提倡开展的体育活

动,踢毽子运动还被编入了小学体育教材。

1961年6月,中央新闻电影制片厂拍摄了"飞毽"的电影,介绍了踢毽的运动的历史和踢法,推动了这一运动的发展。天津、上海、保定、哈尔滨等地参加踢毽子的人越来越多。上海电视台也形象地向广大观众推荐踢毽运动,上海《青年报》还组织了全市中学生"红花杯"踢毽比赛,历时两个多月。

北方冰城哈尔滨市,参加踢毽子的活动人数逐年增加,全市半数以上的中小学的大约三十五万余名中、小学生参加了比赛。1982年,哈市一三六中学初中三年级女生王丽萍,用1小时28分钟,以5684个的优异成绩获得全市中、小学生踢毽子比赛的双脚踢(盘踢)第一名。这个成绩,远远超过了1933年10月,全国性体育运动会踢毽第一名4986个的成绩。

怎样踢毽子

准备姿势

准备姿势,是运动员在场上未接球时身体的一种等待状态,保持良好的姿势,是使身体能随时在瞬间由静变动,由被动的状态变主动状态的关键。准备姿势一般分两种:

左右开位站势。这种站势使运动员能从静止状态快速转向左右的移动的状态,尤其用在比赛的防守过程的站势当中。

前后开位站势。这种站势使运动员能从静止状态快速转向前后的移动状态,较多应用在比赛过程中的接发球和防守当中。注意后脚跟离地,身体重心要向前移,随时保持静中带动的状态。

步法移动

步法是移动的灵魂,没有纯熟的步法移动技巧,在比赛中就不能变被动为主动。步法移动一般有八种。分别为前上步,后撤步,滑步,交叉步,并步,跨步,转体上步,跑动步。只有熟悉各种步法的移动运用,在比赛中才能更具主动性和灵活性。

基本脚法

脚内侧踢球膝关节向外张,大腿向外转动,稍有上摆,不要过大,髋和膝关节放松,小腿向上摆,踢毽时踝关节发力,脚放

平，用内足弓部位踢球。在运用上主要多用在传接球方面，因此，要想成为一名出色的球员，无论是一传手、二传手或是攻球手，都必须熟练稳定地掌握好脚内侧球。

脚外侧踢球要稍侧身，向体侧甩踢小腿，勾脚尖，用脚外侧踢球。注意要想获得较低的托球点，必须使支撑脚做适当的弯曲，还要注意身体重心应放在支撑脚上。

脚背踢球用脚背踢球，一般用正脚背，要注意绷脚尖和抖动脚腕发力击球。此踢球的技术是相对其他基本技术中难度较大的一种，主要动作要求不但要快，还要求有一定的准度，一旦抖动脚腕发力击球的节奏过快或过慢都会影响完成踢球的质量。

触球在身体膝关节以上部位的踢球都叫触球。但又可以分为大腿触踢球，腹部触踢球，胸部触踢球，头部触踢球。大腿触踢球时，要注意抬大腿迎球，放松小腿，用大腿正面前段击球。腹部触踢球，胸部触踢球，头部触踢球，都要注意触球时将腹部、胸部或头部要稍微向前去主动迎接球，并控制球落在自己的前方，然后用脚将球踢出。

发球技巧

发球发球动作一般有三种：脚内侧发球，脚正背发球，脚外侧发球。脚内侧发球的时候要抬大腿带小腿，用内足弓部位向前上方送髋推踢。其特点是既稳又准，破坏性强。脚正背发球时要注意绷脚尖，用正脚背向前上方发力挑踢，它的特点是平、快、准。脚外侧发球时要注意稍侧身站位，绷脚尖，用脚外侧发力扫踢，其发球的特点是既快又狠，攻击力强。发球是比赛的开始又是一项进攻技术，发球的时候可以采用盯人、找空、压后、吊前等手段发出各种战术球，以达到破坏对方组织进攻或直接得分的目的。

花毽的四种基本踢法

1. 盘踢：用足内侧互换踢毽，膝关节向外张，大腿向外转动，稍有上摆，不要过大，髋和膝关节放松，小腿向上摆，踢毽时踝关节发力。踢起的毽子一般不超过下颏。

练习方法：一般人的左足没有右足灵活，没有踢过毽子的人，右足也能踢一两次，所以，练习时左足先开始为宜，即先用左足踢起一次，要求垂直，用手接住，右足再踢一次用手接住，较熟练后，连续踢。左右足都可连续踢后，改为左右两足各踢一次接住、各踢两次接住、各踢三次、各踢四次……接住，灵活熟练后就不用再接，踢的次数越多越好。

2. 磕踢：用两腿膝盖互换将毽子磕起（撞起）的踢法。髋关节、膝关节放松，小腿自然下垂，膝关节发力，将毽子磕起，大腿不要外张或里扣，踢起的毽子一般不超过下颏。

练习方法：练习时，用手抛起不超过下颏的毽子，用膝盖磕起（撞起），然后用手接住，同盘踢的练习方法一样，形成一磕一接，熟练后不用手抛毽，改用盘踢，形成一磕一盘，协调后两膝互换，踢的次数越多越好。

3. 拐踢：用两足外侧互换踢毽，大腿放松，小腿发力向体后斜上方摆动，勾足尖，踢毽时大腿不得摆到体前，小腿向体后斜上方摆动不要过高，毽子和足外侧相碰的一刹那，踢毽脚的内侧离地面一般不越过30厘米，踢起的毽子高度随意。

练习方法：练习时，可像盘踢一样，采用一踢一接的练习方法。为了避免动作出错误，练习时，踢毽脚一侧可向墙或树木等，身体与墙距离约与体宽相同，如果踢毽脚踢时碰到墙或树木，便是错误动作。

4. 绷踢：有的地方叫做"绷尖"，是用两足尖外三趾部分互换踢毽，单足踢毽也可以。绷踢能踢起即将落地的毽子，毽子被踝关节的发力一绷而起，所以叫绷踢。其动作是，大腿向前抬起，和身体成为150°——160°夹角，小腿向前摆动，髋关节、膝关节要放松，踝关节的发力，要在踢毽子的一刹那，足尖外三趾向上猛地用力，将毽勾起。踢起的毽子高低都可，但应避免忽高忽低，为以后的花样踢法打下基础。

练习方法：练习时，可采用盘踢的一踢一接的练习方法，但在开始练习时要踢得低一些，一般不超过腰部，再低一些更好，这样能踢的次数多一些。为了避免动作出错误，练习时可面向墙壁或树木，距离约与体同宽，如练习时踢毽脚碰到了墙或树木，便是错误动作，原因是膝关节没有放松，大腿抬得过高。

踢毽子花样玩法

一、圆圈盘踢

1. 游戏器材：毽子若干。
2. 游戏场地：平整的场地或篮球场。
3. 游戏目的：提高学生的平衡能力及收腹提臀能力。
4. 游戏方法：在平整的场地上画四个直径2.5～3.0米的圆圈或利用学校的圆形花坛（花坛边缘不可小于25～30厘米），学生分成人数相等的四组（男女混合搭配），每组的第一名学生持毽子站在圆圈或花坛边缘上。游戏时，学生在圆圈或花坛边缘上横向移动，同时用两脚掌内侧轮流踢毽子，当第一名学生回到起点后，下一名学生继续，依此类推。最后看哪个队在规定时间内踢的个数多的为胜利。
5. 游戏规则：

（1）游戏中学生不得掉下花坛或离开圆圈线，否则减去所踢毽子数的5个，在移动过程中可以用手接住毽子进行调整。

（2）在踢毽子过程中，必须用两脚轮换踢，在一脚连续踢的只能算一次。

（3）规定时间每一分钟，在一分钟内学生必须回到起点。

（4）为保证学生游戏安全，可在花坛下垫上厚10～20厘米的体操垫。

（5）游戏时，学生在圆圈或花坛边缘上必须横向移动。

二、磕踢接力

1. 游戏器材：毽子若干。
2. 游戏场地：平整的场地或篮球场。
3. 游戏目的：锻炼学生的提气、收腹能力及协调能力。
4. 游戏方法：在平整的场地上画四条长20米的直线或利用篮球场上的直线，学生分成人数相等的四组（男女混合搭配），每组的第一名学生持毽子站在起点上。游戏时，学生沿着直线前进（用高抬腿的形式前进），同时用膝盖上 10～15 厘米的部位击毽子，当到达终点后，要绕过标志物返回起点。当第一名学生回到起点后，下一名学生继续，依此类推。最后看哪个队在规定时间内踢的个数多的为胜利。

5. 游戏规则：

（1）在踢毽子过程中，必须用两腿轮换踢，在一脚连续踢的只能算一次。

（2）规定时间每一分钟，在一分钟内学生必须回到起点。

（3）游戏中学生不得离开直线，否则减去所踢毽子数的 5 个，在移动过程中可以用手接住毽子进行调整。

三、踢毽穿桩

1. 游戏器材：毽子若干、空矿泉水瓶。
2. 游戏场地：平整的场地或篮球场。
3. 游戏目的：培养学生自身的协调能力及身体的平衡能力。
4. 游戏方法：游戏前在平整的场地或篮球场上，用空矿泉水瓶装上适量细沙作为标志物，标志物间的距离为 60～80 厘米，每排 10 个标志物，排四排。游戏时，每组的第一名学生持毽子站在起点上，当教师发令后，学生开始进行绕障碍物踢毽子，在踢的过程中学生至少要用不同的两种方法踢毽（如：磕踢、盘踢等）当第一名学生完成后，下一名学生继续，依此类推。当全部学生完成后，看哪个队在规定时间内踢的个数多的为胜利。

5. 游戏规则：

（1）在踢毽子过程中，必须用两腿轮换踢，在一脚连续踢的只能算一次。

（2）规定时间每一分钟，在一分钟内学生必须回到起点。

（3）在踢毽子过程中，学生碰倒一次标志物，在所踢个数中减去 5 个。

（4）在绕桩过程中，可以用手接住毽子进行调整。

（5）在踢的过程中学生至少要用不同的两种方法踢毽。

四、踢毽入筐

1. 游戏器材：毽子若干、藤圈四个或低篮架四副。

2. 游戏场地：平整的场地或篮球场。

3. 游戏目的：培养学生自身的协调能力及身体的平衡能力。

4. 游戏方法：游戏前，教师在平整的场地或篮球场或校园的墙壁、大树上，设置高两米的篮圈四副或藤圈四个，游戏时，第一名学生手持 5 个毽子站在距离篮圈 1.5～2 米处，当教师发令后，学生开始踢第一个毽子，踢时可以用任何动作，等自己觉得准备好了时，就把毽子踢向前方的篮圈，限时 1 分钟，一分钟内要把手中的毽子全部踢出。在全组同学全部完成后，看哪个队踢入篮圈的多即为胜利。

5. 游戏规则：

（1）每生手中 5 个毽子，踢毽子入筐一个得 1 分。

（2）在踢的过程中，不得越线，否则算失败一次。

（3）持篮圈的学生不得随意降低或升高篮圈。

（4）全队完成后，看哪个队踢入篮圈的总个数多者为胜利。

五、一脚两毽

1. 游戏器材：毽子若干。

2. 游戏场地：平整的场地或篮球场。

3. 游戏目的：提高学生髋关节转动能力，锻炼小关节、小肌肉群以及学生身体灵活性、平衡性。

4. 游戏方法：游戏时学生站在平整的场地上手持两个毽子，一脚独立，然后用提起的脚外侧循环踢手中的两个毽子，在规定时间内看哪个队员的总数多为胜利。

5. 游戏规则：

（1）在踢的过程中学生必须一脚独立，一脚踢两个毽子。

（2）在踢的过程中毽子掉地不扣分，但踢毽子的脚落地扣总数的 5 个。

（3）在踢毽子的过程中可以用手接住毽子进行调整。

六、踢毽打准

1. 游戏器材：毽子若干，纸箱四个。

2. 游戏场地：平整的场地。

3. 游戏目的：提高学生身体灵活性、平衡性。

4. 游戏方法：游戏前在平整的场地上距起点线 2~4 米处放置四个纸箱，游戏时每组的第一名学生站在起点线后手持 5 个毽子，背对纸箱开始用各种方法踢毽子，在自己觉得时机成熟时把毽子踢向身后的纸箱内，在全组队员完成后，看哪个队踢入纸箱多的为胜利。

5. 游戏规则：

（1）在踢的过程中学生不能回头，否则按犯规一次，从踢入的总数中减去 1 个。

（2）在踢的过程中学生可以用任何方式踢毽子。

毽子对踢比赛规则

第一条　场地

第一款　场地面积

比赛场地采用羽毛场双打场地，长 11.88 米，宽 6.1 米，场地上空 6 米以内（由地面计算）和场地四周 2 米以内不得有障碍物。

第二款　界线

比赛场地应按平面图画出清晰的界限，线宽 4 厘米，线的宽度包括在场地面积之内；较长的两条边界叫边线，较短的叫端线；连接场地两边线的中点与端线平行的线叫中线；中线将场地分为均等的两个场区；在中线两侧各画一条与中线平行的线叫限制线（此线包括在限制区内）；中线至限制线的距离为 2 米。

第三款　发球区

距两端线中点两侧各 1 米处向场外各画一条长 20 厘米与端线垂直的短线叫发球区线（此线不包括在发球区内）；发球区线向后无限延长的区域叫发球区。

第二条　球网

第一款　球网的规格

球网长 7 米，宽 76 厘米，网孔 2 厘米见方。球网上沿缝有 4 厘米宽的双层白布，用绳穿起，将球网张挂在网柱上；球网必须挂在中线的垂直上空；球网为深绿色；网柱安在中线以外，距边

线50厘米处。

第二款　球网的高度

球网的中部顶端距地面垂直高度为1.60米（男子），1.50米（女子）；网的两端距地面的垂直高度必须相等，两端的高度与中间的高度相差不得超过2厘米。

第三款　标志杆与标志带

在球网的两端，垂直于边线和中线交接处，各系有一条宽4厘米，长76厘米的白色带子，叫标志带；在球网上连接标志带外侧应系有两根有韧性的杆，叫标志杆；两杆内侧相距6米；标志杆长1.20米，直径1厘米，用玻璃纤维或类似的材料制成；标志杆应高出球网上沿44厘米，并用鲜明对比的颜色画上10厘米长的格纹。

第三条　毽球

毽球由毽毛、毽垫等构成；毽毛为四支白色或彩色鹅羽成十字形插在毛管内，每支羽毛宽3.20~3.50厘米。毽垫直径3.80~4厘米，厚1.30~1.50厘米。毛管高2.50厘米；毽球的高度为13~15厘米；毽球的重量为13~15克。

第四条　比赛队员的组成

第一款　比赛队由6人组成，上场队员3人，其中队长1人（左臂应佩带明显标志）。比赛前，各队应将参赛队员（包括替补队员）的姓名、号码登记在记分表上，未登记的队员不得参加比赛。

第二款　也可因时、因地、因人制宜，增加单人、双人毽球赛，规则与3人制大体相同，记分可采取直接得分法。

第三款　教练员和替补队员应坐在指定的位置上。

第五条　队员的场上位置

第一款　双方队员必须站在本方场区内。

站在靠近球网的两名队员从左至右分别为3号位和2号位队员，靠近端线的队员为1号队员；场上队员的位置必须与登记的轮转顺序相符合。

第二款　发球的位置

发球的一方，2、3号位的队员在发球队员的前方，彼此间相距不得少于两米。球发出后，双方队员可以在本方场区内任意交换位置。

第三款　每局比赛结束之前，队员的轮转顺序不得调换。

第六条　教练员和队长

第一款　比赛成死球时，教练员和队长有权要求暂停或换人；在暂停时间内，教练员可以进行场外指导，但不得进入场区。

第二款　比赛进行中，场上队长有权向裁判提出询问或要求解释，但必须服从裁判的最终判决。

第七条　服装

第一款　比赛队员应穿着整齐划一的运动服和毽球鞋或运动鞋。

第二款　场上队员上衣的前后须有明显的号码，号码颜色须一致，并与上衣颜色有明显的区别；号码应清晰可见，背后的号码至少高20厘米，胸前的号码至少高10厘米，笔画至少宽2厘米，同队队员不得使用重复号码；队员不得穿戴任何危及其他队员的服饰。

第八条　比赛局数和场区选择

第一款　比赛采用三局两胜制，第三局采取每球得分制。

第二款　比赛前选择场区或发球权。第一局结束后双方交换场地和发球权。

第三款　决胜局开始前，正裁判员召集双方队长重新选择场区或发球权。决胜局比赛中，任何一队先得8分时两队应交换场地；交换时，不得进行场外指导；交换场区后，双方队员的轮转位置不得变换，经记录员查对后，由原发球队员继续发球；如未及时交换场区，一旦裁判员或一方队长发现时，应立即交换，比分不变。

第九条　暂停

第一款　比赛成死球时，教练员或队长可以向裁判员要求暂停。

第二款　暂停时，教练员可以在场地外进行指导，但场上队员不得出场，也不得与场外其他任何人讲话，场外人员不得进入场内。

第三款　每局比赛中，每队可以要求两次暂停，每次暂停时间不得超过 30 秒钟。某队在一局中请求第三次暂停，应判该队失发球权或对方得 1 分。

第十条　换人

第一款　在比赛中成死球时，教练员或队长可以向裁判员要求换人。换人时，场外人员不得向队员进行指导，场内队员不得离开场地。

第二款　每个队员在每一局比赛中换人不得超过 3 人次。

第三款　替补队员在上场前，应在记录台附近做好准备，换人时间不得超过 15 秒钟，否则判该队一次暂停。如该队在该局已暂停过两次，则判该队失发球权或对方得 1 分。

第四款　教练员或队长要求换人时，应向裁判员报告下场和上场队员的号码。

第五款　比赛中因故被取消比赛资格的队员，不能继续参加该场比赛，可由替补队员替换。如该队在该局已换人 3 人次，或场外无人替换时，则判为负局。

第十一条　局间间隙

一局比赛结束，下局比赛开始前，中间最多可有两分钟时间，供两队交换场地、换人和记录员登记号码，双方教练员在不影响上述工作的情况下，可以进行场外指导。

第十二条　发球

第一款　发球

发球队员须站在本方发球区内，用手持球，将球抛起，用脚踢向对方场区，使比赛进行。发球队员必须在发球区内发球，在球发出后才能进入场区。发球时，2、3 号队员不得有任何掩护动作，否则，判由对方发球。

第二款　发球失误

发生下列情况之一时，即判为发球失误：

1. 队员发球时,踏及端线或发球区线及其延长线;
2. 球未过网、触网或触及标志杆;
3. 球从网下穿过;
4. 球从标志及其延长高度以外过网;
5. 球触及任何障碍物,或在进入对方场区前触及本队队员;
6. 球落在界外;
7. 发球延误时间超过 5 秒钟;
8. 裁判员鸣哨后球坠落在地上。

第三款 当发球队失误时,应判失发球权,由对方发球。

第四款 重发球

发生下列情况之一时,需重发球:
1. 在比赛进行中,球挂在网上(最后一次击球挂网除外);
2. 在比赛进行中,毽毛和毽垫在飞行时脱离;
3. 在裁判员鸣哨之前发球;
4. 在比赛进行中,其他人或物品进入场区。

第五款 发球次序错误

当球发出后,裁判员发现队发球次序错误,则判该队失发球权,并恢复正确位置,如犯规队已得分,应取消队因该次发球次序错误所得的分数。

第十三条 轮转顺序

第一款 某队取得发球权时,应先按顺时针方向轮转一个位置,然后由轮转到 1 号位队员发球。

第二款 新的一局开始前,可以变换本队队员的轮转顺序,并填好位置表交给记录员。

第十四条 比赛进行中的击球与附加动作

第一款 每队在将球踢入对方场区前,在本方场区最多只能有 3 人次共击球四次。

第二款 每个队员可以连续击球两次。

第三款 不得用手、臂触球。但防守队员在手臂下垂不离开躯干的前提下,拦网时手球不判违例。

第四款 球不得明显地停留在队员身体的任何部位。

违反第十四条第一至四款均为违例,判由对方发球或得1分。

第十五条　网上球

在比赛进行中球触及两标志杆以内的球网为好球,球触标志杆为失误。

第十六条　触网

第一款　比赛进行中,队员身体任何部位触及两标志杆以内的球网,均为触网违例。

第二款　队员击球后,触及标志杆或标志杆以外的球网、网柱、网绳或其他物体,不为违例。

第十七条　进入对方场区和空间

第一款　过网击球为犯规。

第二款　比赛进行中,身体任何部位不得进入对方场区的空间。

第三款　队员若用头攻球时,必须在限制线以外,但落地时两脚可落在限制线以内。防守队员在限制区内,头部无意识触球过网不判违例。

第四款　在比赛进行中,除脚以外,身体任何部位不得触及中线,脚不得完全越过中线。

第十八条　死球与中断比赛

第一款　球触地及违例为死球。

第二款　中断比赛:其他人或物品进入比赛场区;更换损坏的器材;运动员发生意外事故等。发生以上情况,裁判员应鸣哨,中断比赛和恢复比赛。

第十九条　计胜方法

第一款　接发球队失误,应判对方得1分;发球队失误,则判由对方发球。

第二款　某队得15分并至少比对方队得多2分时,则为胜一局。如比分是14比14,比赛应继续进行,直至某队领先2分,方为胜一局。

第二十条 判定和申诉

第一款 一场比赛中,正裁判员的判定是最终判决。

第二款 只有场上队长可以对裁判员的判罚当场提出询问或要求解释,正裁判员应及时予以解释。

第三款 申述比赛队对裁判员的判罚有争议,比赛时必须服从裁判员的裁判,比赛后可向仲裁委员会提出书面申诉。正裁判员亦应向仲裁委员会提出书面报告。

踢毽子的好处

看似简单的踢毽子,不但可以让关节横向摆动,带动身体最迟钝部位,还能使身心高度集中,尤其对糖尿病患者来说,还有意想不到的锻炼效果。

踢毽与其他运动相比,其独到之处在于,它对调节人的眼、脑、神经系统和四肢的支配能力有着特殊的功能。它主要由下肢做盘、磕、拐、蹦、落等动作来完成,通过抬腿、跳跃、屈体、转身等动作,使脚、腿、腰、颈、眼等身体各部分得到锻炼,其中最显著的区别在于,它的动作可以让人体的关节得到横向摆动,带动了身体最为迟钝的部位,从而大大提高了各个关节的柔韧性和身体的灵活性。

另外,长期参加踢毽运动还能增强心肺功能,促进血液循环和新陈代谢。踢毽子要求技术动作准确,使毽子在空中飞舞不能落地,每种动作须在瞬间完成,这样就会使人的大脑高度集中,心神专一,从而排除了杂念,使习毽者感觉到身心舒畅,活力无限。

踢毽对糖尿病人有特别的帮助。糖尿病患者由于血糖偏高、缺乏运动,下肢会逐渐萎缩,而踢毽主要以腿部、脚部运动为主,从而带动全身血液循环,这对血糖的调节起着很重要的作用。另外,对颈椎病、腰椎间盘突出、头痛、眼睛不适、肩颈病和坐骨神经痛等慢性疾病也起到了很好的缓解作用。

踢毽子是体育更是一种艺术。锻炼身体的方式有很多,但要想既达到锻炼目的,又有一定的娱乐性和艺术性,那么踢毽就是

一个难得地选择了。什么"过腿骗马""鸳鸯葫芦""外磕还龙",或上或下,若即若离,如训熟之燕雀,似恋花之狂蝶,丰富多彩,令人目不暇接。踢毽最具亲和力的是"走毽",大家围拢在一起,你一脚我一腿,小小毽子在人群中上下飞舞,不但可以强身,还可以增进朋友间的感情,一举多得,其乐融融。

最近,国外有一项研究表明,保持同一姿势4小时,就会出现血液凝结。因此,办公族更容易患下肢"深静脉血栓形成"性疾病。中国的老祖宗给人们留下了防治这种病的祖传秘方,那就是踢毽子。

人的下肢离心脏最远,供血容易受到影响。"树老先老枝,人老先老腿"是有道理的。长期坐办公室,尤其是当今电脑族,下肢活动少,久之,则肌肉松弛,体积减小。大腿后部持续受压,静脉回流受阻,下肢最先累及。盆腔静脉回流受阻,容易发生痔疮及精索静脉曲张。"十男九痔",就是指这些人。

踢毽子以下肢肌肉的协调运动为主,功夫在脚上。锛、磕、拐、盘,转身稳步,起跳骗腿,前合后仰,在他人看来,就像欣赏跳舞。髋关节、膝关节、踝关节等,以纵轴为中心摆动,带动远端供血最困难、动作难度最大的部位,增强了肌肉的力量和相应关节的柔韧性。盘、拐、绕等动作,缝匠肌、腘肌、股肌等腿部肌肉得到锻炼;而锛、磕、落等,足背肌、足底肌的作用必不可少。至于花毽儿的一些高难度动作,像"雾里看花""苏秦背剑""倒挂紫金冠""外磕还龙""朝天一炷香"等,头顶、后背、脚跟、脚面等部位,毽子上滚下翻,滴溜儿乱转,这时,腰肌、髋肌、臀肌,甚至胸肌、腹肌等都要参与。骨骼肌的动静脉短路枝大量开放,下肢血流的动力性平衡得到维持。既增强了肌肉、骨骼的运动功能,又有效地预防了一些血液回流障碍性疾病,尤其是办公族罹患的下肢"深静脉血栓形成"性疾病。

长期低头伏案,颈椎前倾,疏于活动,容易得颈椎病;胸、腰等部位脊椎的生理弯曲失常,久之则拱腰驼背,成为所谓"办公室型体态"。踢毽子时,随着毽子的起落,脊椎各关节屈伸有节、有度,椎体的深、浅层肌及颈前、颈后肌等一张一弛的功能锻炼，避免了椎关节的僵化，增强了关节的稳定性，预防了颈椎病，修整了腰肢体态。踢毽儿时双上肢有节律地摆动，运动了肩、背部肌肉、关节，对中老年人罹患的肩周炎，也有较好的防治作用。

踢毽子还可以防治"亚健康"状态。踢毽子要求人的思想高度集中。瞬间完成踢的动作，技术到位，动作准确，毽子才能遂心着意。大脑皮层势必建立起新的兴奋灶，转移思维，"换换脑子"，对于调节高级神经活动、化解心理压力十分有益。毽子虽小，娱乐和艺术等功能俱全，魅力十足。心到、眼到、脚到；反应要灵敏，动作要迅速，相互配合要心领神会。很多人把踢毽子又叫"走毽儿"。大家围在一起，你一脚，我一脚，飞舞的毽子牵动着所有人的眼球，调动着所有人的责任感，激发着所有人团结进取的精神；稍微的不小心都会造成毽子起落中断；其间有说有笑，有喊有叫，有逗有让，气氛融洽、热烈；一旦落地，一片哗然，一片惋惜。心态的调整寓于小小毽子的腾飞起落，有效地防治了"亚健康"状态。

踢毽子要求条件不高。晴天室外，雨天屋内，有"拳打卧牛之地"即可踢上几脚。久踢毽子也可上瘾，办公开会的时候，脚在桌子底下常也不由自主地盘拐几下，着迷的程度不亚于香菱学诗。

踢毽子对身体有什么益处

踢毽与其他运动相比，其独到之处在于，它对调节人的眼、脑、神经系统和四肢的支配能力有着特殊的功能。它主要由下肢做盘、磕、拐、蹦、落等动作来完成，通过抬腿、跳跃、屈体、转身等动作，使脚、腿、腰、颈、眼等身体各部分得到锻炼，其中最显著的区别在于，它的动作可以让人体的关节得到横向摆动，带动了身体最为迟钝的部位，从而大大提高了各个关节的柔韧性和身体的灵活性。另外，长期参加踢毽运动还能增强心肺功能，促进血液循环和新陈代谢。踢毽子要求技术动作准确，使毽子在空中飞舞不能落地，每种动作须在瞬间完成，这样就会使人

的大脑高度集中，心神专一，从而排除了杂念，使习毽者感觉到身心舒畅，活力无限。

如何练好踢毽子

而今所踢的毽子一般来说分为北方和南方两种。北方毽子羽毛短小，毽托较重，踢起的毽子上下飞舞速度较快，这要求踢毽子的人要踢法刚劲；而南方毽子的羽毛长大，毽托较轻，上下飞舞的速度也相对较慢，掌握起来较为容易，因此，人踢起来，看上去动作舒缓、柔软、潇洒漂亮。北京使用的毽子属于北方种类，但和一般意义上的北方毽子又有所差异，它的羽毛短小而少，毽托重量在 10 克左右，因为分量重，所以上下速度在几种毽子中最快。这就要求踢毽子的人不仅要踢法刚劲有力，而且动作要干脆、快捷；但不论毽子如何，全国各地踢法名称如何不同，花样踢法却一般分为接落、绕转、穿插、跳踢、头顶等几个相互关联的部分。不过，一个初学者如果要练好毽子，首先基本功必须要扎实；毽子基本踢法无外乎四种：用脚内侧或外侧踢的分别叫盘踢和拐踢，用膝盖和大腿踢的叫磕踢，用足尖外侧三个脚趾踢的叫绷踢。

如何选择毽子

一种是我们常见的传统花毽。花毽的高度一般在 12 公分左右，多用火鸡毛或雕翎做毽身，塑料片做底座，因此，看起来更美观一些，踢起来弹性也很好。毽子起落的速度，也没有太多限制，踢起来后上下翻飞，花样动作全凭自己掌控，没有特别高难度的动作，所以适合各个年龄段的人。

第二种是大毽子，这种毽子的毽身多用鹅毛制成，橡胶做底座，高 17~18 厘米。与传统花毽不同的是，大毽子比较重，要求技巧性相对较强。如果是单人踢，就有 100 多种动作。但在大众健身运动中，大毽子更适合多人一起运动，大家你踢一脚，我踢一脚，力度较大，但动作简单，既能锻炼腿部力量，又能提高身体的灵活性。

还有一种毽子叫毽球，跟大毽子很像。毽球是用四根羽毛和橡胶底座制成的，羽毛多为鹅毛。毽球踢起来有隔网，像打羽毛球似的，一边踢过网后，另一边的人接住再踢过来。毽球竞技性较强，多用于比赛和竞技场上使用，可以是一对一比赛，也可以是二对二、三对三的比赛。另外，随着踢毽运动的发展，现在还有一些毽子踢起来会发出音乐，还会发光，运动过程中增加了大家的乐趣。

踢毽子不但锻炼下肢，还带动全身运动，对练习身体的平衡、协调及快速反应能力也有很大帮助；同时，踢毽子还能缓解压力，交朋识友，让人们的心情更加愉悦。但需要提醒的是，踢毽子是一种柔力运动，在踢的过程中，要特别注意把握力度和角度，力度不宜过猛，身体扭转的角度不宜过大，以免损伤关节。此外，踢毽子时一定要在地面平整的地方踢，地面不平容易崴脚。

现代人选择毽子，踢出曲线美

踢毽子是中国民间传统的体育健身活动，历史悠久，宋代集市上就有专卖毽子的店铺，明清时开始有正式的踢毽子比赛，如今男女老少都能踢上几脚。

毽子制作简单，用一小块布包住一个铜钱，上面扎上几根鸡毛便制成了常见的鸡毛毽，也可用沙包代替。踢毽子的场地可大可小，可室内也可室外，人数可多可少，既可独自运动，也可多人比赛。

踢毽子时，通过抬腿、跳跃、屈体、转身等运动，使身体各部分都能得到很好的锻炼，有效地提高关节的柔韧性和身体灵活性，增强血液循环和新陈代谢。踢毽子还可健脑，并能锻炼精神高度集中，增强反应能力。

踢毽子具有较强的健身功能和很大的娱乐性，不必与人争抢冲撞，运动量可随意控制，男女老少都可参加，学校单位还可以组织比赛，它的优越性是其他体育活动无法比拟的，因而成为人们休闲健身的理想选择。

"踢毽子"的养生之道

"树老根先老,人老腿先衰。"所以,好多人年纪还不大,腿就有了一大堆毛病。特别是长期坐办公室的人,由于下肢活动少,极易导致肌肉松弛、体积减小。加上大腿后部长期受压,静脉回流受阻,动、静脉动力平衡失调,容易引起下肢静脉曲张、血栓形成、静脉炎、闭塞性脉管炎及下肢肿胀等血管性疾病。

想要改变这种状态,踢毽子不失为一种好方法。踢毽子是许多人小时候常玩的游戏,它是以下肢肌肉的协调运动为主的一种健身方法,对预防下肢血管性疾病,具有很强的针对性。

踢毽子的基本动作包括盘、磕、拐、落等。盘毽子要靠股、足内侧肌群等的收缩来完成。磕的动作则以胫前肌、股四头肌、足趾肌等的运动为主。拐、绕、落等动作,除需要大腿、小腿等部位肌肉外,足背肌、足底肌等的参与也必不可少。至于要完成其他高难度的踢毽子动作,则需要腰肌、臀肌,甚至是背阔肌、胸肌、腹肌的参与。由于人体肌肉的舒缩需要足够的血液供应,所以,踢毽子可加速静脉回流,预防因久坐而导致的静脉曲张。

下肢的作用肌按其所在的部位,可以分为下肢带肌、大腿肌、小腿肌和足肌等;按照对关节所产生的主要作用,则可分为运动髋关节的作用肌、运动膝关节的作用肌和运动足关节的作用肌。本文主要从运动方面来进行说明,因此,采用后者的分类方法来进行说明。

踢"毽子"小心膝关节

膝关节是人体最大、结构和功能最复杂的关节之一,骨折,受到损伤的机会也比较大。近年来,老年人因为踢毽子造成膝关节受损的病例越来越多见。老人们在踢毽子时一般只用一条腿踢,另一条腿从头到尾都是作为支撑,股骨头坏死,这会把身体重量都压在这条腿的膝关节上,而且起踢一瞬间向下的爆发力和扭腰带动的旋转力给膝关节造成磨损,久而久之便会造成"退行性病变"。

此外，由于踢毽子动作单一，反复起踢的一条腿也容易损伤到膝关节的外侧副韧带。

柔韧素质

有人很奇怪会问：为什么"柔韧性"也算是踢毽球的基本功？其实有踢过毽球的人都知道，没有一定的柔韧素质是不可能完成各种高难度的动作的。因此，毽球不同与其他球类运动，踢毽球缺少柔韧素质，就好比身高1.6米的篮球运动员，不是不能跳，而是跳不好。但柔韧素质又不同与其他技术，不是说掌握了一定的技巧，平时刻苦训练就能练好的，要想把它练好，必须遵循一定的客观规律。

毽球是一种对身体素质要求比较高的体育项目。由于网上激烈地争夺及"两米线"对头部的限制，使得脚部进攻成为极其重要的手段。所以对身体柔韧性素质要求特别高。因此，在日常教学与训练中，要特别注意柔韧性素质的练习。柔韧素质是运动员完成大幅度动作的能力，也是肌肉、肌腱、韧带的弹性和伸展性。柔韧性好，有利于运动员正确掌握技术动作，大幅度完成进攻技术动作，并可防止运动员损伤。

怎样有效地进行柔韧素质练习？

借助外界力量发展柔韧素质 关节的活动幅度由人体解剖结构所决定。越接近解剖极限，柔韧性越好。要想达到此目的，必须借助外界力量来实现。借助外力的训练方法主要有肩部的压、拉，腰部的甩、压，腿部的压、板等。但在进行被动的静力拉伸后，一般都要再进行主动的动力拉伸练习。其方法主要有踢、摆、蹦、环绕等。

通过体操发展柔韧素质 毽球运动员所要求的柔韧性不是软而无力的柔轻，而是要求在做大限度动作时，肌肉仍能快速有力地收缩。要达到此目的，在日常练习中就要把静力性拉伸与动力性拉伸结合起来进行。而体操（徒手操、轻器械体操）就是一种比较好的方法。体操按照人体解剖结构特点，分为头部、肩部、胸部、腰部、髋部、上下肢等部位的运动；不但可以改变关节软

骨、关节囊、韧带的弹性和肌肉的伸展性，而且可提高对抗肌之间的协调性。体操的形式活泼，融运动、韵律于一体，简单易行，学生乐于接受，所以效果比较好。

柔韧素质练习应注意的问题：

柔韧素质通过训练可获得很好的发展，但在停止练习后消退得也比较快。所以柔韧素质训练应保持经常性。

年龄与柔韧素质有很大的关系，儿童时期最好，女生又优于男生。所以在日常练习中应掌握自然规律，切忌盲目。

在练习中要将静力性训练与动力性训练、柔韧素质与力量素质结合起来，这样肌肉才会柔而不软、韧而不僵。

要注意与相连关节结合，并采用与专项动作相似的伸展练习。一般的动作不仅是一个关节，而是几个相连关节和部位共同作用产生的。所以在进行专项柔韧素质练习时，要注意做与专项动作相似的动作，动作幅度应比技术动作大，这样才能加大动作幅度，并能保持动作的结构。

要注意训练的安排　柔韧练习应放在早操与训练课的准备部分进行。在练习之前要做一般性准备活动，使身体发热；练习时动作幅度由小到大，速度由慢到快；身体疲劳时不宜做柔韧练习，以免受伤。

第六章 台球与健身

台 球

台球源于英国，它是一项在国际上广泛流行的高雅室内体育运动，是一种用球杆在台上击球、依靠计算得分确定比赛胜负的室内娱乐体育项目。台球也叫桌球。

台球大约在 14 世纪，由伦敦一家名叫 Billsyard 的当铺老板为娱乐消遣而发明的，台球的英文名称即源于此。至 18 世纪末，台球作为一种游戏在英国民间很是盛行。19 世纪初，世界上第一个公共台球室在伦敦开设。最早的台球，桌面上只有两个白球，之后法国觉得缺少挑战性，就增添了一个红球并改进打法。后英国人又将其发展成为在今天十分流行的落袋台球。

现在的台球已发展成多种多样：有俄式落袋台球、英式落袋台球、开伦台球、美式落袋台球和斯诺克台球，其中斯诺克最为普遍，而且被官方认可，已成为一项比赛项目。

台球于 100 年前传入我国，现在各大娱乐场所似乎都少不了它。

21 世纪初，中国人将当时较为主流的美式台球、英式台球及花式九球各自的优势特点融合为一体，并以以和为贵的中国文化为主旨又赋予了更多的娱乐与智慧元素，将台球的尺寸、进球开口（十个）、台球的数量、规格、构造及规则等进行改进；由于其结合了世界各国的文化，台球很快就迅速发展成为今天风靡流行的中式斯诺克台球。

台球起源

台球运动至今已有五六百年历史，台球究竟起源于哪国？有的说是古希腊，有的说是法国，有的说是英国，也有的说是中国、意大利和西班牙等，众说纷纭，其实都是根据传说，所以很难肯定。但是，台球起源于西欧是无可争辩的事实。

台球在公元14世纪，在英国的英格兰维多利亚女王时代，台球活动非常受人们的重视。在一些富豪家庭里，不仅有豪华讲究的台球间，而且在进行打球活动时，还有严格的活动礼节，有的规定至今仍在沿用。如在打球时，有客人来，必须轻轻开门入室，不得高声谈话，以免影响打球人的沉静思考。又如在打球时，可以要求对方不要正面对着自己或靠近自己站立，不允许做随便挥舞球杆等不文明的举动等。台球是一种高雅的活动，现在台球厅、室，也都有类似的不许高声喧哗和吸烟等明文规定。

1510年台球出现在法国，法国国王路易十四在凡尔赛宫玩的台球是"单个球"（Single Pool），在桌上放一个用象牙做的拱门（Port）和一根叫"王"（king）的象牙立柱，用勺形棒来打球，把球打进门或碰到上便可行分。

由于法王路易十四的御医建议国王餐后做台球活动，有利于健身。因此，得到法王喜爱和关心，所以在17世纪，台球在法国逐渐风行起来，这可能就是台球起源于法国的根据。

据说台球活动初始是在户外地面上挖洞，把球用木棒打进洞内的一种玩法，后来才从室外改在室内桌子上活动。

台球自从出现至今已有几百年的历史，并不是一出现就尽美尽善，而是在长期流传中，经过人们的不断改进丰富，现已达到了比从较完善的程度。从前开始在室内桌子上玩球时，在桌子中心开了一个圆洞，后来又在桌子四角开了四个洞，洞的增加同时也激发了人们的玩球兴趣，直到在桌子开了六个圆洞。才演变成了今天落袋式台球球台的雏形。在球台的发展过程中还有过八角形球桌，在桌每边开洞。共有八个洞，洞增多了，一盘球可以多容纳几个人来参加。

到了 19 世纪初，台球运动的发展开始走向成熟阶段，在技术提高的同时，设备用具也随之发展，许多大大小小的改进和发明创造不断涌现。

21 世纪初，各类台球在中国再度兴起，并得到长足的进步，由街头台球向健康、娱乐型运动迅速发展；中国顶尖球手在世界顶级比赛中也取得良好成绩，世界排名前 12 位球手中，中国占 3 席；中国制造的台球产品也开始走向世界，逐渐成为世界顶级赛事的指定用品；台球的创新发明也不断涌现，其中较为突出的是中式斯诺克台球，将当时较为主流的美式台球、英式台球及花式九球各自的优势特点融合为一体，并以以和为贵的中国文化为主旨又赋予了更多的娱乐与智慧元素，将台球的八大元素等进行全面的改进；由于其结合了世界各国的文化，并对结构进行创新及在规则中引入博弈理念，精彩路线较多及持续刺激程度较强，很快就迅速发展并风靡流行起来。

在台球桌方面，原来用的球桌就是普通的木板桌子，因受气候影响木材变形，台面平整很难保证，直接影响击球技术的发挥。约在 1827 年开始采用石板做球台台面，才有了光洁平整不变形的高质台面。

球台的台边，最初是用毛屑或棉花包裹起来钉在台边上来用的。因为没有弹性只能起到一种缓冲撞击的作用，到 1831 年才开始用橡胶取代。1835 年美国人费仑、1854 年美国人半沙波尼兰先后改进并发明了弹性良好的正规橡胶台边。球杆的皮头是谁发明改进的呢？现有两种传说。一种说法是，19 世纪初所用的秃头球杆是一驻印度的法国士兵明夸特，在他受处罚时，强制长时间被迫练习中，他发现木制球杆的秃头不好用，便在秃杆头上加一块皮头，经过试用效果很好，便开始推广了。另一种说法是，皮革头是由法国台球名手米佳发明的，并在英国又发明了巧克粉，可以防止球杆击球滑杆。

台球所用的"球"也有一段发展过程。最早使用的台球，是用木材或黄铜做的，后来受印度象牙装饰品和高级用具的启发，因此，象牙也被选用做台球材料了。一只象牙可以做五个球，根

据当时需要估计,每年要有万余头大象的牙才能解决,用量之大实在可观。由于台球质量要求高,圆度要圆,每个球的重量要求要同,因受产品合格率的影响,价格昂贵,只能供王室贵族少数人享用,严重地阻碍台球运动的普及与发展。

直至 1868 年,台球在西方国家广泛发展,球的需求也随之剧增,纽约一家台球公司自愿拿出一万美元赏金,征求象牙球的代用品。当时被誉为美国塑料工业之父的海亚特,用化学方法研制成功塑胶台球,这项发明促进了台球制造工业革命性的变化。同时也对台球运动事业的发展,作出了巨大的贡献。因此,海亚特也被美国台球协会选进了名人馆。

最初玩的台球,球台上只有两只球,到 1775 年,法国人又给加了一个红球,英国人跟着仿效,此时在球台上便有了三个球。并把这种玩法叫"开伦",击球人把对方的球顶进球袋,或同时击中两个球称"双着",都可以得分。这种玩法,就是我们现在玩的三球落袋式台球的原始玩法,即英式台球"比力"美国的台球运动,是西班牙人于 1504 年经佛罗里达州传入的。1607 年,英国人又把台球带到弗吉尼亚州。1690 年,移居南卡罗来纳的法国人也将台球运动带到美国。当时虽然多方面把台球运动传入美国,但并没有很快得到发展,直到 1800 年以后才开始盛行起来。经过多年的研究发展,直到 19 世纪中,对台球的技术、比赛方法和规则等方面,作出重大的改进完善贡献,直到在世界台球运动中,独创了美式台球一大流派,与法式台球、英式台球并驾齐驱,现已流行于东西方。

斯诺克台球起源,曾有一段故事传说。在 1875 年,有一个驻扎在印度的特文郡军团,团里有一位青年尉官尼维尔·张伯伦(Neville Chomberlain),对于他们每天玩的三球台球,感到乏味,于是便产生了改进的想法,便加了一个黑色球,经过一段时间,又有一位青年军官建议,再加了一个粉色球,随着球数的增加,不仅提高了玩的兴趣,同时也丰富了玩球的方法,后来又连续增加几种不同颜色彩球,球数共有 22 个,其中有 15 个红色球,6 个不同颜色的彩色球和一个白色主球。经过实践摸打,又制订了

一套比赛方法和规则。1880 年，英国人约翰·罗伯特又从印度把斯诺克台球打法和规则带回了英国。但是，当时正处于英式台球热，一般名手及观众都热衷于英式台球。斯诺克台球根本无法引起人们的重视。直到20世纪30年代，英式台球日渐衰落，许多名手才逐渐转向斯诺克台球，从此斯诺克台球才开始在英国兴盛起来，成了英国的国球，直到现在。关于台球运动组织的建立，最早的国家是英国，于1885年由业余与职业球手组成了台球协会，并制订了第一套正式的比赛规则。1908 年又由对立的一方组成了台球管理俱乐部。于1919年，台球协会和台球管理俱乐部达成合并协议，组建了英式台球和斯诺克台球的最高组织为台球联合会，主持两种台球的比赛和制订规则。

1994 年在北京第四十中学与星伟体育用品有限公司联合首次创办了台球运动专业班，引起了考生、家长和社会的青睐，并得到亚洲与世界台联的支持。为贯彻"中国台球走向世界，面向未来"的方针，培养国家急需的有文化理论和高技术水平的新型台球运动员、裁判员和管理人才，1995 年在台球专业班的基础上，正式成立了中国第一所"北京台球运动学校"。1996 年星伟体育用品有限公司又与北京体育大学联合创建了运动系台球项目，为中国培养高级台球专业人才创造了条件。

台球的分类

台球流行于世界各国，从不同的角度有不同的分类方法，可以从国度、台球的数量以及台球的击球技巧进行分类。

1. 按有无袋口分：落袋台球、开伦台球（carombilliard）。
2. 按国度分：法式台球、英式台球、美式台球、中式斯诺克台球。
3. 按规则及打法分：斯诺克台球、8球、9球、14.1、15球积分、3球开伦、4球开伦。

台球的种类很多，除了大家熟悉的斯诺克台球以外，还有很多打法都在国内和世界上流行，并且都有各自的世界大赛，在一些综合性的大赛中，台球项目也设立了很多小项。为了使大家能了解台球运动在世界上的发展，这里介绍几种目前世界上流行的台球打法。

英式台球又包括英式比例台球和斯诺克台球两大类，主要流行于英国和欧洲大陆。英式比例台球又称为三球落袋式台球，属基础类型的台球，是世界上正式台球比赛项目之一。英式比例台球出现较早，要求具有较全面的技术打法，目前，世界许多著名斯诺克台球运动员，比例式台球的基本功都相当扎实。而英式台球的另一个种类斯诺克台球更是为世界流行的主流台球项目之一。英文"斯诺克"的含义为障碍之意，是从英文"snooker"音译而得名。斯诺克台球不仅自己可以击球入袋得分，也可以有意识地打出让对方无法施展技术的障碍球，从而使对方受阻挨罚。因此，斯诺克台球竞争激烈，趣味无穷，也是世界台球大赛的项目。

美式台球又称美式普尔（POOL），是台式台球的一个重要流派，是在法式台球和英式台球之后又形成的一种新风格。它与英式台球和法式台球并驾齐驱，广泛地流行于西半球和亚洲东部。不过美式台球与法式台球和英式台球相比，仍不如它们家喻户晓。有人认为，美式台球仅仅是属于酒吧、街头巷尾的"下里巴人"式的游戏而已。然而这正是美式台球大众化、普及化的可取之处。美式台球中诸如8球制台球在我国也有广泛的群众基础。美式台球包括8球制台球、9球制台球、芝加哥台球、普尔台球和保龄台球等种类。

中式斯诺克台球也称为十孔台球，起源于中国，与其他台球的最主要区别在于台面中间增加四个进球袋及边框，既容易进球，也容易形成斯诺克；同时也拥有了更多精彩的运球路线，充分积极地体现球手之间连续进攻、巧妙防守及高难度解球的高超技艺；拓展了台球技术性及艺术性。通过针对结构改变的规则改良，中式斯诺克体现的是注重全局及排兵布阵，更具娱乐性、挑战性以及智慧元素，有棋球之说。

法式台球起源于法国，也称为开伦台球（又称卡罗姆台球，carom），其含义是连续撞击两个球，即用主球连续触及两个球，这是法式台球最基本的要求。与英式台球、美式台球球台的最主要区别是没有网袋。开伦台球有多种比赛方式，其中主要的是三边开伦式台球。

开伦式台球起源于法国，后来在日本却非常盛行，有"日本撞击式台球"之称，是国际大赛项目之一。开伦式台球所用的球台没有球袋，它是以球杆击球得分的一种台球打法。在我国的一些台球厅里很少能见到这种台球打法。开伦台球打法分为颗星开伦、三星开伦、四球开伦、直线开伦、台线开伦等，但最流行的要算四球开伦打法了。

"四球开伦"有四个球，两个红球和两个白球，两个白球为比赛双方各自的主球。旧规则计分方法是：主球撞到两个或两个以上的球后，可以拥有击球权。主球击中一个红球、一个白球得2分；主球击中"双红"得3分；主球击中"双红"加一个白球得5分。这种2分制、3分制、5分制过去较为常用。但是，新规则全部采用1分制，只要碰到三个目标球中的两个，就可以得1分，消除了因球的配置所产生的得分差距，计算也比较简单。

比赛的胜负是以谁先获得约定的分值为准。所以，当本方获得击球权时，应尽量争取多得分。因"四球开伦"用的球稍重些，所以球杆比其他类型的球杆粗些。

"四球开伦"开局的摆球方法为：两个白球之间有两个红球，且四个球在同一条直线上。

当球在台面上放好后，双方各向底边击打一空杆，决定击球顺序。球离底边近者获选择权；也可以抽签决定选择权。开球方以带黑点的白球为主球，另一方以全白色的球为主球。规则规定，对方的主球可为本方的目标球。

按照规则，开球第一杆必须先撞击对方白球方为有效，否则，将判作失机，交换击球权。因开局的摆球是主球与白球之间有两个红球，且四个球在同一条直线上。因此，开球方一般是撞击台边，打两边球（即撞击两个台边），使主球撞台边后再击中双球。

在"四球开伦"打法中，台边的作用非常大。如果不能采用

直线命中法，就要尽量利用一次、两次、三次甚至多次台边反弹以达到触及双球的目的。在击球技巧上与三边开伦台球有许多类似之处。

台球技巧有哪些

1. 身体姿势

和其他一些体育项目一样，姿势是很关键的一个因素。由于每个人的高矮、胖瘦、骨骼结构各不相同，所以每个人打球的姿势都不是一模一样的，所以要提醒注意的是，千万不要去模仿你喜爱的某个球星的姿势，除非你非常肯定它是适合你的，否则你将在很不舒服甚至别扭的姿势下完成每次动作。正确的姿势应该是两脚分开略与肩同宽，（以右手持杆者为例）右脚蹬直，左脚弯曲，身体很自然地贴向台面，这时你要感到两脚和身体是很稳定的，没有过分前倾或是后坐的情况，身体也没有不舒适感，特别强调两脚站稳以及身体舒适。你可以做以下实验：身体离开台面，不要拿杆，双手背在身后或者自然下垂，然后试着把身体压低，这时如果你没站稳的话很容易感觉到。

2. 手架

手架在击打过程中也是很关键的，其作用是作为身体的第三个支点，为出杆提供一个稳固的通道以及调节母球击打点位。总之手架是否稳固是进球的一个前提。首先，张开手掌按于台面，手掌拢起，四指抓紧台面，拇指紧贴示指形成一个稳固的V型通道，值得注意的是，在整个击打过程中，示指和拇指根部不得离开台面，手形不能在任何时候松散。

3. 握杆

很多人打球喜欢把球杆握得很紧，甚至时间一长手上还会打出茧子，而且这样也打不出力量来，其实用手指轻轻握住球杆就行了。打台球就像钉钉子一样，如果你把榔头握得很紧，那么手腕也会随之而僵硬，试想你会这样去钉钉子吗？

4. 试杆

在身体趴到台面以后，接下来要做的事就是试杆，你应该保持握杆的小臂是放松且自然垂直的，换句话说，你握杆的手指、手臂、肘关节、肩关节都应该很放松，这样才能发出力来，如果很僵硬，势必影响到你的发力和击球准确性呢？然后把球杆尽量放平，这时你握杆的"拳头"、下巴、手架和目标球应该是成直线的，然后，用你的小臂轻柔地带动球杆做水平的抽动，使杆头贴近母球的击点，这样反复试三四次使之感觉平顺，注意节奏要掌握好，不易过快。

5. 瞄准

很多人在得到一个机会后就急于趴到球台上准备击打，实际上这个时候你不妨走到台边弯下腰看清楚正确的瞄准点，由于视角的关系，有些角度的球，当你趴到台面后看到的角度并不是正确的，特别是一些看似直线的球。在你正确找倒了目标球的瞄准点后，很多人的视线就开始找不到方位了，到底目光该注视哪里，其实在试杆的时候，目光可以在母球的击点、目标球的撞击点和袋口之间来回，没有硬性规定，但有一点可以肯定，就是在出杆的时候，目光是应该盯准目标球，而并非母球更不是袋口，很多人在出杆后马上就抬头去看袋口，这是很不好的习惯，击球动作还没完成就提前起身抬头，会造成击球失误。

6. 出杆

在试杆及标准结束后，手臂带动球杆水平地向后拉去寻找发力点，拉多少根据你所需发力的大小而定，注意拉杆要平，如果需要大力，这时可以松开后三指，否则手腕会感觉别扭，找到了发力点后，有一个很短暂的停留，这时你要在精神和身体两方面做好准备，然后信心百倍地出杆，不要有任何犹豫，注意出杆不要太猛，要逐渐加力，当杆头到达母球的时候加到最大，这时你会体会到一种刺穿母球的感觉，这时不要立刻把杆抽回来，要把力发彻底，这需要长时间的练习才能完成，如果猛然发力，那么你只能听到球碰球的声音，而没有那种穿透感。不少人认为到这里就算完成了一次击打，其实出杆后身体的保持很重要，整个击打过程中除了眼睛和手臂，其他的部位都必须保持静止，直到目标球落袋或者母球已经趋于静止，在此之前不要提前抬头、起

身，也不要随着出杆身体顺势向前，另外手架也要保持不能变形。

总之以上这些内容，是需要大家在平时的练习中不断去体会和调整的，通过练习，使这些东西成为自己的一种习惯。

台球的打法解剖

握杆的方法十分简单，就好比我们平时握住任何一根杆子一样，但有一点需要注意，就是握杆时不能太紧，否则影响击球，握杆时要握牢球杆，不使球杆滑动，又要使手处于松弛状态，这样击球才有力量，才有弹性。

握杆的位置也对击球有一定影响，击球的力量，击球的弹性与握杆的位置有直接关系。

最佳的握杆位置由三因素决定，一是球杆的重心位置，另一个是击球的力量；还有一个被击主球的位置，而第一个因素最关键，握杆的位置应该在离粗端 30～40 厘米处，这并不太准确，各种球杆质量不同，重心位置也有变化，正确的位置以重心来决定。

1. 重心的测量方法

伸直左手或右手的示指，将球杆摆在食指上，然后慢慢调整球杆位置，能使球杆平衡的那一点即是球杆的重心位置。一般球杆的重心位置大约在杆尾 1/3 至 1/4 处，凭手感，大约可以估计出来。找到重心后，握杆的位置就可以确定了，一般是离重心向杆尾一端的 6～9 厘米。

握杆的位置要多试验，从中体会，而且击打不同位置的球时，握杆位置也要适当变化。

2. 击球台中央球的动作

当球在球台中央时，很难正确击球，这时可以爬上球台击球，但要注意两点：一是无论怎样爬在球台上都可以，但必须有一条腿着地，否则算犯规；二是爬上球台时身体不可触动其他球。

3. 主球在边沿时击球动作

要注意击球时左手的手架,四指按在球台边框上,以平背式手架架起球杆,击边沿球只能轻击,重击则达不到效果,因为球台的边框挡住主球,只能击中主球的上部,击球过于使劲可能会产生滑杆。

4. 使用杆架的击球动作

击球者双手都支撑在球台上,右手持住球杆的尾部,球杆对正鼻梁以便瞄准,注意击球的瞄准动作,以及持杆手势。

使用架杆击球一般都是轻击球,击球时注意将球杆直线平稳的向前推进,切不可晃动。

斯诺克简介

斯诺克,又称英式台球、落袋台球,一种台球运动。此项运动使用的球桌长约3569毫米、宽1778毫米,台面四角以及两长边中心位置各有一个球洞,使用的球分为1个白球,15个红球和6个彩球(黄、绿、棕、蓝、粉红、黑)共22个球。击球顺序为一个红球、一个彩球直到红球全部落袋,然后以黄、绿、棕、蓝、粉红、黑的顺序逐个击球,最后以得分高者为胜。斯诺克盛行于英国、爱尔兰、加拿大、澳大利亚和印度等英联邦国家以及中国香港。近十几年来,斯诺克运动也在东亚得到推广和普及,目前泰国、中国等国都有优秀选手涌现。

斯诺克历史

虽然台球运动的历史可以上溯到15世纪,但斯诺克的发明则相对晚了许多。关于斯诺克的起源,一个比较可信的说法是:在19世纪晚期,台球运动风行于驻扎在印度的英国军队中,当时流行的玩法是黑球入袋(Black Pool)。这种玩法用1个白球,15个红球和1个黑球。

1875年的一天,驻扎在印度贾巴尔普尔(Jubbulpore)的英国陆军上校内维尔·张伯伦(Neville Chamberlain)和他的战友们觉得这种玩法过于简单、乏味,便决定增加黄色、绿色和粉色3

个彩球上去。

不久，又嫌不够，再加上了棕色和蓝色球。这种新玩法很快流行开来，从而导致了斯诺克台球的诞生。而斯诺克一词则是当时英国军队中对军校一年级新生的流行叫法。这使得斯诺克被这些军人们用来称呼这种新玩法的初学者，最终则成为这项运动的名称。

1885年，当时的英国英式台球冠军约翰·罗伯特（John Roberts）在印度旅行时见到了张伯伦，并从他那里知道了斯诺克这种新玩法。回国后，罗伯特就把斯诺克台球带回到英格兰。但是，当时正处于英式台球热，斯诺克台球并没有引起人们足够的重视。

直到1930年代，英式台球日渐衰落，许多名手才逐渐转向斯诺克台球。这其中包括斯诺克台球的传奇人物乔·戴维斯（Joe Davis）。戴维斯首先意识到了控制主球走位的重要性。在此之前，打斯诺克台球的普遍策略是在将明显可以打进的球入袋之后做一杆斯诺克防守。

而乔·戴维斯通过良好的意识和精湛的杆法控制主球的走位，连续得分能力明显增强，大大提高了斯诺克运动的水平。从此斯诺克台球才开始在英国兴盛起来，并流行到世界各地。

斯诺克锦标赛肇始于1916年，当时举办了首届英格兰业余斯诺克锦标赛。

1927年，在乔·戴维斯等人的努力下，第一届斯诺克台球世界职业锦标赛在伦敦成功举办，并由乔·戴维斯本人获得冠军，赢得6.10英镑（今约200英镑）的奖金。乔·戴维斯是目前为止世界上最出色的斯诺克选手，接下来的历届世界职业锦标赛的冠军都为他获得，直到其1946年淡出世锦赛。

斯诺克台球在1950年代遭遇了一个低潮，甚至于严重到1958年至1963年间没有任何锦标赛举行。直到1969年，情况才迎来了转机。当时英国广播公司（BBC）为了推广新的彩色电视广播，发起了新的斯诺克锦标赛Pot Black。彩色的斯诺克台球和选手们的精彩表现很快吸引了观众的兴趣，斯诺克台球和彩色电

视节目一起得以迅速推广。

几年之后,世界职业锦标赛也开始电视转播。斯诺克台球开始成为一项主流的职业运动,并于1977年引入世界职业选手排名。大量的资金开始注入这项运动,以史蒂夫·戴维斯(Steve Davis)为代表的新一代斯诺克职业选手不断涌现。

在1982年,史蒂夫·戴维斯打出了历史上首个电视转播中的147分的满分杆。这些顶尖选手成为百万富翁。当时甚至有一首由Chas& Dave演唱的关于斯诺克的滑稽歌曲Snooker Loopy登上了音乐排行榜。

那个斯诺克黄金时期的高潮出现在1985年的世界锦标赛决赛上,尽管两位选手鏖战到凌晨,但仍有近1850万(相当于当时英国1/3的人口)观众通过电视转播看到了丹尼斯·泰勒(Dennis Taylor)以一记重击将最后一个球送入袋口之后举起奖杯庆祝的场景。

斯诺克在英国持续广泛地流行,成为仅次于足球拥有第二多电视观众的一项运动。

斯诺克台球规则

斯诺克台球球台内沿长350厘米,宽175厘米,高85厘米。斯诺克共用球22颗,其中15颗红球、6颗彩球、1颗白球(主球)。红球分值1分,排成三角形,放在6分和7分之间,彩球的颜色及分值如下:2分球:黄色 3分球:绿色 4分球:咖啡色 5分球:蓝色 6分球:粉红色 7分球:黑色。

台上半圆形区域为开球区,以彩球2、4、3为直径。开球前,双方可以通过抛硬币来决定谁先开球。开球一方,可将白球摆在开球区的任何位置,每次击球后,白球停在什么位置,就必须接着由什么位置打起。打球方必须先打入一颗红球后,才能任选一颗有利的彩球打。彩球打进后,需取出重新摆回其自己的定位点。接着,再打红球,红球打进后再打彩球,如此反复,红球全部入袋后,必须按照从低分值球到高分值的顺序打彩球,依次是黄球、绿球、咖啡、蓝球、粉球和黑球。此时打进的彩球,不

用再拿出来，直至所有彩球入袋，台面上剩下白球，比赛宣告结束。

从开球到所有球被击打入袋这一个过程称为一局。打球过程中，如果一方未能一杆全收，或者打了一个违规球，则击球权让于另一方。一场比赛可约定打1局、3局、5局、7局决定胜负。世界职业锦标赛决赛则是打35局。如果结束时，双方平分，传统决定胜负的方法是：将黑球摆在黑球位上，白球摆在开球区，双方通过抛硬币，决定谁先打，先将黑球打入者为胜方。每局的胜负由双方积分多寡决定，分值高者为胜方。得分有两种途径：一是靠进球得分，二是通过对方失误罚分而得分。每打入一颗红球得1分，打入一次黄球得2分，绿球3分，咖啡4分，蓝球5分，粉球6分，黑球得7分。因此，双方都会尽最大努力，多将黑球打入袋内。

斯诺克规则规定，未遵守下列规则，属犯规行为，当处罚分。打红球时，如果白球未能撞到任何红球——空杆，则要罚4分；如果误撞了彩球，则按照该彩球的分数罚分，但是最少罚4分。即，如果撞到了黑球罚7分，撞了黄球罚4分；打彩球时，如果未能打到要打的彩球，则按照此彩球的分数罚分。如果误撞了更高分的彩球，按照高分罚分，最少罚4分。因此进红球后，打彩球前，如果要打的彩球不能明显看得出来，则必须要声明击打的是哪个球，否则自动罚7分；如果误将白球击入袋，最少罚4分，或者按照白球进袋前最先碰到的最高分数球罚分。白球入袋后，接着打的一方可将白球摆在开球区的任何位置击球；罚分不从受罚方的分中扣减，而是加入对方的得分中。

下列行为也属违规：①将球打落台桌面；②双脚同时离地击球；③白球跳过中间球击打目标球；④台面上的球被球杆击球端以外任何物品或身体任何部位所碰到；⑤在出杆时，球杆连续击白球两次以上；⑥球杆、白球和目标球同时接触。当白球和目标球距离少于2.5厘米时，想不犯规出杆非常困难，所以当白球紧贴目标球时，击球方就只准将白球击开，而不得带动目标球。这种特殊情况下，只要将白球打离目标球，就当做击中目标球。好

的球手，经常会利用这种机会做安全球或斯诺克。

台球站姿

击球姿势是一项基本功。击球时，身体要面向所击的主球与目标球，站立时左脚向前，右脚稍后一点，两脚之间形成50°夹角；也可站立成丁字步，侧身向球台，左脚前，右脚后，两脚之间形成80°左右夹角。

上述两种站法是击球中常用的，第一种更普遍，初学者往往喜欢站丁字步，其实八字步更有利瞄准，站丁字步只在击某些球时才用。

击球时，要全身放松，只在击球一瞬间才使劲，脚站的宽度应与肩齐宽，使身体平衡。身体要正面向球台，击球时弯腰，身体向前俯，这时要注意全身的重心要压在脚上，而不能前移到手上，把重心压在手上会影响击球，要使全身安稳平衡。

台球杆的选择

制造球杆的木材，以柠木（白蜡）和加拿大的枫木为主，这两种木质实弹性好，又不易变形。柠木有美丽而显明的木材花纹。因此，很受台球爱好者和运动员的欢迎。为了利用球杆的冲击力而加重后把（后半部），有的球杆后半截是用红木或乌木制作的，既美观又适用。

球杆是直接击球的重要工具，在比赛或练球时，虽然可以用公用球杆，总不如自备球杆，用起来得心应手，运用自如，对换来换去的公用球杆性能，一时很难适应，在心理上会感觉别扭，所以台球高手都是用自备球杆，又如乒乓球、网球等运动员也都是用自备的球拍，实际它们就是运动员竞赛取胜的手。

球杆的长度和重量并没有严格的规定和要求，只要自己认为长短轻重合适，用起来顺手就可以，但是，根据经验，球杆最短不得少于91厘米，可是往往因所用的球杆过长不好掌握击球力量，容易失误，过重易使手臂疲劳，影响对击球力量的估计。另一方面，太轻也不好，打球时手臂用力太大，影响击球稳定性。

所以必须与个人体力相适应。

使用自备球杆,可以掌握球杆的重心位置,在任何情况下都能及时掌握正确的握杆部位,熟练地利用球杆的重力,结合个人的腕力大小,充分发挥击球技巧。一根顺手好用的球杆对自己球技水平的发挥至关重要,也和战士的手中枪一样,从尺度到重量都要靠自己在平时练习中,掌握熟悉,自己专用球杆的特性,使人与杆知己知彼,人杆合一,运用自如,才能战而胜之。

球杆的选择

1. 杆体要平直,把球杆放在球台上或平板上滚一滚,看一看杆头是否上下跳动。杆身是否紧贴台面,杆头不跳动,杆身在转动中,始终保持与台面紧贴,说明球杆是平直的。另一种方法是:用手把球杆托起,好像射击瞄准一样,一边转动球杆,一边瞄视杆身,看看是否保持一条直线。弯曲的球杆会影响瞄准和击球效果。

2. 球杆的长度。需根据每个人的不同身材高低来选定。方法是身体直立,用尺由地面量到,由肩头到嘴唇之间的高度,这个高度便是要选用的球杆高度。目前商店里出售的球杆长度为1.4~1.5米,重量为450克~500克。在国外,可以根据自己的要求定制球杆,自己选材,定规格尺寸和重量,购到满意顺手的球杆。

3. 球杆有整根的,也有两节、三节组合式的。组合球杆携带方便,但选购时要注意连接部位的螺丝是否同心,拧紧后是否弯曲不严。

4. 球杆上的撞头(亦称皮头)质量好坏将直接影响击球效果。撞头是用皮革或合成材料经过加工处理制成的,是直接与球相撞击的重要部件。所以,撞头虽小,但它在击球中的重要作用千万不能忽视,击球往往会因撞头出了毛病而遭失败。当撞头用过一定时间后,就要检查表面是否被频繁撞击而压光打滑,则需要用砂布把表面打磨出毛茬来,增加摩控力防止滑杆失误。市售的球杆皮头是个带棱角的圆片形,用胶水粘在杆头上后,必须经过修整才能使用,需用砂纸把棱角打磨成半月形,这样才能和球

的外圆表面接触良好。

台球杆的保养

高档球杆由天然木材制作而成，尽管材料经过多道工序处理筛选，但因表面无防护漆层，使用过程中如不精心保养，其外部及内部结构仍可能会产生变化，并且球杆体形细长，经常性撞击，也易造成损伤。因此，要想保持球杆性能稳定、延长使用寿命，必须精心维护。

1. 在使用过程中应保持干净，经常用干布擦拭，防止汗渍及其他脏物渗进木质中侵蚀杆体。带有接扣的球杆，丝扣接触面应保持干净，不要用湿布擦拭球杆，定期涂杆油，以防止空气干湿变化影响球杆性能。

2. 球杆不使用时尽量保持垂直放置，或者选用结构好的杆盒存放，不要将杆长期放在温度过高、过低及干湿变化大的地方（如暖气附近、汽车后备箱等）。

3. 木质表面发生轻微变化时，不可用粗砂纸打磨，必要情况下用抛光砂纸轻轻擦拭，之后立刻涂上杆油。如变化大，则必须进行专业维护。

4. 不要经常敲击震动球杆（尤其是带有接扣的球杆）。不要用未粘皮头的杆击球，铜环、丝扣等部位一旦出现松动，应尽快维修，以免损伤木质而无法补救。

台球的基本杆法与应用

一般来说母球分为九个区，在每个区击球分别被命名如下。

1. 中杆，击打球的中部，可以把能量完全传输到目标球上，而母球静止，俗称定杆。

2. 高杆，击打球的上部，可以把能量完全传输到目标球上，母球先静止，而后旋转往前运行，俗称跟杆。

3. 低杆，击打球的下部，可以把能量完全传输到目标球上，母球先静止，而后旋转往后运行，俗称缩杆。

4. 左偏杆，击打母球的左边，有一个）的弧线。

5. 右偏杆，击打母球的右边，有一个（的弧线。

6. 右低杆，击打母球的右边偏下，运行轨道首先是出现。

7. 左低杆，击打母球的左边偏下，类似上面的情况。

8. 右高杆，击打母球的右边偏上，类似上面的情况。

9. 左高杆，击打母球的左边偏上，类似上面的情况。

跳杆的要领是，瞄准球的中心，一般击打球的中上部（也可以击打中下部）发力，快速抽杆。

扎杆的要领是要掌握平行线原理。

台球的发力：中杆的时候，根据球的远近和局势的需要选择力量的大小。

选择不同的球，不同的位置，用同一种杆法练习；

选择相同的球，一个定点位置，用不同的杆法练习；

还有系统的训练，比如十字架、蛇彩之类的。

等这些手法都练得差不多了的时候，你可以开始码球开始开局训练，在球局中锻炼你的杆法。等你的杆法运用成熟之后，你要锻炼你掌控全局的能力，一个简单易行的练习方法是自由球训练法，就是在开完球之后给自己一个任意自由球，然后强制自己认真打，争取一杆清台，如果失误，则重新开球。直至能经常清台为止。

推进球技术

·技术动作：握杆击球时，应保持轻松的姿势，球杆击主球的中心点或中上点，进杆的力量取决于主球与目标球的位置，并有明显旋转前进的特点。

·技术效果：推进球技术的结果应是目标球向预定的方向前进，而将主球置于距下一个球较为有利的位置。

·应用说明：推进球技术至少在主球与目标球重叠1/2以上时，才算推进击法，应用推进击法可确保主球下一步走位的准确。

缩杆球技术

·技术动作：做好击球准备，击球时架杆手尽量放低平些，球杆保持水平，击主球的中下点，出杆时要果断、迅速，进杆后

要保持击杆的姿势,不可向回撤或转动球杆。

·技术效果:主球碰撞到目标球后,目标球沿主球作用力的方向直线向前滚动,而主球却逆向向回滚动,在同一力度下,由于主球和目标球的距离不同,缩杆的效果也不同。

·应用说明:在实战中,缩球技术主要应用于击一些袋边球入袋而主球退回安全位置;或者是使主球移位,以便使下一个球处于更为有利的位置。

跟进球技术

·技术动作:做好击球准备,握杆手保持球杆水平,手架靠近主球,击主球的中上点,出杆的力量根据主球走位距离的长短而定。

·技术效果:打跟进球的目的,就是为了在主球碰撞目标球后,主球能继续向前滚动,并停在打下一个目标球的位置上,主球跟进的距离比主球推进距离明显要长。

·应用说明:为了获得一个较长距离的主球走位置,需要用高杆使主球随击球方向跟进。

定位球技术

·技术动作:做好击球准备,球杆保持水平,击主球的中心点,使之平衡滑行前进。出杆时要有爆发力、有弹性,短促有力,如目标球较远,可击打主球的中心点稍偏下,以确保主球的定位。

·技术效果:主球撞击目标球时,将动能传递给目标球,目标球因此而向前滚动,主球却停在撞击目标球时的位置上。

·应用说明:打定位球时,必须是主球在滑动中撞击到目标球,如主球距离目标球太远,在滑动中没有碰到目标球,而是从滑行状态变为向前滚动状态才碰到球,这样的效果就成了跟进球。

侧旋球技术

·技术动作:击侧旋球时,球杆要保持水平,击球点要准确,出杆时要略向前送。击球时球杆呈水平状态,主球直线前进;击球时随握杆手的提高,主球前进路线的弧度增加。

·技术效果：撞击主球左侧形成顺时针方向的旋转，碰到目标球时，主球运动方向向右偏转，目标球产生相反方向的自旋；撞击主球右侧形成逆时针方向的旋转，碰到目标球时，主球运动方向向左偏转，目标球产生相反方向的自旋。

台球打法九要点

台球打法和其他球类打法不同，比如：足球、篮球、网球和排球等，都是直接把球踢进球门、投入篮筐、打过球网等。而台球则是先打白色主球，再由主球把目标球撞进球袋或连续碰撞两个目标球方可得分。而且不但要求把球打进球袋得分，还必须考虑打进一个球后，主球能停留在理想位置，以便接着打下一个球，如此反复才能连连取得高分，这点正说明台球的绝技就是控制主球的停留位置，也就是我们常说的"走位"。

所以，学打台球首先必须了解用球杆怎样打，打主球各个不同部位，球将会产生什么样的旋转变化，当主球主动撞击被动的目标球后，两个球将要产生什么样的旋转变化和行进去向等。为了学好台球，一定要弄明白，球的运动状态与球性，不然，对着球胡乱击打，违反击球的科学规律，是很难学好打台球的，也就达不到提高技术水平的目的了。

用球杆击打主球上的点叫击点也称撞点，面对主球平视，是个圆形面，这个圆形面上到处都是可以打的击点。但是，为了方便分析研究和学习，在圆形面上以圆心为基点设中心点，并根据点位与旋转的相应关系，在中心点周围选定 8 个点，一共 9 个点。

球和球杆上的撞头都是圆球面形的，如果球杆上的撞头在圆球的边缘部位时，由于角度过斜，便要发生打滑现象（称滑杆）。说明主球的球面上，不是都是可以用球杆击打的点位，而是有一定范围限制的。可以撞击而不至于打滑的范围称安全击球区。即把主球视平面直径划分 10 等份，取其中 6 等份在球中心画个圆，称其为 6/10 的同心圆，在这个范围内击球，就可以不会发生滑杆现象。如果击球技术达到高超水平，还可以超过安全区击球，也很少发生滑杆现象。仍可以向球体边缘延伸，把安全击球区再

扩展到主球直径的 7/10 或 8/10 范围。

当球技达到相当高超的水平后，击球范围也自然随之延伸扩大，密密麻麻地布满了球面，几乎处处都是可击之点，使球的运动千变万化，变幻莫测。以 9 个基本点扩展为 17 个、33 个直到 49 个。

主球的旋转运动

主球上虽然有 9 个基本击点，初学者练球时，要先熟悉中心、中上和中下这三个主要常用的击点。这三个击点若能打得好，无论打无袋式或落袋式台球，基本上都能解决击球得分的问题。

1. 撞击主球中上点：球开始延着球杆方向，直线向前奔走得很快、很远。因为球受正旋力矩的推动，滚动旋转的摩擦又比滑行摩擦少得多，动能损失很小。

2. 撞击主球中心击点：开始没有旋转，向前滑动瞬间后，因受台的摩擦阻力作用，渐渐产生了正旋力矩，使球与台面接触点速度减慢，球的顶点速度不变，于是球便向前旋转起来。球在哪里开始旋转，能滚到多远的距离，依击球力量的大小而不同。

3. 撞击主球中下点：球一开始就具有逆旋的力矩，球则一边行进一边倒旋，由于台呢的摩擦力作用，倒旋减缓直到为零，球经过一段滑行，便过渡到正旋前进，直到减慢停止。

4. 撞击主球左中或右中击点：这是一种侧旋转球的打法（亦称偏杆击球）。技术难度较大，但又是必须学会练好的侧旋球技术，并懂得在击球中会出现需要侧旋球的重要作用。当遇到需要从根本上改变主球或目标球前进路线的时候，便会体察到运用侧旋球的特殊作用。

侧旋球是台球的一种特殊的转动。这是一种畸形旋转，在撞击目标球的前后都能改变球的路线；上面已经讲过，打主球中上点所产生的上旋，可以形成跟进球；而打中下点产生下旋，可以形成缩球。侧旋是这些技术的延伸发展。

由于平常打球，大都用的是主球中线范围上的 9 个击点，而形成面对主球正面瞄准击球习惯，一旦使用偏杆，往往是球杆对

主球斜着打。打侧旋球要求球杆必须与台面平行，如果养成抬高后手握杆习惯，将会影响击球效果。还有击球速度和力度的控制要求都比较严格。

撞击主球左中或右中击点后，主球则以水平方向自转（左转或右转）与向前旋转的混合转动方式前进。撞击主球左中点时，从球的上方看，球是顺时针方向自转，称左旋；撞击主球右中点时，球是逆时针方向自转，称右旋。

侧旋球的主球前进线路不是直线，比如打左旋球时，主球受偏左的分力推动，开始先一点点地向右运动，然后又向左边转动。打右旋时，主球开始一点点地向左运动，然后又向右运动。由此可知，侧旋球使主球离开直线运动轨迹，因此，主球与目标球之间的距离越长，瞄准的判断越是需要准确。

偏球相撞的旋转运动

偏球：所谓偏球，就是不正面撞击目标球，主球只撞击目标球的偏侧部分。打偏球的目的，就是改变主球和目标球的球路，达到得分的要求。无论开伦还是落袋式台球，都常用到偏球。我们常听到的所谓厚球，薄球，又或 1/2、1/4、3/4 球，指的就是主球撞击目标球时，偏侧的程度。厚、薄或几分之几，是主球撞击目标球的有效撞击截面占球的截面的比例，厚就是撞击截面大，薄就是撞击截面小。但习惯说的数字比例，并不是面积之比，而是撞击截面在直径上所占的线度与目标球直径之比。

厚球与薄球是在实际比赛中的一种击球技术和战术，平时练习时，必须熟悉各种厚薄球在击球中以及撞击后，主球和目标球的运动状况。偏球的厚薄，大体可分为 6 个类型：正面、1/2、1/3、2/3、1/4、3/4。现分别介绍如下。

正面：就是主球球心速度方向正对目标球球心，撞击截面等于目标球的视圆面。从主球前进方向看去。主球和目标球完全重合。

1/2：主球球心速度方向偏离目标球球心，刚好与目标球侧面外边缘相切，或偏左或偏右，撞击截面线度占球截面直径的一半。

1/3：主球撞击目标球的撞击截面线度占球截面直径的1/3，或左或右。

1/4：主球撞击截面线度占球截面直径的1/4，或左或右。1/4球已经是相当薄的球。

3/4：主球撞击截面线度，占球截面直径的3/4，或左或右。这是相当厚的球，仅次于正面撞击。

无论打什么厚薄的偏球，瞄准的点都应该是目标球横直径延长线与主球纵向（运动方向）延长线的交点。若用这种厚薄度进行瞄准，要打各种偏球时，一定得熟悉瞄准点所在位置和瞄准方法。

厚度计算法与瞄准法

因厚度不同，而使母球分离的角度母球击出后在碰触到目标球的瞬间，母球与目标球重叠的比率称为"厚度"。它对于花式台球的球路（球的前进方向）来说最为重要。当你瞄准了目标球想将它击落球袋时，如果厚度产生了偏差，目标球就无法落进你所瞄准的球袋中，并且会越偏越远。在实际的比赛中，母球、目标球与球袋很难得刚好排成一条直线，多半是三者排在不规则的角度上，因此，就不容易将目标球击落球袋，而且每次击球时这三者的角度与距离都不一样，所以需要一些技巧。而厚度就是在控制球路时的重要因素。

偏球的偏转：主球正面撞击目标球时，如果主球没有旋转运动，则主球的动量全部传递给目标球，主球停住，目标球沿主球原来方向向前奔去，只是主球和目标球互相换了个位置。即前面已经讲过"定位球"。事实上由于摩擦力及动量吸收，目标球前进速度要减慢一些。

当主球偏侧撞击目标球时，主球和目标球的运动方向，都偏离了主球原来的运动方向，一偏左，一偏右。在动量不被吸收的前提下（绝对弹性碰撞），且假定主球不旋转，碰撞后的主球和目标球运动方向的夹角，则为90°，不管偏球厚薄为多少。掌握了这一点，再记住不同旋转状态下的偏转方向影响，就能比较有把握改变球路。

偏球越厚，则目标球运动方向越接近主球运动方向，目标球运动速度越高，主球则越接近横向滚出，速度越低。偏球越薄，则主球运动方向和速度越改变得小，目标球越接近横向滚出，速度越低。

主球和目标球的运动的瞬间位置，符合以原主球运动方向为对角线的矩形定则。变即瞬间的主球与目标球的轨迹，构成了矩形的两个边，这个矩形对角，就是原主球的运动方向。依据这个定则，便可估计主球与目标球碰撞后到达的位置。

台球健身

台球是一项老少皆宜，适合于各文化层次的既富有消闲性又具有知识性的球类活动。它具有愉悦性，掌握了各种杆法技术，打起来得心应手，成功率日见提高，更是令人心醉的一项活动。它很高雅，使置身其中的人有一种超脱感，即使比较讲究身份的人，也不会有"不屑与之为伍"的自外于人的心境。它需要精确的计算，对心态与肌肉要有自控意识。它有时也在一大堆失败中惹出一些烦恼，又可以锻炼个人的坚韧性格，不为胜负所累。只要几杆打的如意，失败的失落感又会得到平衡。

高难度的杆法一时掌握不住，看高手打球，会从看热闹进而看门道了，就是在台子旁边看别人打球，也能从看球中体会到它的韵味。而一旦自己也悟到了技法，上台试一试，又会在见到自己的进步时享受到这一收获的滋味。比分落后了，仍有可能后来居上，足以鼓舞人不灰心不气馁，培养向上的性格。台球不要求有特别强健的身体，所以适宜于各年龄段的人。

除了眼睛、心脏、手部肌肉有明显残障的人，不适宜或不能长时间地打台球外，一般均可连续活动一两个小时。所以台球实在是一项优点居多、好处不少的球类活动。

第七章　跳绳与健身

跳绳的历史渊源

说起跳绳，大家并不陌生。其源自何时，恐怕鲜为人知。

古均州民间武师，为练习武术基本功，常于耕读之余或闲暇之际，以二人扯一根长约十五尺的积绳，面对面，使臂膀抡甩积绳拍地有声，一人跃入围中闪转腾挪。每当一跳，三人都要浑厚短促发出"嗨"声。时间久了，武师们的跳绳，就被孩童们模仿而衍变为青少年儿童娱乐健身的体育运动，并且派生出多种跳绳之法。

一、主动跳绳

所谓主动跳绳，是自甩自跳为主的一种跳绳方式。所用绳子的长度，以双手分别握住绳子的两头，一只脚踩踏绳的中心点，双手上提扯直绳子与肩等高即可。

1. 单人跳绳起跳时，绳子从身后或身前抡甩，任意决定。还可左右臂反复交叉甩绳跳绳。

2. 转向跳绳设开跳时面向东，后三跳依次向南向西向北，如此一周，连续循环。当然也可以反向跳转。

3. 双人跳绳二人一前一后或面对面站立，其中一人甩绳，共同跳绳。均州人谓之"带人跳绳"。

上列几种方式，都应边跳边读数出声。若是竞赛，可依据同一时段成功跳绳数目的多少排列名次。

4. 跳绳赛跑在场地上划出一定长度的跑道若干条，参赛队员依号令自同一起跑线甩绳跳绳，一路上边跳边跑，并读数出声。最先到达终点的为第一名。然后，各场次的第一名再行比跳，直

至决出前三名。

二、被动跳绳

所谓被动跳绳，系由二人共甩一根长绳，另一人或多人共跳。绳子的长度可依据具体情况灵活取舍。若是竞技比赛，可采用两种赛制。

1. 个人赛单人依序跳绳，用时相等，跳绳次数最多的为第一名。

2. 集体赛每二人或多人一组同时跳绳，个人跳绳数相加，在相同时段内跳绳数最多的为第一名。

"跳绳"发展历史

跳绳运动在我国已有数千年的历史，唐宋明清都有记载。唐朝称跳绳为"透索"、宋称"跳索"、明称"白索"、清称"绳飞"，民国以后才称"跳绳"。

目前，吉尼斯跳绳速度记录是由上海人茹志渊在 1993 年创造的，他在 1 分钟内跳绳 316 次。不过跳绳高手 19 岁的林永达挑战吉尼斯纪录，最快一分钟 649 个，怎么样，不相信吧，我刚看到也不相信的，不过这的确是真的！而且还是我们中国人创造的奇迹！

跳绳运动优点

一、简单易行

跳绳花样繁多，可简可繁，随时可做，一学就会，特别适宜在气温较低的季节作为健身运动，而且对女性尤为适宜。

从运动量来说，持续跳绳 10 分钟，与慢跑 30 分钟或跳健身舞 20 分钟相差无几，可谓耗时少、耗能大的有氧运动。

二、锻炼多种脏器

经国内外专家研究，跳绳对心脏机能有良好的促进作用，它可以让血液获得更多的氧气，使心血管系统保持强壮和健康。

跳绳的减肥作用也是十分明显的，它可以结实全身肌肉，消除臀部和大腿上的多余脂肪，使你的形体健美、动作敏捷，稳定身体的重心。

跳绳能增强人体心血管系统、呼吸系统和神经系统的功能。有益于身心健康，强身健体，开发智力，丰富生活，提高整体素质。跳绳时的全身运动及手握绳对拇指穴位的刺激，会大大增强脑细胞的活力，提高思维和想象力，因此，跳绳也是健脑的最佳选择。

鉴于跳绳对女性的独特保健作用，法国健身专家莫克专门为女性健身者设计了一种"跳绳渐进计划"。初学时，仅在原地跳1分钟，3天后即可连续跳3分钟，3个月后可连续跳上10分钟，半年后每天可实行"系列跳"，如每次连跳3分钟，共5次，直到一次连续跳上30分钟。一次跳30分钟，就相当于慢跑90分钟的运动量，已是标准的有氧健身运动。

三、跳绳对儿童健康和智力发展有诸多好处

能促进儿童健康发育，跳绳能加快胃肠蠕动和血液循环，促进机体的新陈代谢，有利于儿童健康成长。

能确立儿童的数字概念，儿童跳绳时自跳自数，有助于他们把抽象的数字与实际事物联系起来，使其初步理解数字的实际含义与概念。

能提高儿童记忆能力，由于儿童在跳绳过程中不断地数数，使其大脑皮层处于兴奋状态，有助于其将抽象记忆转化为形象记忆；能促进儿童心灵手巧，人的机体在运动时会把信息反馈给大脑，从而刺激大脑进行积极思维，儿童跳绳时自跳自数，可以提高大脑的思维灵敏度和判断力，有助于儿童体力、智力和应变能力的协调发展。

能培养儿童的平衡感和节奏感，跳绳时的动作可谓左右开弓，上下齐动，有助于儿童左脑和右脑平衡、协调地发展，还可以培养儿童的节奏感；能帮助儿童确立方位感和培养其整体意识，儿童在跳绳过程中，有时是单人跳，有时是双人跳，有时是多人数跳，这有利于儿童形成准确的方位感。

儿童在跳绳活动中，能够自觉地形成组织纪律性，可以培养其团结协作精神和集体主义观念。

四、跳绳器械简单

场地到处都是，简单易行，是一项适合大众的体育健身运动。

中华医学会心血管病分会副主任胡大一教授曾为青少年的健身提供了一道良方，他呼吁在青少年中开展跳绳运动，因为它是对肥胖、预防血脂异常、高血压最切实可行的方式，也是一个很好的锻炼耐力的有氧代谢运动。

跳绳花样繁多，可简可繁，随时可做，一学就会，因此，成为现今全世界流行的健身方法，加上越来越多的娱乐明星也把跳绳作为自己保持身材和锻炼身体的方法，更使得跳绳这一普通活动成为大众健身的明星。

安全备忘

舒筋活血

跳绳之前最好活动一下全身，尤其是相关的部位，如肩膀、手臂、手腕、脚踝，避免扭伤、挫伤。开始跳绳后，速度由慢到快、循序渐进。

不可忽略前脚掌

起跳和落地是前脚掌的"任务"，因为脚后跟着地，时间长了会产生很多隐患——大脑、脚踝和脊柱都有可能受到不同程度的损伤。同时，膝盖应微微弯曲，缓和膝盖、脚踝与地面接触时的冲撞。

对地面也有要求

地面一定要平坦，最好铺上地毯或软垫。不宜在松动的土地上练习，否则，绳摩擦地面会扬起很多尘土，污染孩子的呼吸道，对眼睛也不好。

时间选择

跳绳的时间一般不受限制，不过要避开饭前和饭后30分钟之内。

跳绳注意事项

1. 跳绳者应穿质地软、重量轻的高帮鞋，避免脚踝受伤。

2. 绳子软硬、粗细适中。初学者通常宜用硬绳，熟练后可改为软绳。

3. 选择软硬适中的草坪、木质地板和泥土地的场地较好，切莫在硬性水泥地上跳绳，以免损伤关节，并易引起头昏。

4. 跳绳时须放松肌肉和关节，脚尖和脚跟须用力协调，防止扭伤。

5. 胖人和中年妇女宜采用双脚同时起落。同时，上跃也不要太高，以免关节因过于负重而受伤。

6. 跳绳前先让足部、腿部、腕部、踝部作些准备活动，跳绳后则可作些放松活动。

跳绳有哪些好处和坏处

一、跳绳的益处

跳绳每小时消耗体内热量约 1000 卡路里，并且使人心律维持在与慢跑大致相同的水平，不过它却可以避免因跑步而产生的膝、踝关节疼痛的困扰。

跳绳对身体的灵敏性、身体姿态、平衡能力、协调性和柔韧性都有奇妙的促进作用。能使力量得到发展，尤其是下肢力量。

跳绳能让小腿肌肉变得有爆发力，使大腿和臀部肌肉纤维更结实。

二、女性与跳绳

在各种健身运动中，国外一些运动医学专家近年来格外推崇跳绳运动。

美国著名健身专家里奇·桑旦勒认为，跳绳花样繁多，可简可繁，随时可做。一学就会，特别适宜在气温较低的季节作为健身运动，而且对女性尤为适宜。

从运动量来说，持续跳绳 10 分钟，与慢跑 30 分钟或跳健身舞 20 分钟相差无几，可谓耗时少，耗能大的需氧运动。

英国健身专家玛姆强调说，跳绳能增强人体心血管、呼吸和神经系统的功能。

研究证实，跳绳可以预防诸如糖尿病、关节炎、肥胖症、骨

质疏松、高血压、肌肉萎缩、高血脂、失眠症、抑郁症、更年期综合征等多种疾病，对哺乳期和绝经期妇女来说，跳绳还兼有放松情绪的积极作用。

跳绳对身体有什么好处

近年来，在各种健身运动中，跳绳运动备受国内外许多健身专家的推崇。它的好处不容忽视。首先，它是一种耗时少、耗能大的有氧运动。

其花样繁多，有蹲跳、单脚跳、换脚跳、反手跳、双脚并跳等，简单易行，一学就会，此时正是寒气逼人的冬季，跳绳暖身亦是不错的健身方法。其次，可以锻炼人体多种器官。跳绳以下肢弹跳和后蹬动作为主，同时手臂摆动，腰部随上下肢扭动，腹部肌群收缩配合提腿，借此减少腿部、臀部、腰部多余的赘肉，达到减肥的目的。

在跳绳过程中，手、足、脑并用，呼吸加深，有助于增强人的肌肉和心肺功能，增加脑神经细胞的活力，提高思维反应能力。

通过跳绳运动，可以加速人体新陈代谢，促进血液循环，强化血管功能。

科学研究证明：跳绳可以预防高血压、高血脂、关节炎、糖尿病、肥胖症、失眠症、抑郁症、骨质疏松、肌肉萎缩和更年期综合征等多种疾病。

对更年期妇女而言，具有放松情绪、保障心理健康的积极作用。

身材肥壮者，最好选在饭前跳绳，因为饭前运动可以降低食欲。跳绳时宜穿质地柔软、舒适轻便的运动鞋，避免脚踝受伤；绳子以软硬、粗细适中为佳。初学者通常选用硬绳，熟练后可改为软绳，选择软硬适中的草坪、木质地板和泥土地的场地较好，避免在硬性水泥地上跳绳，防止关节损伤；跳绳时应放松肌肉和关节，脚尖和脚跟相互协调，预防扭伤。

体态臃肿者和中年妇女宜采用双脚并跳，向上跳跃的幅度不可过高，否则，关节因过于负重而受伤。此外，跳绳前手部、足部、腿部、踝部要先做热身活动，跳绳子后做拉伸运动，活络筋骨，放松肌肉，防止意外损伤和小腿变粗。

跳绳前的准备活动

如果不做热身活动就进行锻炼，往往会发生肌肉拉伤、关节扭伤等损伤事故。

所以锻炼时要做好充分的热身活动，通过慢跑、徒手操和轻器械的力量练习，使身体发热微微出汗后，再投身到大运动量的健身锻炼中去。

在体育锻炼前做些简单的四肢运动，对安全有效地锻炼身体大有好处。

因为在寒冷的冬季，人体因受寒冷的刺激而使肌肉、韧带的弹性或伸展性明显降低，全身关节的灵活性也较夏秋季节差得多。如果在锻炼前不做热身运动，则容易引起肌肉、韧带拉伤或关节扭伤，致使锻炼不能正常进行。

锻炼前，身体各部位、各系统的有关区域都处于安静和抑制状态，热身运动就是使人体各部位、各系统，从静止、抑制状态逐步过渡到兴奋、紧张状态，从而为身体承受锻炼时的最大负荷做好准备。

以下介绍几种简单的热身动作。

背部伸展

两手指交叉握住，并且尽量往前伸。重复做几次后，你可以感觉到肩膀和背部的伸展。

腰部伸展

两脚张开，与肩同宽。左手叉腰，右手向上高举过头，上半身向左弯。这个动作须保持15秒，而且做的时候一定要面对正前方，然后，再换举左手，并重复同样的动作。

胸部伸展

双手在身体背后交握，并且慢慢往上举起，重复几次后，你会感到肩膀与胸部的伸展。

拉大腿筋

用单脚站立,膝盖微弯,另一只脚则用手往后拉,做这个动作须注意双膝并拢、屁股往前推。然后双脚互换再做一次。

拉小腿肌肉

将右脚弯曲再将左脚往后打直成弓箭步,注意后脚脚掌仍须完全平贴于地面才可。然后换脚并重复同样动作。

活动脚踝关节

两脚打开比肩稍宽,右脚不动,左脚脚跟着地,脚尖翘起后再放下,重复同样动作,换脚再做一次。

活动颈部关节

两脚平行放好,身体放松,颈部左右转动。

花样跳绳的几种方法

1. 蜈蚣爬:学生分为四组,每组按纵队站好,每人一根跳绳,排头除外。后面的同学把跳绳绕住前面同学的腰,自己抓好绳的两头,全组一起向前跑动。练习时,以先到达目的地,队形又不散的队为胜。

2. 螃蟹走:两个学生为一组,用跳绳把两人的膝关节绑在一起,成两人三足。练习时,两人侧对行进方向横着走,看哪组走的最快。

3. 四人运货:四人一组,用四根跳绳组成"井"字形,每人抓住两根绳头,"井"字中间放一个排球。练习中四人配合不使球掉下,且最先到达目的地的队为胜。

4. 跳大绳:把短跳绳一根一根接起来,长度视练习的人数而定,多人跳一根绳。

5. 跳"竹竿"舞:利用跳绳模仿少数民族的"竹竿"舞来进行练习,要求拉绳的同学把绳子拉直拉紧。利用跳绳的好处还有一个就是,"竹竿"不会夹脚。

6. 拓展练习:和当今流行的拓展运动一样的,用绳子结成一个网,网洞的大小视能钻过体型不同的同学为宜。结好的网可以附在排球架上,下面铺好垫子,防止学生受伤。学生通过努力,把同学从网的一边运到另一边,过网时身体尽量不要触网。

青少年或者是长期坚持跳绳的人都很适合这项运动。

一般地说,患有冠心病、心功能不全、中度以上高血压、动脉硬化、慢性支气管炎、肺气肿、类风湿关节炎、退行性骨关节病、中度以上骨质疏松等的人,均不宜进行跳绳运动。

患有帕金森病、小脑共济失调等神经系统疾病更不宜跳绳。跳绳不适合于老年人,中年人以及少数长期从事此类运动的老年人,在跳绳时也应采取简单的方式,以慢跳为主。

跳绳是保持体态的有效运动,又是一项极佳的健体运动。它能有效地训练个人敏捷的反应和耐力,是强身健体的好方法。

跳绳可谓是"付出小,收益大"的运动,因为器材只需一条绳、轻便衣服及一双合适的运动鞋。运动量随意,跳绳节拍快慢皆可,适合不同体能人士参与。参与人数不限,可单独一人及群体参与。手、足、脑并用,容易加强身体四肢运动量及灵敏程度。跳绳一下,犹如背负相等于个人体重之对象跳一下,有助增强个人的肌肉耐力和心肺功能。

运动量遍及全身,体态较易均匀发展。加速人体新陈代谢,增强血液运行,强化心血管功能,有助身心健康。

跳绳运动动作技巧

1. 侧身斜跳

这个动作能训练你的耐久力,增强你的外展肌和内收肌。两人一前一后站在跳绳的左右两侧,先侧身单脚跃绳向前跳,然后斜身跳回原位。

跳跃时应注意用力摆动双臂。跳 1 分钟之后休息 10 秒钟,重复练习两次。

2. 跳绳基本功:简单跳绳法

准备动作:双脚并拢,进行弹跳练习 2~3 分钟(弹跳高度为 3~5 厘米)。

开始跳绳,注意手腕做弧形摆动。初学者先跳 10~20 次,休息 1 分钟后,重复跳 10~20 次。

非初学者可先跳30次，休息1分钟后，再跳30次。

3. 单脚屈膝跳

右腿屈膝，向前抬起。踮起脚尖，单脚跳10至15次，换左腿重复上述动作。休息30秒钟，每侧各做两轮。

4. 分腿合腿跳

先做跳绳准备运动，然后跳绳，跳跃时双脚叉开，着地时双脚并拢，重复动作15次。

5. 双臂交叉跳

先做跳绳准备运动，然后双臂交叉跳绳。

当绳子在空中时，交叉双臂，当跳过交叉的绳子之后，双臂反向恢复原状。

6. 双人跳绳

（1）采取并排站立的姿势。每人用外侧的一只手握住绳柄。先开始练习简易跳绳法，两人同时用双脚跳绳，然后练习同时用单脚跳绳。

（2）采取一前一后的站立姿势。身高者站在后面，并挥动跳绳。

7. 绕旋跳

两人跳绳练习：一人叉开两腿蹲下，甩动绳子使跳绳在地上画弧线，另一人则不断地从甩动的绳子上跳过去。

速度由慢逐渐加快，1分钟后两人交替。

8. 侧脚跳

先从简易跳绳法开始，然后用双手手腕挥动跳绳，右脚跳绳，不着地的左脚则斜向一侧，跳15次。换另一只脚跳15次。非初学者可练习快速跳绳，即绳子从脚下滑过时连跳两次。练习时，应注意脚不要抬得过高、过慢，否则容易被绳子绊住。

跳绳技巧

跳绳是以下肢部分为中心的全身运动，除了可使神经、肌肉、骨骼发达外，对内脏器官也有良好的刺激，可以提高其机能，因此，对健康的保持与增进有相当大的功效。

跳绳运动是一种极安全的运动，绝少有运动伤害的发生，即使跳跃失败或停顿，也不会有坠落、跌倒、冲突或备用具所伤的危险。况且跳绳者又能随自己的身体状况、体力及技术度来自由调节跳绳的速度及次数，因此，大家可安心练习。练习跳绳时应注意的事项：

选择适当的场地

灰尘多或有沙砾的场地及凹凸不平的水泥地应避免，最好选择铺木板的室内体育馆或具弹性的 PU 场地。

穿着适当的服装

跳绳时，最好穿运动服或轻便服装，穿软底布鞋或运动鞋，这样活动起来会使你感到轻松舒适，也不容易受伤。

充分做好准备活动

跳绳是一项比较激烈的运动，练习前一定要作好身体各部位的准备活动。

正确的跳绳方法

跳绳方法是用前脚掌起跳和落地，切记不可用全脚或脚跟落地，以免脑部受到震动，当跃起在空中时，不要极度弯曲身体，而成为自然弯曲的姿势。跳时，呼吸要自然有节奏。

握绳的方法两手分别握住绳两端的把手，通常情况下以一脚踩住绳子中间，两臂屈肘将小臂抬平，绳子被拉直即为适合的长度。

摇绳的方法向前摇时，大臂靠近身体两侧，肘稍外展，上臂近似水平，用手腕发力作外展内旋运动，使两手在体侧做画圆动作，每摇动一次，绳子从地经身后向上向下，回旋一周，绳子转动的速度和手摇绳的速度成正比，摇动越快，则绳子回旋越快。

停绳的方法向前摇时，一脚伸出，前脚掌离地，脚跟着地使绳停在脚掌下；向后摇时，则一脚后出，脚跟离地，脚掌着地，使绳停在脚底。

要循序渐进练习

开始练习跳绳时，动作要慢到快，由易到难。先学单人跳绳的各种动作，然后再学较复杂的多人跳或团体跳绳动作。

活动时间

跳绳的时间，一般不受任何限制，但要避免引起身体不适，饭前和饭后30分钟内不要跳绳。学校学生可利用课间操或下课时间或课外活动时间练习。

跳绳比赛规则

一、单跳

1. 将所有参赛选手分成三组，分组由各队负责人抽签决定。每队有一个小裁判，每一组有一个总负责人。

2. 队员在制定的范围内跳，若超出界线，则此次视为无效。

3. 每队每个队员限跳15个，以摇力的形式轮流，最先完成的队积分为5分，第二名积分为3分，第三名积分为1分。

4. 单跳限时为15分钟，如果在15分钟内没完成的，视为弃权，积分为0分。

5. 在裁判发出信号之前，运动员不得擅自动作，否则视为无效。

6. 在比赛过程中，运动员进行跳跃，腾空一次，绳过一次，计数为一。

二、双跳

1. 再次抽签，参赛队分成三组，同单跳。

2. 每队队员分成四组，每组队员在指定的范围内跳，若超出界线，则视为无效。

3. 每队的每组成员限跳5个，同单跳3。

4. 双跳限时为15分钟，在15分钟内没完成的队，视为弃权，积分为0分。

5. 在裁判发出信号之前，运动员不得擅自动作，否则视为无效。

6. 在比赛过程中，两名运动员同时跳，绳过两人脚，计数为一。

三、混跳

1. 各队负责人抽签，分三组。

2. 每队有两人甩绳，其余六人一次跳入，并为甩绳者转一圈，以 8 字形跳，每队所有成员完成一个 8 字，记为一次。

3. 混跳限时为 15 分钟，以每队在限定的时间内跳得次数的多少积分，第一名积 5 分，第二名积 3 分，第三名积 1 分。

4. 如果在比赛过程中有对裁判不尊重者，视为弃权。

最后将每队在三个环节中所得的积分累加起来，排名，设一等奖一队，二等奖两队，三等奖三队。

跳绳，在我国历史悠久，盛行于清代。

在清代北京元宵节民间娱乐时，称跳绳为"跳百索"。济南府《府志》中载："每年孟春正月元旦……儿女以绳跳为戏，名曰'跳百索'。"《松风阁诗抄》中也有记载："白光如轮舞索童，一童舞索一童唱，一童跳入光轮中。"

当时，这种跳绳加伴唱的游戏，娱乐性很强，对促进少年儿童发展灵敏、速度、弹跳及耐力等身体素质，皆有好处。所以，跳绳运动一直流传至今。

跳绳的各种作用

跳绳是对多种脏器具有保健功能的运动

英国健身专家玛姆强调说，跳绳能增强人体心血管、呼吸系统和神经系统的功能。

他的研究证实，跳绳可以预防诸如糖尿病、关节炎、肥胖症、骨质疏松、高血压、肌肉萎缩、高血脂、失眠症、抑郁症、更年期综合征等多种症病，对哺乳期和绝经期妇女来说，跳绳还兼有放松情绪的积极作用，因而也有利于女性的心理健康。

跳绳有益身心

从运动量来说，持续跳绳 10 分钟，与慢跑 30 分钟或跳健身舞 20 分钟相差无几，可谓一种耗时少、耗能大的力量训练。

跳绳能促进血液循环，保护心脏，提高肺活量；还可增进青少年发育，强身健体，开发智力，有益身心健康。清晨起床睡眼惺忪，若先跳跳绳，可使头脑清醒，精力充沛；晚上跳绳，则会让你睡个好觉。跳绳还有减肥的功效，据研究，肥胖的人在饭前

跳绳可以减低食欲。

长期坚持跳绳能训练人的弹跳、速度、平衡、耐力和爆发力，还能培养准确性、灵活性、协调性。如退休老人、单位同事之间，就可常进行多人跳绳，既能互相鼓励，又增加了趣味性，在情感的交流中，也锻炼了人顽强的意志和奋发向上的精神。尤其是工作中的年轻人，对团队的协作互助精神也会有进一步的体会。

此外，由于条件、时间不允许，没法时常跳绳，也可以通过在原地，分开双腿轻轻起跳的方法来进行自我锻炼。

注意落地时应以前脚掌着地，拇指尽量往下伸，不要以脚跟或全掌着地，以免造成足部的损伤。

强度、时间要掌握

跳绳时间长短因人而异。如果是连续快节奏跳绳，最好不要超过10分钟，否则心脏会不堪重负。如果是跳一会儿歇一会儿的话，每次以30分钟为宜。具体运动量根据个人体力以及需要量而定。千万别强迫自己一定要达到什么标准。

跳绳是一种运动量较大的户外活动，练习前一定要做好身体各部位的准备活动，特别是足踝、手腕和肩关节、肘关节一定要活动开。开始时慢速，随着坚持时间的增长，可以逐渐提高跳绳的速度。慢速保持在平均每分钟跳60~70次；较快的速度保持在平均每分钟140~160次。

冬天在户外跳绳难免出汗，在停顿下来时，要及时穿上外衣。跳绳不仅是儿童的游戏，还是健身的好方式。健身爱好者可以根据自己的日程安排和锻炼时间，参与到集体中去，在其中体会多人跳绳的乐趣。

跳绳会长高吗？

对于正处于生长期的青少年来说，跳绳是一项很好的刺激长高的运动。因为只要你的骨骺（骨骼生长区）还未闭合（女孩子一般到20岁就闭合了，男孩子可能更晚一些，每个人各有不同），就完全有可能通过运动来促进长高，而最好的运动就是跳绳。长个子的过程，其实就是骨骺生长的过程，想长大高个儿有两个前提，一是骨骺的存在，二是骨细胞活性强。只有想办法刺激骨细胞的活性，赶在骨骺闭合前使骨细胞大量分裂增殖，才能长得更高。

身高并非天生，遗传对身高的影响不是决定性的，而营养则起主导作用。另外，运动也有助于青少年的身高，最好的运动就是跳绳，它对骨骼生长有一定的刺激作用。

使骨骼的循环得以改善，刺激生长激素分泌，促进身高。跳绳能促进青少年的生长发育是前苏联的科研成果，但骨骺已闭合的成年人想通过跳绳长高的话希望就不大了。

想知道骨骺是否闭合，可以去正规医院做个骨龄片。

那么每次跳绳多少个合适呢？这不能一概而论，因为人们个体之间有差异，只要遵循"量力而行，循序渐进"的原则就行，另外一个最重要的就是要"坚持到底"，三天打鱼两天晒网是没有效果的，重在坚持。只要你坚持每天 30 分钟到一个小时的跳绳，对你的身高一定有促进作用。

如何选择适合自己的跳绳

跳绳是人们经常选择的一种锻炼方式，市面上的跳绳种类有很多，材质也很丰富，老百姓应该如何选择最适合自己的绳子呢？

目前，市场上的跳绳材质大致有塑料、尼龙、棉线、麻绳、布绳和橡胶等。其中，塑料绳比较结实，虽不易扭曲，但感觉太轻，适合单人、初学者使用。

尼龙绳结实轻便，但甩起来手感较差，多人跳时不易甩起来，较适合单人用。棉线绳软硬适中、轻重适合，甩起来手感好，抽打在身上不疼、速度也跳不快，较适合初学者和老年人。但需要注意的是，棉线绳与地面摩擦多了，容易断裂，不宜跳得太快，或者可以选择那种在中间包裹一层橡胶套的绳子。

麻绳的优缺点，和棉线绳基本一样，也应该选择有橡胶套的。布绳比较难跳、费力，但锻炼效果好，而且布绳跳久了也不

会磨手，比较适合频率快、对锻炼强度要求高的人。橡胶绳比较结实，耐磨性强，但手感太重，甩起来很困难，跳多了还容易扭曲，会绊到脚，比较适合多人组合，比如跳长绳等。

如今，不少绳子在两端都附有手柄。手柄细且轻，柄体尾端稍微粗一些，是比较好的选择，这样摇起来不会泄力，可以跳多种花样，也能跳得稍快一些。此外，手柄和绳子的连接处最好能充分地自由转动，保证绳子不会扭曲。

跳绳时，绳子的长度也要注意。一般，人跳起来后，甩起的绳高与头顶之间相距20厘米左右，是比较适合的长度。

跳绳运动由于动作连续性强，并不是每个人都适合。年龄较大者、肥胖者、患有心脏病和高血压的病人，不宜选择此项运动，以免身体负荷不了，而使旧病复发或造成损伤。

此外，跳绳时间不宜长，也不宜跳得太高或太快。要想获得较好的锻炼效果，应尽量有节奏地跳动，如每分钟100～120次，每次坚持3～24分钟。一般，单次练习不要超过10分钟，然后要歇一会儿，锻炼时间最长在30分钟左右。

跳绳和踢毽可以锻炼大脑反应能力

以下肢跳跃为主的全身运动有跳绳和踢毽，可锻炼大脑的反应及人体的平衡能力，还可使下肢肌肉、关节的收缩力和灵活性，进一步促进新陈代谢和增强内脏器官的生理功能。

据有关研究，跳绳和踢毽子时每分钟跳踢60多次，时起时落，时高时低，为了不受绳子拌或造成毽子落地，大脑中枢便指挥上下巧妙配合，把绳子跳过或把毽子踢起来，这样快速的锻炼，能增强神经系统的功能，防治神经衰弱、神经性头痛、失眠、记忆力减退等。

跳绳和踢毽时，为了保持身体平衡不断旋转、颠簸，于是耳朵的前庭分析器受到锻炼，不仅使人保持较好的平衡能力，而且能防治晕车、晕船、耳病性眩晕。

跳绳和踢毽时的蹦蹦跳跳，锻炼了下肢肌肉和关节，使两腿肌肉有力，关节更加灵活。

腿是身体的"支柱",俗话说:"人老先从腿上老",而跳绳和踢毽子能使两腿肌肉发达,"支柱"功能增强,步态轻快而矫健,防止了两腿的衰老,从而延长了人的寿命。经常跳绳和踢毽子的人,还不容易患关节炎、下肢静脉曲张、下肢麻木等疾患。跳绳可预防糖尿病。

美国著名健康学家尤金最新研究证实,如果能保证每天早晚跳绳各10分钟,糖尿病是完全可以避免的。糖尿病的起因在于体内胰岛素可控制病情,但不是治本之法,而跳绳可刺激产生胰岛素。

此法不仅可以预防糖尿病,也可以帮助糖尿病患者缓和病情。

每天跳绳20分钟可防治糖尿病

跳绳是一项简单易行的健身运动,而且对健脑大有裨益。

日本自治医科大学教授宫本忠雄认为,跳绳对大脑有兴奋作用。

人在跳绳时,下肢弹跳,脚掌后蹬,手臂摆动,腰部扭动,腹肌收缩,使呼吸加深,胸、背、膈、腹部所有与呼吸有关的肌肉都得到了活动。因此,使大脑处于高度兴奋状态,增强了脑神经细胞的活力,有利于提高思维能力。

跳绳对全身经络都有刺激作用。手握绳头不停地转动,有刺激手指和手掌的穴位,从而疏通手部经脉,使手、上肢的六条经脉气血畅流,上输于脑。

人体的另外六条经脉起止于脚部,跳绳能促进下肢六条经脉的气血循环。因此,跳绳可通经活络,温煦脏腑,通调气血,醒脑健脑。

科学家们对绝经前后的妇女进行观察研究,发现每天进行上下跳跃的女性,坚持1年后,最易发生骨折的髋部的骨密度竟增加了3%。这是因为在跳跃时,不仅加速了全身的血液循环,而且地面的冲击力更可激发骨质的形成。

科学家告诉人们:妇女在绝经期间,尤其在40岁后就应开

始跳跃运动；而男性中老年也应尽早地进行跳跃运动，既可健脑，又能防止骨质疏松。

怎样正确跳绳能将脂肪绳之以法

过度肥胖的人并不适合跳绳减肥。因为他们在跳跃时，体重很容易对腿部关节造成过大的压力，导致运动损伤。

人们可以通过体质指数来判断自己是否适合跳绳。体质指数（BMI）=体重（千克）/身高（米）的平方，正常值在20~25之间，超过25属于过重，而30以上则属肥胖。

跳绳，简单易行而又花样繁多。它能在短时间内让全身运动起来，达到减肥与健身的双重效果，难怪很多人称之为"最有效的运动"。

跳5分钟绳等于慢跑30分钟。跳绳能充分锻炼下肢，同时也能让手臂和肩膀参与进来，是一项可以协调全身的运动。

研究显示，保持每分钟120~140次的速度，跳5分钟的效果就相当于慢跑30分钟。研究证实，跳绳能增强锻炼者心血管、呼吸系统和神经系统的功能，可以预防糖尿病、肥胖症、骨质疏松、高血压、肌肉萎缩及失眠症等多种疾病。对哺乳期和绝经期妇女来说，跳绳还兼有放松情绪的积极作用。

过度肥胖不宜跳绳。跳绳的确能迅速消耗热量，达到减肥瘦身的目的，但过度肥胖的人并不适合跳绳减肥。因为他们在跳跃时，体重很容易对腿部关节造成过大的压力，导致运动损伤。人们可以通过体质指数来判断自己是否适合跳绳。

身体超重，双脚起落。如果你的体质指数被列入过重行列，跳绳时就要特别注意：首先，不要单脚跳，否则全身重量压在一只脚上，很容易损伤膝盖和踝关节，要尽量选择双脚同时落地或跑步跳的方式；其次，跳绳时间不宜过长，跳2~3分钟就要休息一下。

不要全脚掌着地。跳绳时要用前脚掌起跳和落地，这样能够缓解冲力，减少对软组织的损伤以及对踝骨的震动与伤害。切记不要用全脚掌或脚跟着地，这会使脑部受到震荡。另外，最好不

要直接在水泥地上跳绳,可选择软硬适中的草坪、木质地板和泥土场地,也可以在水泥地上铺上一块毯子或塑胶,减少对关节和大脑的冲击力。

跳绳心跳过快,胸闷

如果你平常没什么疾病的话,这个很可能是由于平时运动太少,就像整个身体生锈了,乍一运动不适应而产生的自然反应,多练习,坚持一段时间这种情况就会自然缓解,注意遵循"量力而行,循序渐进,由少到多"的原则,重在坚持!

另外,如果你是跳绳减肥,就没有必要跳得很快,可以慢悠悠地跳,据说持续有氧运动 30 分钟以上就开始燃烧脂肪了,慢慢地磨啊磨。因为,跳绳可以是有氧运动,也可以是无氧运动。速度跳,一分钟跳 200 下以上的那种是无氧运动,你减肥的话,没必要那么跳的。

慢且持续(30 分钟以上),量力而行(实在累了就歇歇),重在坚持(别三天打鱼两天晒网,一周最好至少跳个 5 次),注意这几点,你就成功了。

跳绳促进儿童的协调性

促进骨骼肌肉生长

跳绳活动,能使身体的上、下肢肌肉变得丰满、结实、富有弹性,促进儿童肌肉的生长发育。

跳绳时,由于下肢肌肉有节奏地收缩,落地时身体重量对下肢骨骼有适宜的压力,从而能刺激骨质增强,促进儿童骨骼的生长和关节、韧带的发展。

提高神经系统的反应能力

跳短绳时,有摇与跳的上下肢协调配合;跳长绳时,有同伴摇绳与集体跳绳的协调配合,完成这些协调动作,需要神经系统调节,因此,可以增强神经系统的灵活性,锻炼孩子们身体的快速反应、时间和空间感觉,发展观察、判断能力以及动作的准确性、协调性,促进脑功能的发展,培养他们密切协作的精神。

促进儿童的协调性

跳绳是一项全身性运动,孩子可以从中学习手脚配合。如果学龄时期的孩子还不能学会跳绳,说明还缺乏一定的协调性,家长更应该有意加强孩子这方面的训练。

促进血液循环

跳绳可以促进血液循环,使人精神舒畅,行走有力,对骨骼的生长、增强心肌、促进呼吸系统功能等都有良好的作用。跳绳时,人体对氧气和营养物质的需要量增大,儿童可以此来促进其心脏收缩功能,加快血液循环,提高输出量,以保证机体活动的需要。

寻常跳绳　非常运动

你喜欢跳绳,因为它能使你回忆起童年的点点滴滴。你现在可曾想过——把跳绳作为一种有效的健身手段呢?跳绳是个不可思议的运动,它能够锻炼身体的耐力和爆发力,消耗热量,以及强健骨骼。

你可以在健身房、家里等几乎任何地方跳绳。你只要花很少的钱,就可以拥有一条结实耐用的跳绳,它能帮助你塑造漂亮的大腿,减掉赘肉,还能加强心肺功能。

好处多多

跳绳是一种高强度的运动,类似于跑步——同时具备有氧运动和无氧运动的特点。

如果你尽量挥绳快跳,那很容易达到心率的高峰值;如果你稍微放慢一些速度,仍然会感到比慢跑吃力。所以它的塑身效果比跑步、游泳或者骑自行车都要明显。

科学家已经发现,跳绳之所以比原地跳、慢跑的效果更好,是因为跳绳时你会只专注于技巧而忘却了劳累。

跳绳可以强健骨骼,所以非常适合十几岁的少年和成年女性进行健身。女性的骨质密度一般在20~25岁时达到顶峰,之后会逐年流失。

因此,女性选用的健身计划,应该具有强健骨骼、保有所处

年龄段标准骨密度的功能。

研究表明，在强健骨骼方面，跳绳是出类拔萃的运动项目。

跳绳能明显增强脊柱和小腿骨的骨骼强度，有效避免随着年龄增长而容易发生的骨折。

准备事项

跳绳是一项简单易行的低成本运动，你所需要的只是一双好的运动鞋、一根跳绳和一个可以跳绳的场地，应该选择那种减震效果好的鞋，比如登山鞋或慢跑鞋，这类鞋有缓冲气垫，能在运动中起到较好的保护效果，跑鞋则不太适合，因为它的侧面保护不足。

跳绳的长度要适中，以绳子可以轻松地绕过身体及头部为宜，过长或过短的绳子则会妨碍流畅的动作，通常情况下，脚踩住绳子中间，绳端的把手处应感觉达到腋下的位置，绳端的把握在手中，应感觉轻松自如，在摇动时不应该打结。

你几乎可以在任何地方跳绳，但是应该选择明亮的场地，地面应该平坦，而且不要太硬，尽量避免坚硬的水泥地，最好选择体育馆那样有弹性的木质地板，人造草皮、地毯上也可以，但不要在垫子上跳绳，否则很容易摔倒，造成受伤。

跳绳前，适当地做一些热身运动，活动全身，比如原地跑步、单脚跳等，很多专家反对把伸展运动作为跳绳前的热身，因为这样会降低肌肉的延展度，容易拉伤肌肉。

基本技巧

掌握好姿势

跳绳是一项冲击强度较大的运动，所以你需要掌握好姿势，以保护膝盖、臀部、背部以及颈部。首先，正视前方，保持腰和背部挺直，左右大臂分别贴靠在体侧，肘部弯曲 90°。用手腕摇动绳子，有节奏地跳起，同时，保持膝部微屈，以降低膝关节受到的冲击力。

初练"假跳"开始

初学者刚开始时，可以用"假跳"进行练习：把绳两端的把手都握在右手上，在体侧挥动绳子，每当绳子触及地面时就轻轻

跳起，当你掌握好节奏之后，就可以两手分别握住两端的把手进行跳绳了，绳子在挥动过程中，经头上到"扫"地的时候，跳起，绳子从脚下通过，注意保持双脚并拢，直到能不间断跳30～50次为止。

跳出更多花样

当熟练后，你就可以尝试更难的技巧。比如"编花跳"：过绳前，双手握绳在体前交叉，手臂交叉动作要到位，这样你才能有足够的空间从绳间跳过，更难的还有向后交叉跳，以及"双摇跳"：跳起一次，挥绳两次，当你掌握上述基本技巧之后，你还可以练习脚的技巧。比如，在跳的时候，双脚交替用分开和并拢的方式落地，或者用左右单脚交替跳。更难的动作还有"双脚交叉跳"：用双脚左右交叉的姿势着地，高抬腿跳是一个锻炼大腿和臀部肌肉的好跳法。

间歇式训练法

间歇训练法就是进行多次短时间的高强度跳绳，之间可以休息，可以播放一些节奏感强的音乐鼓励自己。刚开始可以跳15～30秒后休息30秒。起初应该慢些跳——大概每分钟120次。适应后可以加快到每分钟140～160次，并延长训练和休息的时间。最好能做20组，跳1分钟，休息1分钟，交替进行，注意循序渐进。

你也可以用心率监测器来检验运动强度，让你的心率达到最大值的70%。用220减去你的年龄即可估算出你的最大心率值。

第八章 跑步与健身

跑 步

规则规定男、女运动员的跑步距离是3000米的越野路线或公路。

起点和终点必须在同一地点,路线的最初和最后50米应该是平直的。运动员必须按照要求跑完全程。

运动员在奥运会、世界锦标赛和世界杯赛上的出发顺序参照运动员前几项比赛所得分数的差换算成时间。

跑步比赛采用让步式出发方式进行,第一个到达终点的为现代五项冠军,以此类推。在现代五项资格赛中,一组同时起跑也是允许的。男子10′和女子11′20″分别为1000分,每少(或多)1秒成绩增(或减)4分。

跑步前要做的准备活动

人体各内脏器官及四肢从相对静止状态到较紧张活动需要有个适应过程,因此,人在进行跑步前同样要作适当的准备活动,使机体生理机能能够在动的情况下协调地工作。

如果跑前不做准备活动,长跑时往往会发生关节韧带、肌腱扭伤。

特别是一起身就进行紧张的跑步,更易发生。跑步前一般可做以下几节准备活动:

1. 站立,两手叉腰,交替活动踝关节。
2. 半蹲,两手扶膝活动膝关节。
3. 两腿交替高抬腿,活动髋关节。

4. 两手叉腰旋腰，活动腰部。

5. 一手扶持，依次前后踢腿、活动髋、膝关节。

6. 前后弓箭步压腿；左右压腿，牵扯腿部韧带。

7. 上体前后屈以及上肢的轻微活动等。

只有正确的姿势才能让你跑得快，效率高，而且不易受伤。消耗脂肪的关键之一是尽量用接近你的无氧界限（无氧阈）的运动强度跑步，而正确的姿势能使你无需浪费额外的能量就能达到这个强度。

跑步减肥一定要选好鞋和跑道，如果没有条件在合适的跑道上跑，至少鞋一定要够柔软有弹性。膝盖里面的软组织是很脆弱的部位，长期的冲击会磨损它，而且它一旦磨损很难长好，它和骨头不一样，骨头磨损了只要你适当保护恢复还会长回原型，而软组织一旦磨损，很难长回原来的样子，而是乱长，也就是所谓的骨质增生。

跑步减肥固然可以增加能量消耗而减轻体重，但也有跑步锻炼后体重非但不降，反而增加的。这是为什么？

1. 运动量大，饮食量也大。有些人跑步锻炼初期体重下降，坚持一段时间后体重又回升。这是因为跑步在消耗能量物质的同时，还可以刺激消化器官，增进食欲。刚开始尚能控制饮食，使体重下降。一段时间后，由于饥饿难忍，加上减肥的新鲜劲儿已过，索性大饮大食，造成体重增加。

2. 不能持之以恒。有些人经过一段时间的跑步锻炼后，便因失去兴趣而中止运动。要知道，消化系统的变化比运动系统慢，中止运动后能量消耗明显减少，但胃肠道的吸收功能依然保持"旺盛"状态，此消彼长，体重当然会增加，再向前是跑步减肥姿势最重要的一个环节。

保证向前的动力，能防止疲劳后动作的变形，建议进行力量和拉伸练习。跑步者的伸拉练习应该是"动力伸拉"，而不是普通的静力伸拉，因为跑步本身是动力性质的。

1. 头和肩

跑步动作要领——保持头与肩的稳定。头要正对前方,除非道路不平,不要前探,两眼注视前方。肩部适当放松,避免含胸。动力伸拉——耸肩。肩放松下垂,然后尽可能上耸,停留一下,还原后重复。

2. 臂与手

跑步动作要领——摆臂应是以肩为轴的前后动作,左右动作幅度不超过身体正中线。手指、腕与臂应是放松的,肘关节角度约90°。前摆时稍向内,后摆时稍向外。

动力伸拉——抬肘摆臂。两臂一前一后成预备起跑姿势,后摆臂肘关节尽量抬高,然后放松前摆。随着动作加快时越抬越高。

3. 躯干与髋

跑步动作要领——从颈到腹保持直立,而非前倾(除非加速或上坡)或后仰,这样有利于呼吸、保持平衡和步幅,躯干不要左右摇晃或上下起伏太大,腿前摆时,积极送髋,跑步时要注意髋部的转动和放松。

动力伸拉——弓步压腿。两腿前后开立,与肩同宽,身体中心缓慢下压至肌肉紧张,然后放松还原。躯干始终保持直立。

4. 腰

跑步动作要领——腰部保持自然直立,不宜过于挺直。肌肉稍微紧张,维持躯干姿势,同时注意缓冲脚着地的冲击。

动力伸拉——体前屈伸。自然站立,两脚开立,与肩同宽。躯干缓慢前屈至两手下垂至脚尖,保持一会儿,然后复原。

5. 大腿与膝

跑步动作要领——大腿和膝用力前摆,而不是上抬。腿的任何侧向动作都是多余的,而且容易引起膝关节受伤,因此,大腿的前摆要正。

动力拉伸——前弓身,两脚站距同髋宽,双手放在头后,从髋关节屈体向前,保持腰背挺直,直到股二头肌感到紧张。

6. 小腿与跟腱

跑步动作要领——脚应落在身体前约一尺的位置，靠近正中线。

小腿不宜跨得太远，避免跟腱因受力过大而劳损。同时要注意小腿肌肉和跟腱在着地时的缓冲，落地时小腿应积极向后扒地，使身体积极向前。

另外，小腿前摆方向要正，脚应该尽量朝前，不要外翻或后翻，否则膝关节和踝关节容易受伤。可在沙滩上跑步时检查脚印以做参考。

动力伸拉——撑壁提踵。面向墙壁约1米左右站立，两臂前伸与肩同宽，手撑壁。提踵，再放下，感觉小腿和跟腱紧张。

7. 脚跟与脚趾

跑步动作要领——如果步幅过大，小腿前伸过远，会以脚跟着地，产生制动刹车反作用力，对骨和关节损伤很大。正确的落地时用脚的中部着地，并让冲击力迅速分散到全脚掌。

动力伸拉——坐式伸踝，跪在地上，臀部靠近脚跟，上体保持直立，慢慢向下给踝关节压力直到趾伸肌与脚前掌感到足够拉力，然后抬臀后重复，动作要有节奏，缓慢。

跑步的规则

古代奥林匹克运动会的竞技比赛项目主要是田径，后来逐渐增加了摔跤、五项全能、拳击、赛马、角斗，以及战车赛、武装赛跑等等，最多时达23项。大多数比赛项目为现代运动项目的原始雏形，比赛规则简单，任意性很大，一些项目如最富有古希腊运动特色的角斗在现代运动中已经绝迹。

场地跑是古代奥运会最早设立的竞赛项目，也是从第1届到第13届运动会上的唯一竞赛项目，距离是192.27米，这正好是运动场的长度。

后来有了中跑和长跑，距离是192.27米的倍数。当时跑道无分道标志，运动场的边界铺以石块，就是起跑线，起跑姿势千姿百态，比赛时也只是比个先后，不计时间。

　　古希腊人爱好跑步，在奥林匹亚阿尔菲斯河岸的岩壁上保留着古希腊人的一段格言："如果你想聪明，跑步吧！如果你想强壮，跑步吧！如果你想健康，跑步吧！"五项全能是运动会上的综合性比赛项目，与现代田径全能运动的比赛方法大不相同。例如，古代五项全能比赛有笛子伴奏，运动员路过时手持哑铃，铁饼实为石饼，标枪为当时的实用武器。

　　前4项的竞技场内进行，摔跤则在神庙旁进行。摔跤参赛者必须是前4项的优胜者，摔跤必须获得第一名才能成为五项全能运动的冠军。在古代奥运会中，斯巴达人一直在这个项目上占优势，几乎包揽了历届的冠军。

　　角斗是古代希腊盛行的一种拳击和摔跤相结合的体育竞技项目，比赛十分激烈，常常吸引众多的观众。

　　在古代奥运会期间，少年比赛项目是从第37届才开始设立的，年龄的界限并不明确，比赛项目也只限于场地跑、摔跤、五项全能、拳击、角斗也曾举行过几次，但不持久。

　　此外，尚有精彩的文艺比赛举行，参加者为诗人、作家、艺术家和演说家等。文艺比赛是从公元前444年的第84届古奥运会开始的，当时被誉为希腊"历史之父"的格罗多特宣读了他的名作《历史》中的某些章节，歌颂了公元前490年在马拉松河谷战役中大败波斯军队的希腊战士，最终赢得首次文艺比赛的桂冠。艺术比赛也有奖励，甚至比体育比赛的奖励高，如公元前338年，马其顿征服希腊后的一届奥运会，曾将属于体育比赛的奖励全部奖给了诗人。

跑步健身的原则

　　凡是参加健身跑步的人，都应注意坚持经常和循序渐进，特别要注意控制运动量。此外，必须学会"自我控制"，这点尤为重要。因为有时跑步的愿望会突然消失，这就需要将"不能跑"还是"不想跑"加以区分。当然，如果有病时绝对不要跑步，而

在其他情况下则应克服"惰性"，坚持锻炼。

在锻炼初期，跑步的速度以没有不舒服的感觉为限度，跑完的距离以没有吃力的感觉为宜。跑步后可能出现下肢肌肉疼痛，这是正常反应，坚持锻炼几天后这种现象就会消失。

为确定自己锻炼水平的等级，参加跑步锻炼三至四个月后可进行一些测验，测验时以12分钟跑完的距离为计算等级的起点。

30~39岁年龄组的人，12分钟跑完的距离达不到1.5~1.8千米，说明锻炼水平较差；如能达到1.8~2.6千米，说明锻炼水平为良好；如能超过2.6千米，即达到优秀锻炼水平。

40~47岁年龄组的人，锻炼水平较差者，每12分钟跑完的距离为1.6千米以内；良好者为1.7~2.4千米；优秀者为2.5千米以上。

50岁以上较差、良好和优秀者，每12分钟跑完的距离则分为1.5千米以内、1.6~2.4千米和2.5千米以上。

不要幻想在短期内取得理想结果，只有经常锻炼，才会提高锻炼水平。如果一周只跑一次，跑的距离再长也没有多少益处。因为在中断跑步的六天里，身体组织已将跑步带来的好处消耗得一干二净。因此，一周内跑步不得少于三次。平常缺乏锻炼的人，一旦决心开始经常性锻炼后，往往运动过量，这样会导致不良后果。体育锻炼应当循序渐进，每天应在日记中记录以下诸项：

1. 锻炼的性质、内容、持续的日期和每次锻炼所用的时间。
2. 锻炼前、锻炼时和锻炼后的自我感觉。
3. 食欲和睡眠状况。
4. 有无继续参加锻炼的愿望。
5. 脉搏跳动情况。

根据上述记录，不难分析出运动量的大小，并及时对锻炼进行必要的调整。

一般来说，跑步5分钟后脉搏跳动不应超过120次/分，跑步10分钟后脉搏跳动不应超过100次/分。

如果脉率过速，必须减少运动量。

跑步鞋

顾名思义，指跑步穿的鞋，这里特指最适合跑步穿的鞋。

根据生物力学的需要，跑步鞋可分为减震性跑步鞋、稳定性跑步鞋、运动控制跑步鞋三大类。

提供减震性的跑步鞋，通常有较柔软的夹层鞋底，辅助足部在运动时均匀受力，帮助足部减震，鞋体通常较轻，稳定性会相对较差；提供稳定性的跑步鞋，鞋底通常具有受力均匀的柱子或内侧具有夹层结构。

这些特殊的设计，能够预防因足部过度外翻所造成的损伤，为足部内侧边缘提供良好的支撑力和耐久力；控制的跑步鞋，通常比较坚硬，它能够减小或控制足部的过度内翻，防止脚踝受伤，这种跑步鞋的重量通常要比其他跑鞋重。

它的构造是，内层为受力均匀的柱子，用以控制足部内旋，夹层鞋底提供持久性；外层的橡胶更加耐磨。

究竟哪一类跑步鞋适合你，这需要你在了解自己脚型和步态类型后才能下结论。

人的足部通常有一个正常弯曲的弓形结构，我们称之为"足弓"。当做湿脚印试验时，留下的足印中间会缺少一块。根据缺少部分的大小，可将人的足分为正常足型、平足和弓形足。

湿脚印测足型：将沾过水或者墨汁的右脚踩在一张白纸上。找到足印两侧最宽处的点分别垂直画出两条平行线。在足印中间缺少部分的弧线上找到最靠近右侧垂直直线的点，过此点，画一条垂线。左边为 A 区，右边为 B 区。根据 A、B 区的比例确定足型。

正常足型：A、B 区的比例接近于 2∶1。

特点：这种足型在运动的过程中，通常是用脚的外侧着地，脚踝会轻微向内弯曲，这样可以有效地吸收振动。

最适宜的跑步鞋：能够提供一定稳定性的跑步鞋。

提醒：一般来说，一双符合生物力学足弓正常的双脚，没有必要穿改善运动控制的鞋。

平足：A、B区的比例应该小于或者等于1∶1。A区比正常足型的足印要小。

特点：足弓非常矮，足印看起来就像整个脚底。跑步时，足部通常以外侧着地，脚踝表现出过度向外弯曲。

时间长了会产生不同程度的疲劳性损伤。

最适宜的跑步鞋：控制足弓下降，坚固鞋底，能提供运动控制，或高稳定性的跑步鞋。

提醒：避免选择具有很好减震效果的跑步鞋，因为它们会相对缺少稳定性。

弓形足：A、B区的比例应该大于2∶1。A区比正常足型的足印要大。

特点：足印呈现出狭窄的印记，严重者没有B区。

这种足型通常处于外旋状态，具有较好的灵活性，足弓本身却不能提供足够的减震作用。

最适宜的跑步鞋：带避震的跑步鞋能够提供充足的弹性，保护足部免受振动。

提醒：避震效果好的跑鞋灵活性会相对较弱。

步态：跑步时，脚掌的外侧会与地面最先接触。同样足型的人，鞋底的磨损部位却可能不同，这是因为每个人跑步的姿态有所不同，足在运动过程中的正常着地应该是脚跟先着地，然后将重心落在整个脚掌上，然后平稳过渡到五个脚趾，同时受力并蹬地。

严重的旋内：跑步时脚尖会带动脚踝向内旋转，着地后足心严重外翻，重心落在足的内侧。足与脚踝不能给身体提供良好的稳定性，来自地面的震动不能被有效地吸收。

最适宜的跑步鞋：稳定性好，具有运动控制功能。

正常步态：在一个步态周期末，脚尖会带动脚踝向外轻微旋转。足与脚踝能够保持与小腿成一条直线。着地后重心会落在整

个脚掌。这就意味着足和脚踝可以有效地吸收来自于地面的震动,支撑并稳定身体,为脚趾蹬地做好准备。

最适宜的跑步鞋:具有良好减震功能的跑步鞋。

足外旋:跑步时,脚尖会带动脚踝向外旋转。足着地后重心落在足的外侧。但在整个步态周期中,足心并不会翻向内侧,由于着地后,足的外侧持续受力,这将导致足在离地期蹬地过程中,小脚趾承担了大部分压力。

最适宜的跑步鞋:柔软性强,具有减震功能的跑步鞋,特别是鞋底具有密度适中的透气性夹层的跑步鞋。

一双良好的慢跑鞋应合乎下列条件:

1. 后跟要牢固,才能使脚踵稳定,不易倾斜。
2. 后跟的上方要有适当突起的衬舌,既能保护跟腱,又不会刺激跟腱才行。
3. 鞋带的下方,需有衬舌,才能保护脚背及伸趾肌腱。
4. 鞋头最好要高且圆,才不会夹住脚趾,或造成趾甲床血。
5. 鞋跟要宽大稳固,鞋底要有柔软的夹层,以吸收冲击的效果,最后端须呈斜面状,以利脚向前移动。
6. 鞋底要分层,前后的厚度及材料不同,最下层直接和地面接触的部分要坚固耐磨,但也不要硬到失去缓冲的效果,并且须有适当分布的突起物,对地面才有牵引力,才不会滑倒。
7. 鞋底的前 1/3 处要柔软,才能适合庶趾关节的背曲,减少跟腱的伤害。
8. 选鞋时间最好在下午,因为那时的脚已经活动了几个小时,会比早晨时大,并且选鞋时要穿着运动袜,最好先一脚穿新鞋,另一脚穿旧鞋,这样相互比较之后,才两脚都穿新鞋,最容易看出是否合脚。
9. 脚趾前端应预留空间,不可和鞋头接触,因为鞋子穿久了可能变宽,但不会增长,因此,鞋子的长度一定要比脚的实际长度多 2、3 厘米以上比较适当。
10. 各厂牌的跑鞋售价不一,有的高达几百元,对一般人来说，并不需要去买最贵的，因为较贵的跑鞋往往是名牌的竞赛鞋，为了减轻鞋的重量而有所不同，这种竞赛用的跑鞋并不适合平时的训练，因此，不要被价格所迷或。

11. 鞋面材料对价格的影响也很大，使用上等皮料制成的鞋面理论上比较耐用，但是实际上往往是鞋底先磨损，尼龙网编织成的鞋面比较轻，透气性较佳，脚比较容易保持干燥凉爽，在长距离的赛跑时，也能适度的伸展以容纳稍为肿大的脚，这些都是它的优点，因此，不必坚持非买皮面的跑鞋不可。

按照上述原则，就可以买到一双良好的慢跑鞋了。

但是需要注意的是，不要穿跑步鞋从事篮球、网球等球类运动，因为球鞋两侧都需要特别强化，以利于脚的转动及突发性的移动，鞋底前后厚度也比较平，如果穿跑步鞋来打篮球、网球等，常常会发生扭伤脚的运动伤害。

如何清洗跑步鞋

网面和鞋里面都可以用软刷子蘸着水刷，然后用流水冲干净，不要留下洗涤剂并要阴干。

注意：

1. 不要像洗衣服时扔进水里泡完再刷。

2. 阴干时一定选择通风处，千万不要放到阳光下晒干。

3. 洗涤剂要选择中性的牙膏也可以代替，因为牙膏是中性的，万一鞋面颜色浅的话不至于变黄，白鞋面可裹上卫生纸晾干。

（1）把鞋子放到盆里，盆里装 2/3 的水，让水浸过鞋面，水里可以加一些洗衣粉，不用等洗衣粉全化的，就可以开始洗了。

注意：千万不要让鞋子就在水里泡！鞋子在洗的时候一直泡在水，这时候就是要刷了，不能放在盆子里和泡脏衣服一样就不管了，半天以后才来刷，这样鞋子干后，容易开胶。

（2）洗鞋底。

这个很容易，用鞋刷先在肥皂上刷刷再刷鞋底，如有小石子在鞋底的胶缝里，可以用牙签挑干净。

（3）洗鞋面和鞋里

用废旧牙刷，但不要旧的毛都卷了的那种，其实你也可以买一把3块钱以上毛比较软的新牙刷做专用鞋刷，如果是专业田径鞋还好，但要是平时的跑步鞋可就太伤网面了，用牙刷刷一下肥皂，再来刷网面，里面也一样可以刷的，但洗鞋子前一定要把鞋带拆下来，鞋带用肥皂一把抓的搓搓就可以了，用牙刷也要刷刷鞋舌。

（4）反复清洗鞋子1～2次，就是脏水倒掉换干净水，再把鞋子泡水里，用牙刷这里刷刷那里刷刷，可不用刷肥皂了。

（5）特别重要的一个步骤——甩水。

不能放洗衣机里甩，楦子容易变形。

教你一个超好还可以锻炼身体的方法——用手甩！

你可以把鞋子前面后跟海绵多的地方的水先用大拇指压压挤出些水。

然后抓住中部的鞋底，鞋跟方向要在前面，鞋头对着身后，开始抡起胳膊前后划几下。

多划几个下半圆，鞋子的水就能甩掉好多，甩的越多，水越少，对鞋子越好的。

6. 阴干。注意：千万不可以被太阳晒到！否则你的鞋底的胶一定黄，不怕你是 NIKE 还是什么，穿在脚上底是黄的多难看，而且被晒底还会变硬。

所以把湿鞋子放到阳台暴晒绝对是错误的！

你可以用鞋带随便穿几个洞，然后绑到三角衣服架子上，一边吊一个鞋子和晾衣服一样挂在通风的地方晾干。

如不是雨天，2天就可以全干的！

皮质的SD啊，篮球鞋啊，扳鞋啊，一样可以这样洗的，不过皮质的就千万不要挂起来晾，因为容易有轻微变形。要摆在通风阴凉的地方干，而且不管是皮质还是网面的，晾干前能把水甩的越干越好的。

鞋子不用洗的太频繁，但也不要脏的不能看不能穿才洗。

最好不要天天穿一双，二三双换着穿，能保护鞋子，也不要穿跑步鞋打篮球什么的，寿命也能延长；应按鞋子功能穿着。

一双好的鞋子可以带你去一个好的地方，记住这点吧！

跑步注意事项

1. 呼吸太浅：节奏平稳、轻松的呼吸可以提升运动表现。宜采腹式呼吸，跑步时一定要保持深呼吸，建议最好用鼻子吸气，吸到腹部再用嘴巴慢慢吐气。

2. 臀部摆动太大：进行任何运动，都应将臀部位置尽可能居中稳定，防止身体中心线过度扭曲，避免能量浪费在不必要的摆动上。

3. 膝关节受压太大：跑步时膝关节受到冲击及压迫最大，所以要特别注意。最简单的方式就是观察膝关节正面所指方向，膝盖、脚尖向前，不能将膝关节打直或锁死。

4. 脚抬太高：每踏一步身体的冲击力非常大，脚抬太高，冲击力相对增加，长跑时必须将此冲击力降到最低。建议在跑步时只要将脚轻松抬起，接近地面的滑送出去即可。

5. 脚与地接触点不对：每次跨步时一定是脚跟第一个接触地面，感到体重位于脚跟后，经过足弓移到脚尖，再顺畅的换脚。

6. 肩膀（上半身）太僵硬：上半身太僵硬或不自然，整个过程会变得吃力。建议在镜子前练习，改善身体僵硬、紧张或不对称等问题。

7. 手臂（肩关节）活动太多：长跑时应将身体阻力及紧张降到最低。过度摆动手臂是最常犯的错误，浪费体力之外，还会增加阻力及肩关节的不适，手肘保持微弯，手腕位于手肘上方并将臂轻靠身，不需要任何摆动动作，并避免手臂随着身体左右晃动。

8. 身体上下摆动太大：跑步是向前的直线运动，上下摆动太大会浪费体力，使肌肉很快疲劳，也会导致膝、踝关节不适，影响成绩及心情。

9. 鞋子太紧：选择适当鞋子的重要原则是宁可大一号，绝对不能小一号。选购时间最好是下午或傍晚。

一、跑前做简单热身操

有些人不习惯做热身运动，而跑步前应做一下脚部的热身和缓和运动，由于跑步对膝关节压力较大，因此，要加强膝关节的热身。

二、长跑最好四步一呼吸

长跑属于有氧代谢运动，参与人体各大器官的循环，特别是呼吸系统，在跑步过程中，人体对氧气的需求量不断增加，一般情况下，以四步一呼吸为宜，并尽量始终保持这一节奏。在呼吸方式上，以鼻呼、口鼻混合吸较好。

长跑刚开始时，由于氧气供应落后于肌肉的活动需要，因此，会出现腿沉、胸闷、气喘等现象，特别是经常不锻炼的人感觉会更强烈，这是正常的，如果感觉比较难受，应停下来，步行几百米，如感到特别不适，就要停止长跑。

三、跑后仍要慢步几百米

长跑后有的人立刻坐下来休息，教练提醒，跑完千万不要马上停下休息，跑步后，人体全身上下都得到活动，应使身体各部位慢慢放松下来，建议跑完后慢步几百米，待全身彻底放松后，再做一些力所能及的腰、腹、腿、臂的活动。

什么时间跑步锻炼好？

健身跑步锻炼一般安排在早晨最好，其次是上午9点左右和下午5点左右。中年人由于工作，一般安排在早晨锻炼，一是不与工作发生冲突；二是早晨跑步空气新鲜，新鲜的空气对呼吸系统有好处。另外，人经过睡眠，体力得到恢复，但从生理上讲人仍然存在一定的抑制状态，早晨锻炼，有利于神经的兴奋、振奋精神，促进新陈代谢，对保持充沛的精神和体力投入一天的工作大有好处。

饭前、饭后不宜进行跑步，饭后跑步或跑步后立即进食都会引起胃酸分泌减少，影响对食物的消化，久而久之会引起胃病，一般饭后1个小时后进行锻炼为好，睡前跑步锻炼不好，睡前锻炼会使大脑皮层处于高度兴奋状态，产生多梦或不容易入睡的不良反应。

但是，早晨不宜于空腹进行大运动量锻炼，如果健身长跑的距离比较长时，可先喝一小杯糖水或少吃一点点心类的食品。

跑步时怎样调节呼吸？

跑步时人们可能都有过这样的经历，如果调整不好呼吸，跑不了几步就会气喘吁吁，再咬牙跑几步，就有点呼吸不过来，虽然跑步是不少人喜爱的健身方式，但是以上描述的种种不适却常让人打退堂鼓。其实，跑步并不难，只要掌握了正确的呼吸方法，疲劳感自然就少了。那么，跑步时要怎样调整呼吸？

呼吸方式与跑速配合跑步时，呼吸方法有两种：一种是只用鼻子呼吸，另一种是口鼻一起呼吸。要想跑得舒服，分清跑步的阶段和速度最重要，跑步刚开始时，或者速度较慢时，需氧量小，仅用鼻呼吸就可以满足需氧量；如果气温较低或顶风跑步，更应用鼻呼吸，这样进入肺部的气体能被鼻毛和鼻黏膜加温加湿，从而避免吸入的尘埃、细菌引起咳嗽、气管炎、腹痛（人们常说的岔气）、胃寒等疾病。

当跑步时间较长或速度变快时，鼻呼吸就难以满足机体对氧气的需要了，如果只用鼻呼吸，容易使呼吸肌疲劳，此时应张嘴配合呼吸，缓解呼吸肌的压力。

当然，完全张口也不行，最好是口微开，轻咬牙，舌尖卷起，微微抵住上腭，让空气从牙缝中进出。呼吸时，要注意做到均匀而又有节奏，呼气要短促有力，吸气要缓慢均匀，有适当深度。

呼吸节奏与步伐配合跑步时，人们一般习惯于按照自身需要自由调节呼吸节奏，其实，呼吸节奏应该与步伐密切配合才行。

通常慢跑的呼吸节奏是每2~3步一呼，每2~3步一吸，并保持呼吸均匀和深度一致，这样跑起来才会感到轻快。随着距离的增加，机体疲劳慢慢明显，这时候需要放慢前行速度、或者停下来走两步，以调整呼吸节奏。

加强呼气深度，许多人在跑步时不注意呼吸的深度，所以在持续较长时间的运动时，就会出现呼吸急促，从而产生胸闷、呼吸困难的感觉。有些人虽然注意深吸气，但往往就忽视了呼气的深度。其实，当跑步时间较长时，只有适当加大呼气深度，才能最大限度地满足机体对氧气的需要。深度加强了，才可能更多地排出废气、增大肺中负压，从而使吸气更省力，吸气量也能增加。

每天早上6点左右起床就可以了，夏天可适当早一点。速度中等，跑的舒服就行了，跑30分钟，可以再回去休息30分钟，7点钟左右吃点早餐可以准备上班了！这样一天你会感觉非常的精神！

运动时注意"四忌"

专家指出，有些情况下，运动前一定要做好准备，碰上大雾、阴霾天气，应该取消预定的运动计划。运动时应注意以下几点：

一忌不做准备运动。在体育锻炼前做些简单的四肢运动，对安全有效的锻炼身体有好处。因为在寒冷的冬天，人体因受寒冷的刺激而使肌肉、韧带的弹性和延展性明显降低，全身关节的灵活性也较夏秋季节差得多。锻炼前不做准备运动，则易引起肌肉、韧带拉伤或关节扭伤，致使锻炼不能正常进行。

二忌大雾天气锻炼。雾是由无数微小的水珠组成的，这些水珠中含有大量的尘埃、病原微生物等有害物质。如在雾天进行锻炼，由于呼吸量增加，势必会吸进更多的有毒物质，影响氧的供给，这会引起胸闷、呼吸困难等症状，严重者会引起鼻炎、肺炎、气管炎、结膜炎以及其他病症。

三忌用嘴呼吸。无论是锻炼还是在平时,都应养成用鼻子呼吸的习惯。因为鼻孔里有很多毛,能够滤清空气,使气管和肺部不受尘埃、病菌的侵害。

四忌不注意保暖。运动时不可忽视保暖,否则会引起伤风感冒。天气冷的时候,可待身体发热后再逐渐减衣,开始锻炼时不必立即脱掉衣服,也不要等大汗淋漓时再脱衣服,否则容易感冒。

晨练健身跑应怎样保护好脚?

(1)晨练健身跑尽量选择较松软的场地,最好在运动场中跑道上练习跑步,不要在很坚硬的地面上跑步。

(2)跑步时不要穿硬底鞋,尽量穿鞋底较软较厚的鞋,最好穿运动鞋、胶鞋,没有胶鞋时也可穿布底鞋,但不要穿硬底皮鞋、塑料鞋。

(3)跑步的姿势要科学合理。应避免足跟先着地,应该用前脚掌先着地,充分发挥足弓的弹性,以利于做好缓冲动作,减少着地时的阻力,腿的后蹬要舒展,脚落地时要利用好缓冲力量,不要太猛,这样跑起来使人感到两脚轻巧而富有弹性,还可以减轻脚的负担,既可持久,又可避免伤痛。

(4)跑步时,鞋带不宜系得太紧,否则会妨碍脚部的血液循环,经常用热水泡脚,至少在每次晨练长跑后和每晚睡前要用热水洗脚,可以降低下肢脚部肌肉的黏滞性,增强关节韧带的弹性和伸展性,也可以防止伤痛,这样有利于第二天早上晨练。

(5)参加晨练健身跑前、后,要认真做好充分的热身活动和整理活动,特别是下肢髋关节、膝关节、踝关节、肌肉、肌腱、韧带要充分活动开,才能参加晨练健身跑。这些对于保护好脚也是非常重要的。

有这样的说法,植物经过一夜的新陈代谢,呼出大量的二氧化碳,所以早晨树林里的二氧化碳的浓度相对高一些,一些灰尘也在空气中漂浮,对人的健康不利。另外,人的血压在早上比较

高，容易出问题。其实，是不是在早晨锻炼，主要取决于锻炼的目的。

跑步的好处有以下七个方面。

一、跑步是一种全身运动，它能使全身的肌肉有节律的收缩和松弛，使肌肉纤维增多，蛋白质含量增高。肌肉发达是健美的标志之一。

二、骨骼是身体的支架，人体活动的杠杆。处在生长发育期的青少年，坚持跑步能改善血液循环，增加骨细胞营养物质的供应，提高骨细胞的生长能力，从而促进了骨的正常发育。老年人，新陈代谢减弱，肌肉逐渐萎缩，骨骼出现退行性改变，骨与关节疾病也越来越多。坚持跑步能加强新陈代谢，延迟骨骼的退行性改变，预防老年性骨与关节病的发生，从而可延缓衰老。

三、心脏是全身血液供应的总枢纽，生命的动力。长期坚持跑步，会使您心肌强壮有力，蛋白和肌红蛋白量增加。在X线透视下可以清楚地看到运动员的心脏比一般人大，外形丰满，搏动有力。一般人心脏容血量为765~785毫升，而坚持锻炼的人容血量可达1015~1027毫升，心跳可比正常人减慢10~20次/分，这样心脏的工作就减轻了负担。另一方面，跑步能增强心脏的耐受力，大家知道，一般人当心跳超过100次/分时，就会感到头昏、心慌、气喘；而长期跑步的人，可忍受到150次/分。

四、人的生命活动一刻也离不开氧，吸入新鲜氧气，呼出二氧化碳；衡量呼吸机能健康的重要标志是肺活量和最大通气量。跑步，能使呼吸肌发达，肺活量增加1~2升，有训练的运动员最大吸氧量可比常人提高33%~60%。

五、跑步可以使胃肠蠕动力增强，消化液分泌增多，提高了消化和吸收能力，从而增加了食欲，补充了营养，强壮了体质。

六、跑步对妇女来说，有助于调节月经，减少妇科疾病。美国妇产科医生香戈介德对1979年纽约马拉松长跑394名女运动员的月经周期进行了调查，发现26%的月经失调的妇女恢复了正常周期，17%的闭经妇女恢复了月经。这是因为跑步增加了新陈代

谢，促进了消化吸收，调节了神经系统功能，改善了内分泌功能。

七、跑步能磨炼人的意志和毅力，增强韧性和耐心，提高灵敏度，促进对环境的适应能力。长期坚持运动的人，在完成定量工作时有三大特点：一是行动快；二是潜力大，能发挥最大的机能潜力去完成任务；三是恢复快，疲劳消除快亦彻底，能迅速恢复到平静水平。

跑步不当易会伤身

走跑运动是全民健身中比较普及的运动形式，虽然动作简单，但是同样会产生运动性损伤，如果得不到充分的重视，甚至会造成较为严重的身体损害，达不到健身的目的。常见损伤有：

肚子疼：肚子疼产生的主要原因是在正式运动前未进行准备活动，因为心脏惰性大，不能适应运动负荷，引起呼吸肌紊乱"岔气"，或是饭后、饮水后使肠系膜受到过分牵拉。

预防措施：减速，调节呼吸节奏，加深呼吸，同时用手按压，可减轻疼痛。

肌肉酸痛：小腿肌肉酸痛属于运动过程中的正常生理现象，肌肉收缩产生能量的同时，肌肉内发生一系列变化，三磷酸腺苷、磷酸肌酸、糖原分解放能，若强度过大，血液循环跟不上，氧气供应不足，乳酸堆积，刺激了神经系统，引起了疼痛。

预防措施：热水烫脚、按摩、洗腿。

肌肉痉挛：俗称腿抽筋，它是一种强直性肌肉收缩不能缓解放松的现象。冬季多发，天冷，未进行准备活动或小腿肌肉受到冷的刺激均会引起肌肉酸痛。处理方法：保暖、牵引、按摩。

胸痛：走跑运动中呼吸不均，没有用鼻呼吸，冷气吸入肺，肺血管收缩，血液循环障碍，长时间挺胸跑，胸部持续紧张均会引起胸痛。

预防措施：走跑过程中用鼻呼吸，做好保暖工作。

跟腱炎：跟腱炎是指跟腱背侧深筋膜和腱组织之间的滑膜层

及其结缔组织损伤,造成血液循环障碍,导致腱围及腱组织的损伤性炎症。由于走跑场地不平,过硬,会造成跟腱炎。扁平足,足弓过高,后群肌肌力不足也是主要的发病原因。

预防措施:在鞋跟内加一层软垫,帮助减缓跟腱紧张。

足底筋膜炎:足底筋膜是一种坚韧及低延展性的纤维组织,它起到了维持足弓的正常弯度的作用,足底筋膜炎患者通常在早上起床或久坐后起来步行时疼痛最为剧烈,行走一段时间后会减轻,因此,很多人不注意,继续跑步导致恶化,原因主要是:①扁平足。②小腿肌痉挛加重这种损伤。处理方法:减少跑走的时间。冰敷,避免足趾上翘动作。

预防措施:做伸展运动,进行肌力练习。

尿色有变化:尿色颜色变深,属于正常生理;尿中出现白色浑浊,是因为体内供应能量的代谢旺盛,磷酸盐排泄增加;尿色变红或酱油色,尿中出现红血球、血红蛋白,肾血液循环障碍,毛细血管通透性增加,即运动性蛋白尿,这种损伤只有在强度较大时才会发生。

预防措施:降低运动强度。

跑步的好处

1. 提高睡眠质量

通过跑步,大脑的供血、供氧量可以提升25%,这样夜晚的睡眠质量也会跟着提高。

2. "通风"作用

在跑步的过程中,肺部的容量平均从5.8升上升到6.2升,同时,血液中氧气的携带量也会大大增加。

3. "泵"力大增

运动中,心脏跳动的频率和功效都大大提高,心跳、血压和血管壁的弹性也随着升高。

4. 促进健康

跑步可以促进白血球和热原质的生成,它们能够消除我们体

内很多病毒和细菌。

5. 保持稳固

经常慢跑练习，肌腱、韧带和关节的抗损伤能力会有所加强，减少运动损伤的概率。同时，皮肤、肌肉和结缔组织也可以变得更加牢固。

6. 消除紧张感

慢跑可以抑制肾上腺素和皮质醇这两种造成紧张的激素的分泌，同时可以释放让人感觉轻松的"内啡呔"。

7. 保持年轻

经常运动，生长激素 HGH 的分泌增多，并且可以延缓衰老。

8. 储存能量

通过跑步，肌肉肝糖原的储存量从 350 克上升到 600 克，同时线粒体的数量也会上升。

9. 塑形

通过跑步，女性体内的脂肪含量可以减少 12%～20%，男性可以减少 6%～13%。

跑步锻炼是人们最常采用的一种身体锻炼方式，这主要是因为跑步技术要求简单，无需特殊的场地、服装或器械。无论在运动场上或在马路上，甚至在田野间、树林中均可进行跑步锻炼。自己可以掌握跑步的速度、距离和路线。

跑步锻炼好处多。青少年经常进行跑步锻炼，对心血管功能、呼吸功能的发育有很大的帮助。跑步也有许多种类型，有短跑、中长跑、超长距离跑等。跑速不同，跑距不同，对人体产生的影响也不同。通常跑步锻炼是长跑，一般是清晨或夜晚，沿着公路或在野外环境下进行，这样可以配合进行空气浴，也可以使人的大脑得到休息。对以青少年，一个良好的变换的锻炼环境，可以使他们的精神得以调节，直接接触到自然，使其在学习及社会活动中更加精力充沛、朝气蓬勃。

经常进行长跑锻炼，是较合理的锻炼方法，一般应保持匀速跑，时间持续 20 分钟以上，心率保持在 120～150 次/分。通常这种方法的练习,可以消耗体内多余脂肪,避免单纯性肥胖。通过这种方式的长跑可以有效地提高耐力,使肌肉及心肺的耐力性工作能力得以提高。此外,这种方式中、长跑也是一种毅力的锻炼,如果青少年坚持长跑,可以培养其坚忍耐力和毅力。

只要坚持跑步锻炼,对青少年的生理、心理发育,均与产生良好的影响。

女子经常跑步锻炼好处多

女子经常跑步锻炼好处多。增进身体健康,延长寿命。对于女性来说,减少乳腺癌和其他癌症的发病率与参加运动数量和强度有很大的关系,定期参加锻炼包括跑步锻炼,特别是进行每周4小时以上跑步等运动的女性,比那些常年在单位与家中久坐的女性的发病率要低37%。跑步可以保持骨骼的健康。现代医学已经证实:人体在30岁以后骨密度会以每年0.75%~1%的幅度减少,骨骼的健康需要施以外部的压力,跑步利用自体负荷的运动是强健骨骼的有效方式。跑步还可以战胜心脏疾病,跑步主要在四个方面预防和治疗心脏疾病,一是跑步可以降低血压,减小血压的升高对心脏的潜在威胁;二是减少患糖尿病的危险;三可以提高人体高密度脂蛋白胆固醇;四是跑步可以帮助身体消耗过多的热量,有助于减掉多余的脂肪。一般来说,积极运动的女性比缺乏运动的女性患心脏病的概率要低54%。跑步对于女性来讲,还可以缓解经前综合征。女性持续进行三个月有氧跑步锻炼,可以有效地缓解经前综合征,那些具有高度锻炼积极性的女性,极少受到经前综合征和痛经的困扰。减弱了这些困扰,会使女性更容易地获得身心轻松和愉悦感。

跑步机的种类

跑步机可分为以下几种:

电动跑步机。电动跑步机是健身房及家庭较高档的器材,它通过电机带动跑带使人以不同的速度被动地跑步或走动。

单功能跑步机。单功能跑步机从结构上分为两类,一类是滚轮式跑步机,一类是平板式跑步机。滚轮式跑步机工作时噪音很大,已被淘汰。

多功能跑步机。一台多功能跑步机是由跑步机、划船器、卧式健身车、放松机、腰旋器等功能器材组合而成,以功能多、占地少而受到一些人的喜爱。

新型跑步机。现在实力雄厚的诺迪克径赛器材公司又推出了一种 NordicSport 新型跑步机。其特点是:

1. 消耗提高 79%。
2. 人体需氧量可提高 53%。
3. 65% 的肌肉得到锻炼。

跑步机按功能分类

1. 单功能跑步机

单功能跑步机从结构上分为两类,一类是滚轮式跑步机,一类是平板式跑步机。滚轮式跑步机工作时噪音很大,已被淘汰。平板式跑步机是由人主动在上面运动,所以使人感到与普通跑步一样。它的电子表可帮助训练者记录下时速、时间、心率、热量、节拍、距离等指标。使您随时了解自己的训练情况,进行有目的的调整。

2. 多功能跑步机

一台多功能跑步机是由跑步机、划船器、卧式健身车、放松机、腰旋器等功能器材组合而成,以功能多、占地少而受到一些人的喜爱。它的锻炼方法同普通跑步机一样,但从健身器所应具备的使用舒服、方便,技术动作准确合理上看,多功能跑步机有一定缺陷。

3. 新型跑步机

现在实力雄厚的诺迪克径赛器材公司又推出了一种 NordicSport 新型跑步机。与普通跑步机相比,这种跑步机具有更佳的减肥效果。当您选购家用跑步机时,首先要考虑的一点就是这台跑

步机的用途。如果您打算纯粹用于走步,那么完全没有必要购买一台昂贵的顶级跑步机。如果您打算选购一台耐用的,既能够用于走步又能够用于跑步的跑步机,那么您就要准备多破费一些了。较为便宜的跑步机也许可以很好地承受频繁的走步运动,但是不一定经受得住频繁的跑步运动。

如何使用跑步机最为有效?

跑步机:跑步是目前国际流行并被医学界和体育界给予高度评价的有氧健身运动,是保持身心健康最有效、最科学的健身方式,也越来越受到大家喜爱。但由于环境的限制,无法享受脚踩泥土、贴近大自然的跑步,所以跑步机就成了健身者特别是想减肥的女性的首选。

怎样才能让跑步机全功能的为个人健身服务,运动时,跑步机的电子表帮助你记下时速、时间、心率、热量、节拍、距离等指标,使运动中随时掌握自己身体情况并进行调整。

如果体能较差,开始时每次消耗 100~200 千卡/次为宜,待体能逐步改善后,可以增加至 200~300 千卡/次,中等体能者每次可以消耗 200~400 千卡/次,体能较佳者可能消耗 400 千卡/次以上(具体情况因人而异)。

如果跑步机上没有标示热量,可以用简便公式计算,体重(kg)×时间(h)×速度(km/h)=能量消耗(千卡),练习效果,在跑步机上走或跑,从运作外形上看,几乎与平时在地面上走或跑一样,但从人体实际用力看,它比陆地上走或跑省去了蹬伸动作,正是这一点使健身者感到十分轻松自如,并比在陆地多跑 1/3 的路程,能量消耗也大于陆地训练。

装有多种辅助装备的跑步机可模拟平地、上破、丘陵、变速等各种跑法,不论练习者选用哪种方式,都要注意使速度由慢到快逐渐地提升,不要一开始就进入快速跑。

因为人的心血管系统和内脏器官"惰性"较大,需要慢慢进入状态。我们可以利用心率随时调整我们的运动强度。理想的运

动中心率是最高心率的80%，即理想运动中心率是（195－年龄）80%。运动时最好不要超过理想运动中心率。当要停下来时要缓缓地停，不要聚起聚停。

如感到胸闷、气短、恶心时，应立刻停下来或改成走步。

电动跑步机以马达带动跑带转动，从而使跑步者被动性地作出跑步动作，跑步感觉真实自然，速度快慢可调，高档机型还配置电脑预设各种跑步程式，电动可调坡度，以令在跑步机上的跑步感觉接近真正的实地跑步。

第九章　钓鱼与健身

钓具组合及连接

什么是钓具组合？

在备齐了竿、线、漂、坠和钩以后，只是完成了垂钓工具置备的一半，或者说只是一小半，而更重要的是对它们进行组装。只有将它们科学、合理地组装在一起，一根可以钓鱼的工具才算完成。

钓具的组合，即竿、线、钩、漂、坠之间的组合关系，是垂钓技巧的核心，历来为垂钓行家们所重视。

钓具的组合，没有固定的模式，千变万化，但基本上是围绕着对象鱼而变化，也就是说，钓什么鱼，选什么钓具，用什么样的组合方式。当然组合方式还要根据垂钓的水域环境、季节、天气、垂钓方法的不同以及个人习惯等进行综合考虑，选取最佳的组合方案，使竿、线、钩、漂、坠各部件组合恰到好处，充分发挥各自的优势。

钓竿与鱼线怎样搭配？

如传统钓鲫法，视不同的钓区环境，常用长竿短线或长竿长线两种搭配方式。如在芦塘和草滩钓鲫，可用长竿短线，线长一般不超过1米。这种搭配法，可在远点垂直下钩，钓鲫效果特佳。如改配长竿长线垂钓，钓饵就难到位，上鱼肯定少。如在无草水域钓鲫，一般竿、线长度配比为1∶1或稍短些，这样便于装钩、脱鱼，远近都可投钩，对提高上鱼率有好处。如果钓大鱼，应用软性中长竿，齐竿线或线长超过竿，利于上鱼后遛鱼。

钓钩与渔线粗细怎样匹配？

用粗线、大钩垂钓鲫鱼是不合适的，同样，用细线、小钩钓大鱼也是不适宜的。一般野塘钓鲫的线径不能超过0.18毫米，钩宜用日本产伊势尼型3号以下。如在精养塘钓条重在250克以上的大鲫鱼时，可选用0.2毫米线径线与伊势尼型5号钩相配。如专钓青、草、鲤等大鱼时，应选用0～3毫米以上线，挂7号以上钩。

浮漂与坠怎样调配？

漂坠搭配至关重要，它直接影响鱼咬钩时浮漂反应的灵敏度，因而也是垂钓成败的关键一环。漂坠配比得当，灵敏度高，中钩率也高。如果漂坠配比不当，或者漂大坠轻，或者漂小坠重，浮漂的反应都不可能及时和准确。前者饵钩不能沉底，浮动于水中难以固定；后者当鱼咬钩时浮漂不能作出及时而准确的反应，造成提竿时机的贻误，从而影响垂钓效果。

理想状态的漂坠配比应当是：坠（钩）重力等于漂的浮力，或略微小于漂的浮力，这样使饵钩刚好立于水底，这样浮漂的灵敏度最高，只要鱼儿吞饵浮漂立即反应，同时挂饵在水中呈较自然的漂荡状态，将大大提高上钩率。若坠（钩）重力大于漂的浮力，重坠带饵快速沉底易把鱼吓跑，同时入水之后饵钩必是躺于水底呈卧钩状，鱼儿咬钩，浮漂反应就会出现滞后现象，贻误提竿时机。还有一种情况，由于坠子的重力，鱼吸食饵钩感到费力和困难，很可能弃饵游走，失掉上钩机会。

打窝技巧

怎样打好窝子？

前面介绍了诱饵，诱饵又叫窝子食。打窝子的目的是把鱼儿引诱到钓点，以提高垂钓的效果。窝子有固定窝和活动窝两种。

固定窝亦称死窝，即将诱饵投入到一个选定的钓点形成的窝子。这种窝子适合于池塘、水库等静水水域，诱饵一次不要投撒过多，每隔1～2小时可补撒1次。也可在预选的几个钓点，分别撒几个窝子，轮番垂钓。

活动窝亦称活窝，即可以随意移动的窝子。制作这种窝子，只要将诱饵装进用窗纱或纱布做成的小口袋里,再系在用一块硬泡沫塑料做的浮子下面,然后将小口袋投放到钓点上就行了。当然不要忘记在口袋上还要拴一根细绳,在转移钓点或结束垂钓时,可将活窝收回。

另外,打窝子时还要按以下几点要求选好位置:

1. 有水草的地方

一些底层鱼如鲫鱼等,一般都喜欢在水底草丛里及周围活动。有垂钓谚语说:"钓鱼无草,等于白跑。"

2. 靠近塘边和水沟边

这些地方往往有码头,人们常在此淘米、洗菜,鱼儿常聚拢来觅食。有的沟、塘里放养有鹅、鸭,鹅、鸭常在水边休息,粪便多,鱼儿会寻味游来寻食。当然,这儿便成了打窝子的理想之地。

3. 水流入口处或出口处

鱼儿喜戏水,又有逆水而游的习惯,在这些地方聚拢的鱼儿往往较多。

4. 随水温的变化而变化

水温是随着季节的更替而变化的,打窝子也要根据不同的季节来选择不同的位置。初春温度低时,窝子应打在朝阳的浅水处;夏天温度高时,窝子则应打在阴凉浑水处或水草密集的地方。

5. 根据风向和风力的大小选位置

风力在2～3级时,多在下风头打窝;风力在4～5级时,多在上风头或微波处打窝。

打窝子应注意哪些事项?

一是必须根据季节、鱼情、气候、水情和风向等选定钓点的原则,在钓点中撒窝子。

二是在施投诱饵之前,要对窝口进行必要的探测,以便弄清楚水域的深浅,水底是否平坦,有无杂草、乱石或其他障碍物。一般是用钓线测出水的深浅,水线试好以后,将空钩抛入钓点附近1米左右见方内各处去试,根据浮漂的状况,即可判断出水底

是否平坦；根据鱼钩挂没挂草或其他东西，可判断出水底有无杂草或别的什么障碍物。当确认水底较平整且无杂草等障碍物时，即可进行撒窝。

三是根据所钓鱼的食性选定适当的诱饵，如肉食性鱼类好吃荤腥，草鱼偏爱青草，草窝对它们有极大诱惑力，鳙鱼爱酸臭味等。

四是尽量用撒饵器来打窝，以减少对鱼的惊扰。如用黏性饵料撒窝，可将诱饵捏成饼状，包在鱼钩或坠子上面，轻轻送到窝中。

五是静水轻撒，流水重撒；水面大、水深时饵要撒得多些，水面小、水浅时可撒得少些；春天宜用粉饵，重香；夏秋宜用颗粒饵，重甜。

六是鱼头密的水域打1~2个窝就够了；如水域广鱼头稀，可打3~4个窝轮番垂钓，哪个窝子上鱼多，就钓哪个窝子；而上鱼少或不上鱼的窝子，干脆不再补窝。

七是为保证准确下钩，打窝时，在窝点的前后打好记号，如在岸边用木棍或土块做一记号，并寻找对岸与之正对的方位物（山、石、草、树、电线杆或水中倒影均可），窝点在中间，使记号、钓点与方位物三者在一条直线上，同时用渔竿测量出钓点与岸边的距离，并记住。

八是撒窝后不要急于下竿，要等到发窝时再下竿。"发窝"就是指鱼群已进入窝点开始吃饵，窝中有鱼星冒出。

九是及时添加诱饵，使已来的鱼儿不走，远处的鱼儿继续游来。

补窝子应注意哪些事项？

垂钓中应及时根据鱼群摄食情况、饵料流失情况补撒诱饵，补撒诱饵应要注意少、轻、勤。

所谓少，是指补撒的诱饵应相对比第一次下窝的数量少。因为有的鱼儿已在窝里吃了不少食，还有的已吃了半饱，如再多撒饵，鱼吃饱了肚子肯定不会再咬钩。若原窝子里本来就没鱼来吃，那么再多补便是浪费饵料。所谓轻，是指整个补窝过程要

轻,包括走路、讲话、饵料入水等,声音尽量要小。因为补窝时很可能窝子里及周围已有鱼,如补窝动静太大,会惊走鱼儿。所谓勤,是指为了能使鱼儿留在窝区,并不断上钩,除了每次补饵不要太多外,还应注意勤补。如在甲窝内钓了几条鱼后再转钓乙窝时,应在甲窝轻轻追补些饵,以便以后再来钓。这样轮钓、勤补,可引诱鱼儿不断进窝。

但要记住,如果某个窝中正频频上钩,切忌画蛇添足去补窝,否则只会适得其反。必须掌握好补窝的时机,一是上鱼速率明显下降时,二是钓上大鱼后搅乱了窝点时,要及时补窝。

投竿技巧

投竿,有人叫做投钩,就是在垂钓开始时,把装好钓饵的钓钩投到钓点的水中去。在没有钓过鱼的人看来,把钓钩投到水中去十分简单,谁都能做到,殊不知会投的老手和不会投的新手投出的钩有很大的差别,能不能准确地投到预定的钓点,直接关系到能不能钓到鱼。所以,要想随心所欲地把饵钩投到自己想要投的水域中去,必须懂得要领,而且要多练习。

手竿钓鱼有哪些投竿技巧?

手竿的投钩方法通常有以下几种:

1. 弹送法

弹送法适用于手竿的竿子和钓线都比较长,铅坠有相当的重量,手竿有较好的弹性,钓点离岸边的距离较远的情况。如果缺乏一定的技巧,就不能将饵钩投到预定的钓点。

具体操作方法是:弹送开始时,垂钓者面对钓点,右脚向前跨半步,右手握紧竿柄,左手则握住饵钩和铅坠,接着用握竿的右手将钓竿竿头向右拉开,使钓线拉直绷紧,直至将竿体弯成弓状,形成很大的弹射度。此时突然将左手松开,让饵钩和铅坠弹向正前方远处的预定钓点。

这种方法的优点是,能使钓饵的落点远而准确。当然,能否使落点完全符合垂钓者的要求,还需垂钓者平时经常操练,积累一定的经验。

2. 荡送法

此法适用于无风的天气,若有4级以上的风,则较难投准。另外,当手竿和钓线都比较短时,弹送法无法使用而需改用荡送法。此法与弹送法有些相似,不同之处是由于竿和钓线都较短,甩出的力度稍小,且角度也有所不同。

具体操作方法是:扬竿开始时,垂钓者右脚向前跨半步,右手握牢竿柄,将竿与水面平行端直,再将竿向右侧移动30°,左手拿着饵钩和铅坠向左侧移动,将钓线拉牢,同时以右手将竿梢向右上方抬起,使竿梢弯成弓状绷紧。然后左手松开,右手乘势将饵钩向前方甩出,使其落入正前方的钓点水域。由于竿和钓线都较短,较易控制,一般都能落到所希望的水域。

3. 顶甩法

此法适用于有较强的逆风环境,钓点又较远的情况。

具体操作方法是:垂钓者面向左侧移动45°,双脚分开站立,两脚相距约30厘米。左手握住饵钩、铅坠,伸向身后横拉开;右手紧握竿柄并高高举向头顶,使身体与手臂成一直线,然后将竿向钓点方向前倾,使钓线拉直,并逐渐绷紧,让钓竿弯成弓形,弓背朝向钓点。此时左手突然放开,右手同时向钓点方向甩动,使饵钩和铅坠从上方弹向远处钓点。此法因挥动幅度大,竿的弹力比较强,可以抵消4~5级的逆向风力而将饵钩甩达钓点。

4. 双手投送法

此法适用于竿体粗长、重量大,或使用串钩、组钩,再加上钓饵阳铅坠的重量大,单手难以甩出的情况。

具体操作方法是:垂钓者双脚分开,两脚距离30~40厘米(使用此法须特别注意站稳,与水域保持较大距离,以防闪失)。右手握牢竿柄根部,左手握在距右手约25厘米处的竿柄处,然后将竿提起,使饵钩和铅坠离开地面,接着轻轻晃动竿体,使钓线连同钓饵连续晃荡几次后再荡往身后,然后再从头顶后方用力向前挥竿,甩向正前方远处钓点水域。

此法的优点是投甩力度大,抛投的距离远。但使用此法必须是左、右、后3个方向的5米以内没有其他人或钓友，否则容易伤人，须特别注意。

海竿钓鱼有哪些投竿技巧？

海竿的投钩方法，通常有以下几种：

1. 后抛法

此法适用于周围无障碍物和背后及左右两边没有钓友，且需要将饵钩投向较远的钓点。

具体操作方法是：垂钓者身体正对前方钓点，右脚后移半步，双手将竿举过右肩，使饵钩、铅坠都荡向身后，双手略偏向左方，全身的重心落在左脚。挥竿前，用手指扣压住绕线轮。以上动作到位后，即向正前方挥动钓竿，当饵钩等从头顶划过时，及时放开扣压绕线轮的手指，让钓线甩出，同时将左手收至离捏住竿柄的右手约30厘米处，压竿向前，使饵钩、铅坠平稳自然地抛投至远处钓点位置。

2. 侧抛法

此法适用于需要将饵钩及铅坠地抛到尽可能远的钓点，用此法可将饵钩甩出百来以上。

具体操作方法是：垂钓者面对正前方的目标水域，右脚向后退半步，将钓竿握好放置在身体的右后侧，让竿梢向下倾斜至接近地面。将身体重心移至左脚，左手捏住竿的根柄部，右手握在离左手30～40厘米的竿子处并发力将竿上举且压向前方，同时放开压线的手指，使饵钩等由头顶越过并向前快速抛出，平稳地落入远处水域之中，完成预期的抛钩要求。

3. 斜抛法

此法是介于后抛法和侧抛法之间的一种投法。这种投法，钩、坠都能投得很远，且每次投出的距离比较容易控制，投甩动作亦轻松自然。

具体操作方法是：投甩时，垂钓者随着身体的转动开始甩竿，当身体面对目标时，右手向前推送钓竿。其他要领与后抛法和侧抛法相同。

4. 前抛法

此法适用于钓位周围狭小或钓友很多，不便采用其他投法，且钓点较近，不需要投得很远的情况。

具体操作方法是：垂钓者身体正对所想投达的水域，右手握住竿柄，将竿体置于身体前面，与水面平行，左手握住饵钩和铅坠，向左后方将线拉直，并进一步拉紧，使竿体弯成弓形，然后将钓竿向右上方挥提，同时松开左手，让竿尖将钩、坠弹向正前方的钓点水域。此法操作简单，是垂钓者采用比较多的一种方法。

5. 双手劈投法

此法适合于钓点距离远，而且要求抛甩的落点很准确的情况。用此法投钩需要注意的是，由于甩力较大，钓饵装在钩上要十分牢固，否则钓饵甩丢后会成为空钩垂钓。

具体操作方法是：垂钓者双脚分开站立，两脚距离 30 厘米左右，双手握住钓竿根部，并用手指压扣住绕线轮。双手将竿举过头顶，使饵钩和铅坠垂向身后，然后眼看前方远处的钓点，握竿的双手朝前劈下，就像双手举斧劈柴的姿势将竿向下挥，同时松开压住绕线轮的手指放线，使钓线和饵钩从身后腾起，沿上空划出 180° 轨迹向前方平落下去，直至竿体齐腰的高度与水面平行，钓线平稳自然地落入正前方的远处水域。

这种投法比较容易掌握，而且落点一般都能符合要求，不会出现很大偏差。初次使用钓竿的钓者可将此法作为投竿的基本方法，待多次使用积累经验后，再练其他投法。

使用这种投法最需要注意的是，在双手向前劈挥时，切不可用力过猛，否则，很容易造成线断竿折。

不管用以上哪种方法抛投，要想抛投得远一些，手指松线时机要掌握得当。过早，坠子向高处飞，投不远；过晚，坠子易向下栽入水中，也投不远；一般在竿甩至最高点前松线为最佳。

提竿技巧

提竿是垂钓技术中的关键环节，它直接关系到钓获量的多寡和垂钓情趣的浓淡。提竿的关键又在于准确判断鱼汛，恰到好处地把握提竿时机。提竿适时，不早不晚，动作得当，既轻柔又有力地把吞钩之鱼稳稳当当地提上岸来。如果把握不好，提竿过早或过迟，动作过小或过猛，就必定会出现空竿或者线断鱼逃。

怎样掌握提竿时机？

提竿的最佳时机，是鱼儿摄食入口将要游走的一刹那。因为这时钩在鱼口中，及时提竿，钓获得可能性最高。

第一，提竿时机与所钓鱼种有密切关系。比如鲫鱼，它吃食特点是发现食物后，慢慢游近，俯头抬尾将食物吸进嘴，然后抬头上浮，一边咀嚼，一边游走，要是吞进嘴的食物有异样，会将食物立即吐出来。这个过程表现在鱼漂上是先上下抖动，然后轻轻下沉，随即明显上浮，这就是在送漂，此时提竿，时机最好，命中率也最高。鲤鱼、草鱼等体形修长的鱼类，咬钩后在鱼漂上的反映是漂上下抖动，幅度较大，然后鱼漂成斜方向运动，慢慢沉入水中，显得较沉重，此时提竿最佳。鲶鱼、乌鱼等凶猛鱼类，口裂大，嘴馋，一般吞钩都较狠，咬上一口拖着便走，鱼钩刺进喉部，很少能吐出来，即使提竿稍迟些也无妨。垂钓者应根据漂的信号，迅速判断出鱼的大致类型，作出提竿反应。

第二，提竿时机与钓饵软硬有关。饵料硬度较强时，提竿可晚一些；钓饵较软时，则应稍早一些提竿。

第三，提竿时机和季节也密切相关。早春、冬季宜早不宜迟；夏、秋两季宜迟不宜早。早春水寒，鱼儿经过一冬休眠，开始活动时范围小，摄食动作也轻，咬食时很少出现大幅度沉浮，这时提竿不宜迟，以早为好。春夏季是鱼儿产卵、活动较为活跃的时期，鱼儿咬钩动作很大，可按常规提竿，送漂即提，不必过早。冬季鱼儿或在深水避寒，或进入冬眠状态，少有摄食，且动作微弱，一旦有浮漂移动信号，就应立即起竿。

第四，提竿时机与鱼坠的轻重有关。铅坠的轻重也会影响提竿时机，重坠反应慢，应早提竿；轻坠反应灵敏，可迟提竿。

第五，提竿时机与水的深浅有关。浅水垂钓或水表的浮钓等宜偏迟提竿，反之则应偏早提竿。浅水垂钓，因为水线短，漂反

应灵活，鱼吞钩尚未牢，漂已送上来了，故提竿宜迟不宜早，提早了容易跑鱼。深水垂钓正相反，因水线长，漂的反应慢，提竿宜早不宜迟。

1. 手竿钓的提竿时机

（1）点漂：浮漂上下轻微跳动或轻微晃动。这是鱼在触碰钓饵的信号，表明鱼已发现钓饵并有可能要吃钩了，此时垂钓者应引起警觉，随时准备提竿。

（2）送漂：上升一两颗漂。浮漂先是上下抖动（点漂），继而垂直上升，尔后停止不动或开始斜移下沉，说明鱼儿已咬钩，应及时提竿。一般情况下，抖动速度快但幅度小或移动速度快的，鱼不大；抖动速度缓慢，只轻轻几下，漂就被送起的，或移位速度慢，表明咬钩的鱼大。

（3）黑漂：浮漂先是上下点动，接着很快下沉，没于水中不再浮出。黑漂是提竿的最佳时机。一般鲶鱼、乌鱼、鲤鱼、黄颡鱼吞钩常出现这种黑漂，鲫鱼吞钩有时也出现黑漂。有时很可能是大鱼在水底觅食时身体擦到鱼线，应速扬竿，往往可挂住鱼身。

（4）斜移漂：浮漂先呈点动状，紧接着沿水面一边倾斜移动，一边缓慢下沉，此时是提竿的极好时机。这种斜向移动漂主要是草鱼、青鱼所为。下沉速度慢，表明是个体大的鱼在咬钩。

（5）平移漂：浮漂上下抖动之后，只是轻微平移，并时升时降，幅度较小，这种情况表明鱼吞食饵钩后原地打转，或缓慢前后划行，应立即提竿。

（6）抢漂：钓饵刚一落水时就被鱼发现咬走，浮漂转眼之间即被拖走，这是上层白鲦鱼吞钩后的浮漂反应，也可能是乌鱼、鲶鱼等较凶猛的鱼类的咬钩信号，应立即提竿。

2. 海竿钓的提竿时机

海竿钓的提竿时机主要凭观察竿尖颤动、下弯、走线或听铃响，要根据竿梢的抖动情况来判断是否提竿。

如果铃铛响时伴竿梢急促抖动后很快恢复了平静，说明鱼只是吃了一下饵后并未将钩吞入口中，也可能是鱼在游动过程中牵

动鱼线,此时就不应提竿。

如竿梢有连续两次以上"点头"信号,或轻点了两下过一会儿又连点几下,则说明有鲫鱼等已咬住钩,应扬竿收线。

(1)海竿梢"磕头"或"回湾":海竿抛出钓饵收线稳定后,高架竿如发现竿梢上下不规则摆动超过 30 厘米,钓手们俗称为"磕头";平卧竿竿梢左右晃动超过 30 厘米时,这是大鱼挂钩的信号反应,"磕头"或"回湾"的动作越慢、幅度越大,则鱼亦大,应及时扬竿。

(2)海竿梢"回线":指海竿抛钩固定后,突然听到一阵(有时仅是一声)铃铛响声后,原靠铅坠、饵重力紧绷的渔线突然松弛,出现"回线"现象,竿梢也从微弯状恢复到自然伸直状态。这种鱼儿咬钩现象在海竿钓中经常发生。回线还有小回线和大回线之分,回线小的往往是小鱼挂钩,回线大的则可能是大鱼上钩,钓者在扬竿时就应有思想准备,以防大鱼逃窜时措手不及。

出现回线现象是否都应马上扬竿?这还应视团钩钓还是串钩钓而分别论处。团钩钓原则上一回线就应扬竿,因此,钓法是靠铅坠将组钩稳定在化散的饵料中,鱼儿在吸饵同时便会误吸鱼钩,出现回线要么说明鱼已上钩,即使鱼没上钩,钩和砣也已离开原饵点,鱼不可能再来吸空钩。而串钩钓则不一样,一般串钩都装有 5 只甚至更多的鱼钩,且都独立挂着钓饵,如有回线,应轻轻收紧鱼线,看是否有鱼挂线。若无鱼时,可将线收紧,再继续守钓。因为即使被吃掉 1~2 只钩上的钓饵,其余钩上的饵还会引鱼上钩。

怎样掌握提竿动作要领?

正确的提竿姿势是:竿柄顶住持竿手的上肘部,肌肉自然放松。提竿时,肌肉突然收缩,同时肘部往下一顿,手腕发力向上挑肘往下压,小臂带动手腕往上一抖,摆幅小有爆发力,动作轻松利落。这个过程是靠手腕的提力,而不是手臂的机械上扬。

第一,应注意用好肘部、小臂和腕部的爆发力,尤其是手腕要顿一下,这一顿使鱼钩刺进鱼嘴。顿的幅度不宜过大,应简短

有力。

第二，用力要适度，不可过大过猛，也不能过小。用力过大过猛，极易钩豁鱼嘴，并可能将鱼线鱼钩绷断，造成逃鱼。如若用力过小，鱼钩未扎进鱼嘴或刺得不深，鱼儿很容易脱钩。

第三，鱼儿被钩住以后如是小鱼，可直接提出水面，如个体较大的鱼时应尽量遛鱼，待其疲乏后再拉到岸边抄捞。

第四，应尽快将鱼牵遛离开鱼窝，以免惊走周围鱼群。

巧破大鱼打桩的技巧

所谓"大鱼打桩"，就是当大鱼已经上钩后（一般是5千克以上的大鱼），扬竿时提不起来，像是挂在水底的乱石或杂草上，事实是，并非鱼钩挂上了石块或杂物，而是大鱼把头钻入了河底或大石块中，尾巴向上摆动，像插桩子一样钉着不动。

大鱼上钩后如何钓上岸？

垂钓时，如果了解到所钓水域有大鱼，特别是发现窝子里有大鱼活动的迹象时，思想上就要有所准备：大鱼上钩怎么办？大鱼上钩，不等于就能够钓得上来。大鱼在水中的力量都比较大，一般要大于体重的2~3倍之多，不用一定的技巧，很容易造成断线或脱钩，满心欢喜即刻会化为无限遗憾。

遇上大鱼上钩，如果用的是手竿，可用双手握竿，一手在前，一手在后，把渔竿仰起成70°左右，向左右两侧牵遛，要始终使竿保持弓形，以充分发挥其弹性作用，切不可将竿子倒向鱼逃窜的方向，否则就要断线或断钩。如此稳住一段时间，再伺机遛鱼，可随着鱼向左右方向牵遛，不能猛拉硬扯。一般要经过3个回合，第一次逃窜，鱼用力还不是最猛烈的；第二次逃窜，鱼的用力要比第一次大得多；第三次逃窜是鱼竭尽全身力气进行的，力量是最大的。如果第三个回合没有挣脱，问题就不大了，但也不能掉以轻心，一直要牵遛到鱼儿精疲力竭，身体侧倒时再起鱼。如果鱼儿不太大，在1千克左右，可将鱼头引出水面，让其吸进空气，喝几口水，它就会软下来。这时可用抄网或搭钩把鱼取上来。特别要注意的是，自始至终不可用手拉线，因为手没

有弹性,只要鱼稍微一跳动,就会断钩、断线。

如果用的是带绕线轮的海竿,钓上大鱼时,一定要及时放线,以减少鱼逃窜时的拉力,这就是俗话说的"放长线,钓大鱼"的道理。同时要将竿子仰起成70°,保持弓形,增加弹性,以避免鱼拽脱头节竿。具体操作时,鱼用力逃窜时就放线,鱼不逃窜时就收线,这样要反复多次,直至鱼儿用尽力气,再采取前面提到的方法将鱼取上岸。

钓到大鱼时怎样采用绷挺法?

垂钓者在发现可能是"大鱼打桩"的情况之后,应该着力将钓竿挺成弓状,让渔线像拉开弓的弦似的绷紧,坚持挺住不能松劲。

最需要注意的是,这时切不可将线放松一下,然后又猛力扬竿蛮干,如果蛮干,就很可能会造成折竿或断线,让鱼跑掉,而应该继续让竿像弓似的弯着绷紧,经过几分钟或十多分钟后,鱼因被绷得很痛而受不了时,自然会离开水底。

钓到大鱼时怎样采用绷弹法?

大鱼在深深地钻入池塘底的泥中后一般不会很快自动出来,必须耐心地绷紧一段时间,经过10~20分钟若未见动静时,即说明钓钩太软,绷得不够紧,应加强刺激。这时,可用一手拉紧钓线,另一只手像弹琴似的将钓线一拉一放,使鱼儿在水底受到震动并因钩口伤部疼痛而蹿起来逃跑。当大鱼一开始游动时,就要立即握好钓竿进行遛鱼。这时特别值得注意的是不可强拉,该放线时就放一段线,当鱼不拉时又收回来,耐心地做拉锯式的反复放线收线,直到大鱼精疲力竭时将它拖近岸边,用抄网拉上来。

钓到大鱼时怎样采用赶鱼法?

钓鱼一般都选在水温适中的时候,不会选在寒冬腊月,所以当发现"大鱼打桩"时,可考虑下水去赶鱼。若垂钓者旁边有钓友,可请钓友在岸上继续挺住渔竿,而垂钓者自己若会游泳的话,即可下水随着线的方向去赶动,一般只要到达离鱼2~3米处,鱼就会发觉而逃离水底。若水较浅,不必请人帮助,垂钓者

自己可下水，一边绷着钓线，一边向大鱼靠近。鱼一听见有人下水，就会离开原处游出。此时应特别注意及时放线，然后一收一放进行遛鱼，直至拖鱼上岸。

钓到大鱼时怎样采用辣环拉鱼法？

有些有经验的垂钓者，知道在钓大草鱼、大青鱼和大鲤鱼时，是很可能会遇到"大鱼打桩"的，所以在出发钓鱼前就预先做好准备工作。

他们的做法是：用一个像戒指模样的金属圈（稍细些），外面用细棉线一圈一圈地密密地扎绕好，然后选最辣的辣椒煮成浓液，将扎好的环放进去浸泡一阵后取出晾干备用，出去钓大鱼时随鱼饵一起带着。

当遇到"大鱼打桩"时，就将环套入钓线，使金属环沿着线一直坠落到鱼钩处，含在环内的辣椒液被水一泡而析出，使鱼受不了，不得不立即逃离水底。

遛鱼技巧

遛鱼是在钓到大鱼时钓者充分利用竿、线的弹性，来消耗鱼的体力，使其乖乖就范的一种手段。所以提竿时，要使钓线始终带着劲，提竿后要迅速使竿梢呈弓状，这样鱼挣扎的力，可分散在整个钓竿上，靠钓线、渔竿的弹性，把鱼儿使出的劲化解。

手竿遛鱼有什么技巧？

手竿遛鱼要比海竿遛鱼难度大得多。手竿的钓线就那么长，既不能放也不能收，只能在竿线所及的范围内遛鱼。这就要求钓者要有熟练的遛鱼技巧，方法必须得当，才能既不跑鱼又不折竿。

当判定鱼已咬钩时，应及时提竿。首先用腕力使劲抖竿，使钩深刺鱼嘴，将鱼挂牢，然后及时提竿。如果提竿时感到很沉，判断鱼、较大，一下提不出水面时，应把渔竿仰起70°左右，绷紧钓线，不要硬拉，应先不动它，只可轻轻提拽渔线，等大鱼动时，再趁机调整竿线方向。过不了多久鱼肯定要游动，起初多数是向前方深水逃窜，力量很大，往往折竿断线就发生在这个时

候。正确的做法应当是在鱼逃窜时，迅速将竿偏向一侧，牵着鱼慢慢转弯。也可以抢先一步在鱼刚移动时就把竿先伸出去，钓线的速度快于鱼游速度，使鱼跟着线走，人牵着鱼游，然后再一点一点改变方向，来一个椭圆形转身，沿"∞"字形游动，这样就使鱼儿在不知不觉之中改变了方向，左右来回兜圈子。要始终使竿保持弓形，以充分发挥其弹性作用，切不可将竿子倒向鱼逃窜的方向，否则就会形成"拔河"造成断线跑鱼。在整个牵遛过程中，鱼可能使出多种"招数"，企图逃走，钓手必须自始至终主动领鱼，不要与鱼形成"拔河"，时刻坚持"鱼动人不动，鱼不动人动"的方针。不论大鱼向外逃窜，还是向岸边攻或是原地打转，或是跃出水面，或者左右冲刺，钓手都要顺势牵鱼，凭借钓竿的弹力，领着鱼游，直到将其遛乏，完全失去抵抗力为止。

青鱼、草鱼力大，遛鱼的时间可稍长一些。大水库里的鱼比小水库的鱼劲大，夏秋季节的鱼比冬春季节的鱼劲大，要做好思想准备。

抄鱼技巧

抄鱼有什么技巧？

抄鱼，在人们的想象中是件很简单的事，只要把鱼从水中抄上来就行了。但是，这里所说的抄鱼，不是抄死鱼，而是抄鲜活的鱼，在水中活蹦乱跳的鱼，如果抄得不得法，鱼就会逃之夭夭。所以，要做到很有把握地把鱼抄上岸来，是需要掌握一些技巧的。

有不少钓友，甚至是有些钓鱼经验的钓友，当大鱼上了钩时，都会由于担心鱼儿跑掉而心情紧张，手忙脚乱地想把鱼赶快提上岸，结果，由于操作方法不适当，还是未能抄住而跑掉，令人十分遗憾。

下面，把总结出来的一些抄鱼的经验列出来，以供钓友们参考：

第一，准备抄大鱼用的抄网，网圈要大一些，网圈用的金属要求比较粗硬结实，防止在抄大鱼时，受到鱼的大力挣扎被挣弯

挣断而跑鱼。另外，抄网的柄要结实，柄和网圈要装得牢固可靠，防止在关键时刻柄被挣断或网圈和柄突然脱开而跑鱼。

第二，在准备垂钓大鱼之前，要事先将抄网打开，放在距离身边不远的位置，避免在将鱼遛到一定程度需要用网时，一只手要提着钩鱼的钓竿，而抄网又离得很远拿不着，或是拿到了抄网而网缠绕着一时打不开，结果因误了时间，忙乱中让鱼挣脱而逃走。

第三，在发现大鱼上钩时，要沉着冷静，不能心情紧张，过分担心鱼会跑掉，其实，越是担心，心情就越紧张，就越会手忙脚乱，导致遛鱼不得法，反而会造成跑鱼的结果。

第四，遛鱼必须把鱼遛到真正疲乏，直至肚子翻白，无力挣扎，浮在水面不能再蹦跳或窜动时才能开始抄鱼。在遛鱼时，不能先把抄网放在水里等鱼，因为鱼看见抄网，就会受到惊吓而乱跳乱蹦，容易造成鱼儿逃走。

第五，抄鱼时，必须看到鱼肚朝上，再将抄网斜插入水中，以网口正对鱼头抄入，顺势使抄网向前推进，将鱼抄入网内。要做到一次成功，干净利落。因为拖着一条线的渔钩，很容易挂住抄网，使用权鱼使白不能顺利抄入，误了时机，鱼会挣脱逃掉。用串钩钓到大鱼时，鱼钩向各个方向伸着，极容易牵钩在抄网上，影响将鱼顺利抄入网内，造成跑鱼，需特别注意。

第六，在鱼被抄入网内后，要及时放松钓线，防止已经进了抄网的鱼，又被绷紧的渔线拖出网外而跑鱼。

第七，将鱼抄入网中后，不要立即将鱼提离水面，应该借着水的浮力将鱼拖近岸边，再用手抓住网圈拎鱼上岸。因为大鱼体积大，重量也重，要从较远的水域离开水面将抄网连同鱼一起端上来，不但垂钓者没有那么大的手劲，即使有手劲，网柄也受不了，很可能会使网柄折断或使网柄交接处脱离而跑鱼。

第八，抄鱼只能从鱼头一方抄，要避免从鱼尾处抄，否则就等于催鱼向前逃窜。因为网在水中有很大的阻力，抄鱼时推进的速度很慢，而鱼在水中向前逃窜的速度要快很多，所以从鱼尾抄鱼，十有八九要失败。而且从鱼尾抄鱼，即使鱼已很乏力，也很

难顺利地将鱼抄入，因为鱼鳞和网接触时，鳞片会翻开，阻碍鱼顺利入网。另外，从鱼尾抄鱼，鱼的背鳍、胸鳍、腹鳍都很容易挂在抄网上。

怎样进行手竿浮钩钓鱼？

所谓浮钓，就是饵钩不沉入水底，而是悬浮于水体的不同层面进行钓鱼的一种方法。钓中上层鱼或遇闷热天气、鱼浮头、水底缺氧时，一般应进行浮钓。

手竿浮钓，有用浮漂和不用浮漂两种。

1. 用浮漂法

如果垂钓草鱼、鳡鱼或 500 克以上的鳊鱼时，宜用长竿长线，线径在 0.35 毫米以上，伊势尼 7 号以上大钩，塑料空心球漂或木质立漂。

垂钓时，在距钓钩上方 20～30 厘米处拴上大浮漂，可根据垂钓对象的喜好选择适合的钓饵，如小鱼、菜青虫、菜叶、嫩草叶、蚂蚱等。当饵钩投入钓点后发现浮漂急速下沉时即可提竿。

2. 不用浮漂法

大部分垂钓者喜欢用有漂钓法，因为它直观，并且垂钓深度也容易控制。但有时受钓点的限制，则无需浮漂。

不用浮漂钓法钓线不宜长，一般只是钓竿长度的一半，最适于有大片水草和浮萍的水面垂钓。垂钓者要善于寻觅、发现鱼儿在水草下边吃食时所发出的唧唧声，以及水草被鱼儿拱动的表象，来判断鱼儿的位置，然后轻轻地将饵钩伸过去，使其沉入水中 20～30 厘米处，引鱼咬钩。

尽管没有浮漂，垂钓者靠手感和观察钓线的动静，就能得知鱼是否咬钩。如果饵钩伸过去后没有鱼咬钩，可将露出水面的钓线放在水草上面，待发现钓线被拉入水，就表明有鱼咬钩，立即提竿拽鱼。

怎样进行投竿浮钩钓鱼？

使用投竿可进行远投浮钓，在水面广阔的静水水域，为能将饵钩甩投得更远一些，一般应选用重量稍重的坠子，并配以浮力

相当的塑料或木制活动浮漂。饵钩甩投出去后，即可慢慢收线，饵钩随线在水中徐徐移动，以引鱼咬钩。或者在饵钩甩投后不收线，任凭风浪漂浮，等鱼咬钩后再收线。

在流水水域浮钓，一般不用甩投饵钩，只要在水域上游下钩，让浮漂带动饵钩顺流而下漂到深水区即可。然后慢慢收线，同时有节奏地将钓竿提起、放下，使饵钩在水中波浪式地移动，以诱鱼咬钩。

怎样进行延绳钓鱼？

延绳钓也叫线浮钓，不用钓竿。延绳钓和竹卡钓相似，也需准备一条很长的绳，但它上面扣的不是竹卡而是钓钩。在绳上每隔30~50厘米用20厘米长的支线扣一个钓钩，使钩尖朝外，以便于鱼类咬钩。

延绳钓所用的浮子，用木质的球形或长棒形的均可，将其固定在绳的一端。饵料常用多种钓饵，这样可吸引不同品种的鱼类咬钩。如在桥上或进水口附近下钩，可将钓线放入水中，顺水流而下。也可两个人配合，用带钩的长竹竿挑着绳一段一段地沿着岸边放下。如果绳长，中间可用浮漂调节深浅。延绳钓也可在船上施钓。

怎样进行冰钓？

我国北方地区冬季天气寒冷，江河湖泊封冻后冰冻层需厚达8厘米以上时方可凿冰钓鱼。

冬季凿冰钓鱼别有乐趣，可能有人会问，冬天鱼儿不是冬眠了吗，怎么还能垂钓呢？实际上冬季的寒冷主要是指气温（空气的温度）冷到多少多少度，而水中不同深度的温度是不相同的，上层接触空气的表面最冷，所以会结冰，下层水的温度反而不是很低，一般深度3米以下的水温通常会保持在4℃左右。在这样的温度里，一些冷水性鱼类，如狗鱼、哲罗鱼、细鳞鱼等，它们不惧寒冷，有一定的摄食要求；还有一些较耐低温的杂食性鱼类如鲤鱼、鲫鱼、鳊鱼、鳜鱼还是能照常活动，也有少量摄食

要求。

冬季冰钓,首先要准备好工具。由于水面均被冰冻封住,不便观察鱼情选点,一般还是选在靠近水草处不太深也不太浅的地方,用凿子凿出直径30厘米的孔眼,每隔60厘米凿一个,凿3~5个,一个眼子放一副钓竿,一个人看管即可。

冰钓可以不用撒窝子,因凿开冰层,露出水面,这时,充足的氧气和水相接触,在冰洞处水中的溶氧大增,会吸引鱼类前来吸氧、觅食。

因主要是钓鲫鱼,偶尔有其他鱼类,所以钓饵以荤饵为主,可用蚯蚓、红虫装钩。冬钓切忌守株待兔,要勤挪窝。钓竿长一般在2米以内,不要太长,水面出线部分的钓线不超过50厘米。另外,冰钓时一定要注意安全,初冬冰层不厚时不可进行,开春冰溶时也不可进行,以免发生事故。

怎样进行抛钩钓鱼?

抛钩钓鱼是一种不用钓竿、不要浮漂、放长线钓大鱼的方法。钓法与拉砣钓相似。

具体方法是:备一直径0.5毫米、拉力在12千克以上的尼龙线作钓线,一端拴于岸上树木等物体上,另一端拴一个宽25~40毫米、钩尖内倾、歪嘴大型钓钩,挂饵后抛入有大鱼活动的水域。

大鱼咬钩后,任其在游动中吞咽饵钩,因钩尖内倾容易入胃不易脱钩,钩嘴歪也不易被鱼吐出,当鱼感到不适时,会激烈游动不止,绷紧鱼线一次,钓钩就会向腹内行刺一回,痛得鱼猛烈乱窜,直至钓钩刺伤鱼的内脏,导致鱼死亡,再收线取鱼。为防鱼咬钩后挣扎断线,钓线可准备得长一些,盘在岸上以缓冲拉力。用此法钓大鱼,钓饵多用活鱼和青蛙等活饵。

怎样在溪涧中钓鱼?

溪涧大多在山脚下的低洼处,溪水一般皆流入大河、大江或大湖泊,因山势陡峭的程度不同而造成水流的流速不同,有的溪水比较湍急,有的水流则较为平缓。水流湍急处不宜下钩,只有在水面较宽、水流平缓的浅水处,鱼儿才喜欢停下栖息游弋和觅

食,这样的水域就是较好的下钩处。

不过,水流平缓处并非都适宜下钩,还应该注意水的深度,溪涧中的水大多很浅,过浅的溪段也不适于钓鱼,一般都需要选择水深1~2米且水域宽阔些的溪段作为打窝点。

此外,溪流沿岸靠水处长有树木,特别是有树根的以及有水草和浮游小生物的溪段,是比较理想的打窝点和下钩处。

溪涧钓鱼所用的钓具和池塘、水库钓具有些不同。溪流中一般以中小型鱼为主,加上水有一定流动性,所用的钓具应以轻、细、小为宜。

钓竿可用4~5米长的软竿,钓线可用0.6~0.8号的细线为好。

在溪流中,有多种野生鱼种,其中以鲦鱼、鲇鱼、泥鳅为多,食性也很杂,有的爱吃素饵,有的爱吃荤饵,所以钓饵需要多备几种,交替着试用。

必须注意的是,深秋及冬季、初春,溪流中一般很难钓到鱼,只有夏季多雨季节,特别是涨水时期,才能钓到较多的鱼。

怎样进行船上钓鱼?

船钓又称拖钓,是利用小船,在湖泊、江河、溪流、溪涧、沿海垂钓的一种形式,一般可使用自备或租用停靠在岸边的小船在水上垂钓。

船钓比之岸钓有较多的好处。好处之一,是可以任意选择水域深度和鱼源较多最适于垂钓的钓点;其二是当一个钓点鱼源不多时,可以随时很方便地更换钓点;三是可以免得垂钓者为寻找适宜良好的钓点而经受长途跋涉的劳累,大大降低劳动强度。

利用小船垂钓,同样可以根据不同水情,采用手钓、竿钓、延绳钓、多竿钓等方法钓鱼。船钓还特别适宜于采用拽绳的钓法。

拽绳钓法是在一根钓线上连接数十个钓钩,装上假钓饵(也有用真钓饵的),装上浮漂放入水中,让其漂浮在适宜(有鱼群活动的深度)的水层中,然后拖拽着钓线缓缓行进,引诱游鱼前来吞钩。

如果在岸上用拽绳钓法钓鱼,钓者必须在溪河或池塘边沿着岸边曳着钓线缓缓走动,时间长了比较劳累,但在船上进行就省劲多了。

在船上进行拽绳钓,要比在岸上进行所收获的鱼多得多。这是因为在岸上进行时,钓者是步行前进的,每走一步钓线就要震动一次,而在小船上曳着钓线和饵钩前进时,会在水中平稳前进,不会引起鱼的怀疑。

什么叫轻松钓?怎样进行?

轻松钓是夜晚前将钓线的两端拴在岸上,将装好钓饵的钓钩投入钓点,不必看守,安排妥当后,钓者就可轻松地回家休息,第二天早上再来钓点察看上鱼的情况。

使用这种钓法,不仅钓者可以轻松地得到休息,而且钓具也很简单,一般只需用一根长达百米、粗约1毫米的尼龙线,从下端起,每隔20多厘米拴上1枚带脑线的大钩,可拴上30~40枚钩,钩链两端离线头约3米处各拴一块100克重的铁块作坠子,以便将钩沉入水中一定的深度。

岸边用根铁钎牢固地插在地上,把钩链的两端钓线拴牢在铁钎上(如岸上有树或大石块等物,也可不用铁钎)。

这种钓法比较麻烦的是要预先准备好相当数量的钓饵,钓饵可用蚯蚓或蝗虫、螳螂等,而且要把每个钩都装好饵。

这种钓法有几个优点,一是钓者可不必看守;二是可以钓到多种鱼类;三是不用漂,不必担心是否会误了起竿时机。但这种钓法也有个缺点,那就是收获量不稳定。

什么是浅滩钓?如何操作?

浅滩钓法是在气温适中的季节钓者站立在溪流、江河近岸浅水中垂钓的一种钓法。此法在我国中部和南部采用较多,北部采用很少。其实,在夏季气温不低的季节,北方也可采用,它不仅可在溪流江河近岸浅滩垂钓,也可在池塘的较浅静水中进行,且效果相当好。

此法在垂钓时,钓者挽起裤腿,光着脚站在浅水中下钩,由于双脚在水底踩动,使泥沙泛起,把清水搅浑,可使鱼认为是食

物来临,以此引鱼上钩。而且,人在水中踩动,确实会搅动栖息于泥沙中的微生物,还能引来小鱼、小虾,为钓者钓获大鱼创造出有利条件。

经常采用浅滩钓的钓者还总结出了几点经验:

一是钓者立在水中垂钓,还要手持钓竿聚精会神地观察水情和鱼情,体力和精力的消耗很大,易于疲劳,垂钓时间不宜过长。

二是浅滩钓法采用时期以夏季最为适宜,若在春秋季进行,不仅不利于身体健康,而且也因为水温低,鱼儿很少出来觅食,垂钓效果也不会好。这一点,北方钓者应特别注意。

三是本钓法适宜在有水草的浅滩进行,以便搅起泥沙,把水搞浑,以吸引鱼儿前来。但本钓法不适于在沙石滩或以岩块、鹅卵石为底层的水域进行。

四是用此法垂钓时,应在顺风一侧进行,因踩动泥底时,搅起的泥浆水可受风浪推动,正好扩散至钓点上,起到引鱼觅食的作用。若在逆风一侧下钩,则效果很差。

五是在江南一带土地肥沃地区的浅水滩用此法钓鱼,因水中蚂蟥(水蛭)较多,宜穿戴高筒靴。若已被蚂蟥叮入皮肤内,不必惊慌,只需用手在被叮附近连续拍打,它会慢慢缩出,切不可用手去拔蚂蟥,否则会将其拔断,比较麻烦。

什么叫系草钓鱼?怎样钓法?

系草钓鱼又称戳拱钓鱼,是在有水草的池塘、湖泊中诱钓鲫鱼的一种传统钓法。夏季鲫鱼产卵后浮在水面拱食嫩草时,将饵钩送凑到鱼嘴附近,诱其吞钩,这种钓法较为巧妙,操作简便,见效快,常可得到很好的收获。

这种钓法的缺点是可以使用的时间很短,一般只有5月中旬至6月上旬这20多天的一段时间能使用,过了这段时间,鲫鱼不再拱嫩草时,就不适宜使用了。而且在一天之中,只有在水温稍高的上午9时至下午4时才是最好下钩时段。

系草钓可在岸边上钓,有小船的也可以在小船上钓。在岸上,钓竿最好用5~6米长的长竿,在小船上则只需2~3米长的短竿，长了反而不便操作。但不论岸钓还是船钓，钓竿的竿梢都应较硬而富于弹性，以便在鲫鱼上钩时能快速利落地将其提出草缝。

钓线要求比较软，护线宜长，可按螺旋形将其固定在竿上，并留数十米长的风线，末端拴上鱼钩。系草钓法用不着漂和坠，只要求使用较锋利的钓钩。

系草钓的钓饵，以小白虾和红蚯蚓最好，晴朗、无风和较温暖的天气出钓为好。

垂钓时，先要仔细观察水面浮着的水草有无动静，一旦发现水草有些抖动，即表明有鱼拱草了，此时应将钓钩轻轻放落水中距抖动的水草不远处，入水 10～20 厘米，水草旁的鱼嗅到钓饵的气味后，就会快速前来吞钩。

鲫鱼吞钩时要立即放低竿头放线，让它轻轻往水下拉，待拉下 5～8 厘米时起竿取鱼。若下钩未见有鱼咬钩，可将竿梢微微抖动几下，以引起鱼儿注意。用此法钓鱼，钓者需要下点工夫练习操作，主要的是必须在下钩时能使饵钩入水时悄然无声，不使拱草的鱼儿受惊扰。

什么叫包钩钓鱼？怎样钓法？

包钩钓是一种用各种粮食的粉末，调上米酒或香精等，生捏或熟捏制成花生米大小的颗粒作为钓饵，将整个鱼钩完全包裹起来的垂钓方法。

这种钓法主要适用于水质好、透明度很高的水域。

包钩钓法的优点有几方面：

一是用素饵包裹起来可以避免警觉性高的鱼儿见钩生疑，不肯吞钩；

二是这种用麦面粉制成的饵料，沉到水中后不久后会自行溶解，形成窝子，起到诱钓合一的作用；

三是这种素饵香味足、适口性强。

使用包钩钓需要注意以下几点：

一是素饵制作时，必须加进米酒或香精等物，使钓饵有较强烈的香味，富于诱惑性。

二是垂钓时钓者必须专心关注浮漂动静,发现浮漂轻微抖动时,就应立即起竿。

三是使用包钩钓的水域,鱼的警觉性是特别强的,钓点附近要严格避免走动,严禁说笑。

四是当太阳光从钓者的身后照射下去,不可让身影落入水中。

第十章　放风筝与健身

风筝的历史

风筝起源于中国，风筝在中国有悠久的历史：据说汉朝大将韩信曾利用风筝进行测量；梁武帝时曾利用风筝传信，但未成功；南北朝有人背着风筝从高处跳下而没有跌死。

唐朝的张丕被围困时曾利用风筝传信求救兵，取得了成功。

风筝原来用于军事，相传春秋时期，著名的建筑工匠鲁班曾制木鸢飞上天空。后来，以纸代木，称为"纸鸢"；汉代起，人们开始将其用于测量和传递消息；唐代时，风筝传入朝鲜、日本等国家。

到了晚唐，风筝上已有用丝条或竹笛做成的响器，风吹声鸣，因而有了"风筝"的名字。也有人说"风筝"这一名字起源于五代，从李邺用纸糊风筝，并在它上面装竹笛开始。

至宋代，放风筝逐渐成为一种民间娱乐游戏；元代时，风筝传入欧洲诸国。

这说明，中国风筝的历史至少有 2000 年了。从唐朝开始，风筝逐渐变成玩具。

放风筝是中国民间广为盛行的一项传统体育运动、汉族及部分少数民族传统的娱乐风俗，流行于全国各地，历史悠久。风筝被称为人类最早的飞行器。

民间还创造了风筝上的附加物，如有音响的"鹤琴""锣鼓"，有灯光装置的"灯笼"，有散落携带物的"送饭儿的"等，独具特色。

风筝，杭州人称"纸鸢""鸢儿"。放风筝为民间传统游戏，

人们大都于春风和煦的二三月放飞风筝。

南宋时风筝制作工艺相当繁荣，放风筝在杭州成为盛行的娱乐游戏。当时已有放风筝比赛活动，比赛常在春游时进行，地点在西湖断桥一带，比赛方法据《武林旧事》卷三"西湖游幸"载："竞纵纸鸢，以相勾引，相牵剪截，以绝线者为负"。即两根或数根风筝线绞在一起，以先绞断者为输。

中国最大的风筝制造地在山东的潍坊，被称为世界风筝之都，每年举办风筝会，2005年举办了"风筝锦标赛"。

中国传统的风筝一般分为硬翅、软翅、板子、串子、立体（筒形）等几类，按地域和风格又分为潍坊、天津、南通、北京等地方特色的风筝。

风筝的应用

风筝的发明，对后来科学技术的发展产生了深远的影响。这方面的例子屡见不鲜。

1749年，美国哥拉斯葛大学一位名叫威尔逊的天文学家，研制了世界上第一台空中试验仪。他用6只风筝将天文仪器吊到700多米的高空中进行科学试验，第一次测到了大气的温度，并取得了一些重要的理论数据，推动了天文学的发展。

1752年，美国科学家富兰克林用风筝挂上一只铁钥匙，在雷电交加时，把风筝送上天，引来雷电，从而证明了雷电也是一种放电现象，由此发明了避雷针。

1804年，英国的乔治·格雷爵士用两只风筝作机翼，研制出了一架5英尺的滑翔机。

1893年，英国人劳伦斯为美国气象局设计了一种可以装在箱中的可拆卸的风筝，以便将仪器带到高空测量风速、温度和高度，推动了气象事业的发展。

1894年，英国科学家设计了一只供战场观察的军用风筝，其作用犹如当今的卫星电视。

1899年，美国的莱特兄弟制作了一个双身的风筝，用来观察它在空中的翻滚动作和如何借助空气的浮力由下降转向上升，从而发明了机翼,并在此基础上于 1903 年发明制造了世界上第一架真正的用内燃机作动力的飞机。

1911 年,意大利科学家马可尼,在试验英格兰和纽约、芬兰之间无线电通讯时,不巧遇到暴风,把天线给刮断了。紧急中马可尼将电线拴到风筝上升空,使首次横跨大西洋的无线电发报试验获得成功。

此外,英国的亢里夫顿悬桥长达约 213 米,宽约 9 米,高出它所跨渡的亚逢河约 60 米。英国桥梁建筑师利用巨型风筝把钢缆拉到对岸,成功地架起了悬桥,被人们传为佳话。

现在,风筝在科学试验和工农业生产上的应用更为广泛。

在荷兰,海洋救生局用风筝作为一种营救工具;在风筝上安装无线控制照相机,可以进行空中摄影;利用风筝牵引船只;利用风筝传递信件;在风筝上安装喷水器,可喷洒悬崖上的植物。

我国风筝艺术概况

中国风筝有着悠久的历史和高超的技艺,这点早已为世人所公认。但要认真研究起来,记述中国风筝的详细资料却不多,而专述中国风筝具体技艺的资料就更少。

传说曹雪芹所著的"南鹞北鸢考工志"是一本记述中国风筝技艺的专著,但至今还未见到此书的全文,就连此说是否属实也不得而知。曹雪芹是否确有《废艺斋集稿》这套著作,也还缺少足够的旁证材料,学术界还在争论,没有结论。

除此之外,就是一些流传的谱式了。如传说宋徽宗的"宣和风筝谱"是较早的一本,但至今仍未见到。其他就是各风筝世家或风筝玩家个人收集的谱式了,今天还能找到一些。

虽然这些谱式各有局限,但毕竟是可贵的资料,其中值得一提的是 20 世纪 30 年代金铁庵著的"风筝谱"一书,此书较有价值,不足之处是没有图。

中国除"谱"外,还有一种可贵的实物资料——"条",即制作某种风筝骨架所用的标准竹条,这一般都是在大批生产风筝的世家中代代相传的,如北京"风筝哈"家就有一捆流传几

代的"条"。

　　这就补充了"谱"上只有画面,没有骨架或只有骨架而没有具体竹条尺寸和粗细变化的不足,使风筝技艺的流传更加完整。

　　在文字、图画和实物之外,中国民间工艺的技艺传授主要靠"口传心授",这就是在民间艺人中使用的"诀"。这是为了好教好记和保密所用的"歌诀"或"切口"。

　　由于艺人的文化水平所限,这些歌诀或切口往往有音无字或有字无形,在流传中丢失、修改、讹误很多。

　　中国对风筝技艺的讨论主要是以上述流传下来的有限的文化遗产作为历史背景的参考,以现存的传统中国风筝为根据,用科学的工艺技术和飞行力学原理进行分析,希望它能为今后中国风筝技艺的推广和发展提供一点参考。

　　传统中国风筝的技艺概括起来只有四个字:扎、糊、绘、放。简称"四艺"。简单地理解这"四艺",即扎架子、糊纸面、绘花彩、放风筝。但实际上这四字的内涵要广泛得多,几乎包含了全部传统中国风筝的技艺内容。如"扎"包括:选、劈、弯、削、接;"糊"包括:选、裁、糊、边、校;"绘"包括:色底、描、染、修;"放"包括:风、线、放、调、收。而这"四艺"的综合运用就要达到风筝的设计与创新的水平。

　　我们国家非常重视非物质文化遗产的保护,2006年5月20日,风筝制作技艺经国务院批准,列入第一批国家级非物质文化遗产名录。

风筝的分类

　　1. 软翅风筝

　　即一般常见的禽鸟风筝。它的升力片(翅)由一根主翅条构成,翅子的下布是软性的,没有主条依附,主体身架多数做成浮雕式。

　　它的造型多数是禽鸟或昆虫,如鹰、蝴蝶、蜜蜂、燕子、仙鹤、凤凰、蜻蜓、寒蝉、螳螂等。

为了方便还有一种可拆装的软翅风筝，把传统的上下分开的蝴蝶翅膀，改为活翅膀，固定骨架，便于折叠，放飞效果逼真，顶的翅膀一张一弛，保证了风筝的稳定性。

2. 硬翅风筝

常见的沙燕风筝即属此类。它的特点是升力片（翅）用上下两根横竹条做成翅的形状，两侧边缘高，中间凹，形成通风道。翅的端部向后倾，使风从两翅端部逸出，平着看像元宝形。

如北京流行的米字风筝、花篮、鸳鸯、喜鹊、鹦鹉等，这种风筝的硬翅是固定的形式，而硬翅范围以外的造型与骨架结构，则随内容题材的不同而变化。

3. 龙形风筝

主要以龙头、蜈蚣风筝为主，这也是潍坊风筝的一大特色。

4. 板子风筝

即人们传说的平面形风筝。从结构和形状上看，它的升力片就是主体，无凸起结构，风筝四边有竹条支撑。

此类风筝较多见，扎制容易，飞升性能好，又适合表现多种题材，是少年儿童最喜爱的一种。板子风筝，京津地区也叫拍子风筝，有八角菱形或者瓢虫形，这类风筝一般都拖着个长长的尾巴或穗子，这对起飞有益处。

板子风筝中，最简单的一种是"瓦爿"块，方方的一片，南方农村叫它"二百五"，北方俗称"筝子"，又叫"屁帘儿"。

5. 立体风筝

一般采用折叠结构的骨架，由一个或多个圆桶或其他形状的桶组成，如宫灯、花瓶、火箭等。

6. 桶形风筝

由一个或多个圆桶或其他形状的桶组成的风筝，像宫灯、花瓶、火箭、酒瓶等皆属此类。

7. 自由类

自由类包括跨种类，运用新技术，吸取外国风筝之长的风筝。

跨种类的如"鹊桥会"，把串式、立体、板子等几种方法集

于一体；运用新技术的如长 120 米的串式风筝"梁山一百单八将""百鸟朝凤"等，不仅能迎风转动，还能敲锣打鼓、喷烟冒火，"孙悟空"还能在放飞中七十二变。

沙燕风筝

北京风筝品种很多，传说曹雪芹所著的《南鹞北鸢考工志》中就有 40 多种扎法，现存的一本《北平风筝谱》中收集了 200 余种北京风筝。

在众多的北京风筝中，有一种性能最好，对全国影响最大，也最具代表性的风筝，那就是外形像一个"大"字形的"沙燕儿"（或称"扎雁儿""沙雁儿"等）。

"沙燕儿"的头是燕子头的平面变形，它的眉梢上挑，两眼有神，被赋予了人的感情，再加上那对剪刀尾巴，使人看上去就会想到燕子。它比真燕子更可爱，人们按照大家都喜欢的"大胖小子"，扎成了胖沙燕和雏燕；又按照亭亭玉立，苗条秀美的少女，扎成"瘦沙燕"。

按照恩爱夫妻扎成"比翼燕"。人们在沙燕的膀窝、腰节和前胸、尾羽等处加上蝙蝠、桃子、牡丹等吉祥图案，寓意着幸福、长寿和富贵等。

这样，人们把一个原来是黑色的燕子，变成了五彩缤纷、生动活泼、充满了人的精神的燕子。它就是经过了这样一个由拟形到拟神，由拟神到拟人，又由拟人到超人的发展过程，而形成了现在的程式。在这个程式里面，可以千变万化，容纳极其广阔丰富的内涵，但又万变不离其宗，使人一看就知道是北京沙燕儿而不是别的什么。

"沙燕儿"的结构简练，只由 5 根竹条组成主骨架，它的翅膀由上下两根竹条在端部弯曲而形成形状特殊的"膀兜"。这使沙燕儿在风小时能起，风大时也能稳，其飞行性能优于其他类型的风筝。由"沙燕儿"演变成的风筝品种很多，遍及全国。如山东潍坊外号叫"跑破鞋"的硬翅鱼和人物风筝、天津的硬翅蝴蝶和"轱辘锅子"、南通的"五音蟋蟀"等。

"扎"艺

一、选材

中国风筝的骨架制作以各种竹材为主,辅以苇子、高粱秆等。现代开始用木材、玻璃纤维、碳纤维复合材料或轻金属。

竹材的特点是:质轻,纤维直而密(皮部),因此有一定的强度,韧性和弹性,可以劈成各种规格的条,加工方便。可以热弯曲,定型后不易变形。缺点是刚性不如木材。

1. 竹种的选择

(1) 毛竹

主要产地:秦岭、汉水流域至长江流域以南广大地区。

主要特征:是我国分布最广、产量大、经济价值最高的竹种。粗大端直,杆高达20多米,径达16厘米或更粗,竹壁厚在0.5~1.5厘米之间,节间长40厘米,材质坚硬,强而韧,劈篾性能良好,是制作各类风筝的良好材料。也是我国制作风筝的重要材料。

(2) 桂竹

主要产地:长江流域各省、河北、河南、四川等地。

主要特性:杆高达15米,直径可达14~16厘米,中部节最长达40厘米,竹竿粗大,竹材坚硬,篾性也好,是制作风筝主要受力部分的良好材料。

(3) 水竹

主要产地:长江流域以南广为分布。

主要特性:竹竿高5~10米,直径4~6厘米,节间长20~40厘米,竹型中等偏薄,竹竿端直,质地坚韧,力学性能好,劈篾性好,是制作小风筝或大风筝细部骨架的良好材料。

(4) 慈竹

主要产地:长江流域以南一带地区。

主要特性:竹竿高5~10米,直径4~8厘米,节长可达60厘米,竹壁薄,竹质柔软,力学强度较差,但材质较轻,利用这种竹材所劈成的条(不刮肉),可制作中型风筝上的直杆。不但具有一定的刚性,重量还比其他竹材轻。

2. 竹材的选择

（1）纵向地看一根成年的竹竿，可大体上分成根部、中部和梢部。根部节密须多形不整，不可使用。梢部明显地变细，枝多也不可用。只可选用中段节长，粗细变化很小的那一段。

（2）横断开一竹，观其端面，最外部是竹皮，皮内纤维组织密集的部分是竹青，竹青内部组织疏松的部分是竹黄，制作风筝一般只使用竹青和竹皮部分，竹黄要削去。

（3）刚刚采下的新竹水分多，易弯曲变形，要放置阴凉处自然干燥一段时间后才能用。放置了数年，水分很少的竹子脆而坚硬，不易弯曲，一般情况下也很少使用。当然，没有长成年的幼竹和多年在地里自然裂开的老竹也不能用。

二、劈竹

由于竹的纹理平直，因此，可用"劈"的办法加工。

1. 什么叫"劈"？它与"切"的不同

"劈"是指沿竹的自然纹理把它撕开，而不是用刀切开。

2. 劈竹三步

切口；劈入；拨开。

3. 劈竹工具

虽然一般的刀子也可劈小竹，但要劈大竹一定要有专用工具。除传统的厚背劈竹刀之外，我们可以自制劈刀。找一段厚5毫米以上，宽50~60毫米的钢板，长度约200毫米，最好在一端有个直径约15毫米的孔，如旧的汽车弹簧钢板即可。在砂轮上把板的一边磨成两边倾斜45°~60°的斜角，形成刃口，再找一根能插进孔洞的钢棍，长度约300毫米，这个劈竹工具就做好了。它可以轻易地劈开任何直径小于160毫米的大竹。

4. 竹材的准备

一般要把采下的圆竹进行初加工，制备出竹板待用。其步骤如下：

（1）去掉竹根和竹梢。

（2）截成1~1.5米的圆竹段。

（3）把圆竹段劈成8块宽度大约相同的竹板。

三、削竹

削是劈后的精加工，是用刀刃在削刮竹材，使它加工成制作各种风筝零件所需要的各种不同宽度、厚度和斜度的竹条。传统多用"抽削"的方法，即操作者坐着，在腿上铺块厚布，左手拿竹材，竹皮向下，右手横向持刀，刀刃压在竹肉上，稍向下倾，左手用力把竹板向后抽出，竹肉即被削掉一层。适当调整刀刃与竹板的角度和压力，便可改变削掉竹肉的厚度。

现在加工风筝不愿弄坏衣服，更喜欢在工作台上工作，因此使用木工刨子刨削竹板，成了大家常用的方法。这种削竹法容易掌握，加工精度也比较高。

四、弯竹

竹材的一个重要特性是在一定的温度下它的结构变软，很容易弯曲，在弯曲状态下冷却便可定型。利用竹材的这个特性，便可制作出各种弯曲复杂的零件来。中国风筝的玲珑精巧也和使用这种可以任意弯曲的竹材有关。

1. 热源

可使用各种热源加工竹材，传统中国风筝制作中使用蜡烛和煤油灯。后者可调节火焰的大小，又有玻璃罩集热，所以更好使用。弯大竹要用酒精或汽油喷灯加热。现在弯较小的竹条使用焊接用的电烙铁，效果很好。因为它没有明火只辐射热，同时竹条可以靠在它上面弯曲，比在火焰上悬空弯曲要容易得多。

2. 弯曲方法

（1）预热：在热源上把竹条均匀地加热到一定的温度。预热不能过急，要设法使竹条的内部也被加热，而外部不能烧焦，这就要不停地转动竹条，并来回移动，使其各部逐步加温。这过程视竹条的粗细而定，一般细条时间短，粗条就长一些。

（2）弯曲：预热到一定温度后，竹条变软，便可弯曲。但弯曲要适度，过急则会弯断，使之报废，过慢竹条冷却则弯不到位。

（3）定型：要掌握好时机，稳准地弯曲，最好一次成功。在电烙铁上弯曲时可一段段地进行，最后弯成一个较大的弧形，小

弧形则一弯而成。竹皮向外弯曲容易,竹皮向内弯曲困难。放入冷水,使其冷却定型。定型后可能有少许回弹,因此在弯曲时,可比图纸需要的弯度更大一点,回弹后正好合适。

五、连接

把各个竹条零件连接在一起,组成风筝的整体骨架。连接的方法很多,其中在传统中国风筝制作中使用最多的是绑扎,所以在"四艺"中把"扎"放在第一位。其实除"扎"之外,还有扣楔、活头、插接等。

1. 绑扎

绑扎的材料有线、麻皮、纸和纺织品的条。传统的中国风筝用线很细。风筝骨架上竹条的接头很多,各种各样都有,归纳起来不外乎垂直、平行和倾斜三种连接方式。

(1)垂直连接:可分为:交叉接、卡接和搭接三种。交叉接简单,但强度不大,而且骨架不平。交叉接一般用十字绑线法。卡接时要有一根条劈开,卡在另一根条上,强度不如搭接,但比交叉连接骨架平些。搭接时要有一根条弯曲90°,但强度大,骨架平,可用平行绑线法。

(2)平行连接:分斜口接和搭口接两种。两根相接竹条互切斜口,对在一起再绑扎叫斜口接。这样既平整又美观,但斜口的长度要在竹条厚度的6倍以上,才有足够的强度。搭口接既简单,强度又大,但两条有一个面不在同一直线上。

(3)倾斜连接:倾斜连接与垂直连接类似,只是角度不同,因此仍可用交叉、搭接和卡接三法。

2. 扣楔

这是天津风筝所常用的一种传统连接方法。这是一种在纵向骨架上打孔,而横向骨架穿孔连接的方法。这和连接用在制作旋转体的风筝部件很有效,如鸟、虫的肚子、花篮、灯笼等。

3. 活头

为了折叠的部分,要作成活动的接头,叫做"活头"。在中国风筝里最常用的是套锁活头。它的构造是两条搭接,中间以一横轴相连,两端各有一金属环套,环套松开,两条可折;环套套紧两条的接头两端，则两根竹条便如同一根张开的竹条一样。

4. 插接

风筝上有一些可拆装的零件，需要插接。最常用的传统方法是套管插接，小型风筝用苇管，中型风筝用竹管，大型风筝要用专门制作的套管连接。制作插管时要考虑到插紧后的摩擦力和抗弯曲力，所以插管必须有一定的长度，不能太短。

"糊"艺

一、选材

传统中国风筝的蒙面以纸、绢为主，现代也使用人造纤维纺织品或无纺布、塑料薄膜等多种新材料。

1. 纸材

糊风筝所用的纸要求纤维长，有韧性，薄而轻，透气性小，着色性好，由于温度变化所引起的变形小。传统中国风筝所使用的纸多半为手工制造的长纤维纸，如绵纸、皮纸、宣纸、雅纸、高丽纸等。现代使用的还有很多机制纸，如温州机制皮纸、美浓纸、拷贝纸、油封纸、电容器绝缘纸等多种。选择用什么纸决定于风筝的大小、部位、飞行条件、着色要求等多种因素，其中以风筝的大小为主。一般风筝越小，用纸越薄，越轻柔。例如一些小型风筝就要使用高强度的皮纸、高丽纸等，而大型风筝所用的纸要由几层裱在一起使用。

2. 绢材

绢是一种很薄的真丝纺织品，重量轻，强度大，有很好的着色性能，是传统中国风筝的常用蒙面材料，但成本很高，不宜初学者使用。现在有一些夹以人造纤维的比绢更薄的纺织品，如电力纺和洋纺等，它们比绢轻，强度大，透气性也更小。因此，目前制作传统中国风筝往往用纺代替绢。用纺织品糊风筝大都要经过先期处理，即用胶矾混合液浸湿后晾干熨平再用。这有两个作用，一是减小透气性；二是在绘画时容易着色，颜色不会浸洇。此外，用胶矾处理过的绢也硬挺一些，不像没有处理的柔软。

传统的胶矾配方比例是胶2，矾1，水36。即20克骨胶加10克明矾加360克水，加温溶解成的液体。但也有些风筝用未用胶

矾处理过的"生"绢蒙面。另有其特殊的效果。

3. 复合材料

传统的大风筝常使用复合材料蒙面，即用绵纸或皮纸托裱的绢。这种材料强度大，气密性好，着色性好，具有纸和绢都无法比拟的性能。

4. 新材料

上述传统中国风筝的蒙面材料有两大缺点：一是没有抗水性，弄湿后颜色退落，蒙面也损坏。第二是强度差，经不住大风或高速飞行的考验。为了解决这个问题，考虑应用新材料。这里尼龙绸、锦丝绸、无纺布和塑料膜，都是很好的材料。它们的气密性好，不怕水，前三种的强度远远大于纸和绢。塑料膜的品种很多，有的极薄，重量只有绵纸的 1/10。但也带来新问题，如着色、胶合都不能用了。这方面的问题将在后面"糊""绘"中讨论。

二、裁剪

1. 取形

风筝上平面部分取形容易，只要把蒙面材料铺在风筝图纸上绘下外形来就完了。但在风筝上有很多曲面，如沙燕的翅膀，就是一个复杂曲面，取形时必须先用一张纸放在沙燕翅膀的骨架上比较好，并沿边缘剪下来，然后再按纸样绘在蒙面材料上。

2. 留边

下料时必须略大于纸样的边缘，而且要比糊蒙面时所用的卷边稍大一些。

3. 纹理

不论是纸还是纺织品，大都有自己的纹理方向，下料时一定要考虑纹理，务必使风筝左右的纹理对称，而且尽量避免使用倾斜的纹理。

三、糊

如何把蒙面糊在风筝骨架上，是糊艺的关键。

1. 涂胶

糊纸、绢时，目前最好的胶是乳胶，而胶的浓度要看所糊材

料而定，原则上讲，所糊的材料越薄，不要很大强度的，可用稀一点的胶水。所糊材料强度大，要求胶合强度也大，胶水要浓一些。涂胶最好用毛笔轻轻涂在骨架上，胶要均匀。要注意一些骨架的角落里不要积留很多胶水，这会使蒙面不平整。

2. 蒙面

往涂好胶的骨架上蒙面要准确地放在骨架上，尽量少移动。否则会把胶擦掉。蒙面在骨架上要平整，各处的松紧程度要适宜，绝不能有的地方紧，有的地方松，这会引起风筝的扭曲变形，严重影响飞行。蒙面的骨架上定位后，要用手轻压四周，使蒙面与骨架贴牢，但不忙卷边。因为在胶未干前卷边会造成四周拉紧不均的现象。

四、边缘处理

在把蒙面黏在骨架上以后，边缘的处理是糊风筝这道工序中的一个重要步骤。根据不同的情况可以有不同的处理方法。

1. 切边

当风筝不大，而蒙面与风筝骨架的胶合强度很大时，可直接用刀子把剩余的边缘切掉，叫"切边"。

2. 卷边

当需要增大强度，则把多余的边缘剪下一部分，留一部分涂胶后卷过来，叫"卷边"。

3. 缝边

当需要更大的强度时，卷边后还要把多余的部分缝上，叫"缝边"。

4. 黏边

当用塑料薄膜蒙面时，它与骨架的黏合强度往往不够用，而又不宜缝合时，就要用把多余的边缘卷过来再黏合的方法，叫"黏边"。

5. 校正

在蒙面的过程中要不断地检查风筝骨架的正确位置，发现有扭曲、不对称等情况要随时校正，否则等整个风筝糊完以后再发现问题就不易校正了。

风筝的选购

风筝是一种特殊商品,您可以自己亲手制作,也可以购买。风筝的实用性包括两个方面:一是观赏性;二是放飞时的健身娱乐性。只有同时满足这两个条件,它才是一只真正意义上的风筝。在许多场合下,您可以看到用风筝作为装饰品装点室内建筑,比如在联合国的大厅中就挂有一只大的中国风筝。

要购买一只风筝,首先要看其属于哪一类风筝,不能单从价格上判断一只风筝的好与坏。一般来讲,运动风筝、立体类风筝、硬拍子类风筝由于其结构特点和制作工艺的保障,基本上可以放飞,也就是说这类风筝购买回来以后,放飞成功的概率较大。

其次是硬翅风筝,由于其结构的特点,放飞成功的概率也较大,但是,作为成批生产的商品风筝,由于工人水平的差异,使用材料的不同,都可能造成风筝在购买回来以后放飞不尽如人意。

问题最多的要数软翅风筝了,一是这种风筝自身结构的特点,二是制作要求比较高,所以这类商品风筝的问题最多,而这类商品风筝的数量也最多。在商店里或是在地摊上,老鹰、蝴蝶、蜻蜓、蜜蜂等都是这类风筝,美丽的图案装饰,使人一下子就被其吸引,但是,往往放飞的效果很不理想。

那么怎样才能选到一个好风筝呢?

一是看样式美不美。可根据个人的喜好,挑选自己满意的款式和色彩,这样的风筝可为你增添乐趣。

二是看扎结牢不牢。一般的风筝是细竹篾、麻线扎结黏糊的,选购时要看风筝的骨架是否扎得正,接合部位是否扎得牢固,竹篾有无劈裂、损坏现象。从外形看翅膀左右两端弧度要完好对称一致,骨架用竹匀称为好。

三是看膀条匀不匀。要挑选周身膀条粗细均匀、宽窄对称、舒展一致、富有弹性的风筝。

四是看翅膀条软硬度。风筝左右翅膀条的软硬要求对称和一致。要求下膀条比上膀条略软些，膀条两端的较软，膀梢最软。检查方法是：用两手轻轻捏住左右膀尖相同的部位，轻轻用力使上膀条后弯，其左右弧度相同者为佳。下膀条也用同样的方法，挑出佳品。

五是放风筝的引线要细、牢、轻且均匀。一般可选择细麻线或尼龙线，其粗细根据风力和风筝大小而定，假如您购买到一个不能放飞，或是飞行状态不是很好，这时可以请有经验的朋友帮助您进行必要的调整，一般的风筝可以通过调整放飞提线，削刮膀条，加配重等方法调整。但这些方法也不是万能的，有时一些风筝是无法调整过来的，这时对于绝大多数的硬翅风筝，软翅风筝，可以通过加"尾巴"的方法解决，只是这样会影响风筝的放飞质量。

放风筝益处多多

春天放风筝，对人的身体健康是非常有好处的。传统中医认为，放风筝者沐浴和煦的阳光和春风，有"疏泄内热，增强体质之益。"史书《续博物志》也有"放风筝，张口仰视，可以泄热"之说。现代保健医学的研究也表明，在明媚的春光里踏青放风筝，可以舒展筋骨，让身体随着放飞的风筝而不停地移动，从而活动四肢。同时，由于尽情呼吸着新鲜空气，吐故纳新，能促进人体的新陈代谢，改善血液循环状态，从而获得消除冬日气血积郁、祛病健身的功效。此外，放风筝时，双眼面对蓝天，飞行的风筝千姿百态，可以消除眼肌疲劳，调节和改善视力，预防近视和弱视。

近年来，国内外有些医院和疗养院采用"风筝疗法"治疗精神抑郁、神经衰弱、小儿智力不全等症，也收到了神奇的疗效。

放风筝也是一项健脑运动，需要全身心地投入。仅仅处理好放风筝和风向、风速的关系，就需放飞者动一番脑筋。

放风筝能使人情绪开朗、心情愉悦。放飞风筝时，大脑高度集中，无疑会消除人的内心杂念；放飞者极目蓝天，其心胸也会感到开阔。此外，春季草长莺飞，触目皆景，放飞风筝，如同一

次人与自然的美好对话。

春天放风筝利于健康和发育

练力强体。放风筝时要动用手、腕、肘、臂、腰、腿、足等各个部位，使全身得到锻炼。从放风筝开始，人身肌体各部位都在运动着。

当风筝上升、倾斜时，人就需要奔跑、拉线、左右摆动……这些动作，都是各部位肌体的运动。

练气驱使。春天一到，阳气升发，人体的气血便产生往外透发的趋势。

据《博物志》载："引线而上，令小儿张口仰视，可泄内热。"这时期活动身体，使气血运动加快，有利于人体健康和发育。特别是老年人和儿童，入春后走出户外，在阳光明媚、空气清新之处放风筝，会使人春气升发有序，阳气增长有略，同时可接受紫外线的照射，促使阳光与皮肤的光合作用，促进骨骼的生长发育，增强抗病能力。

练心静秘。放风筝可以陶冶情操，净化心灵。仰观扶摇直上的风筝，可催人奋发向上，意气风发。邓拓有首以放风筝抒发壮志豪情的诗："鸢飞蝶舞喜翩翩，远近随心一线牵；如此时光如此地，春风送你上青天。"清朝人轩治翁作的一首诗可撩拨起对春光秀丽的美好童年的回忆："清池玉水绕山川，携手伴友放纸鸢；杨柳轻拂意欲醉，疑是梦境回童年。"

放风筝有助防近视

暖风微拂，初春正是放风筝的好时节。专家推荐，如果青少年儿童想调节眼肌，预防近视形成，首选项目就是放风筝。

"其实并不是说放风筝有针对性疗效，只是这种户外活动有助舒展身心，且能帮助孩子们尽量多望高处、远处。"专家介绍。

近视眼的产生与过多视近、长时间用眼，从而引起眼睛睫状肌紧张密不可分，而放风筝则能让孩子们将视线延伸、转移至高远处，自然调节眼肌，帮助其放松休息。

城市儿童之所以近视率远高于农村孩子,就是因为他们远近视野交换远不足农村孩子,从而无法保持眼内调节肌肉的灵活伸缩。孩子们的室内活动基本都是视近,所以一定要找机会多望远。

除了望远之外,望绿对于预防近视也大有裨益。据了解,人的眼睛最怕紫外线,游泳不戴墨镜,或在雪地暴露时间过长,都会招致视力损伤;而白光、红光对眼睛也有较强刺激,室内灯光,特别是电脑、游戏机、电视荧屏对视网膜均可能产生损害。"但大自然的绿色却刚好相反,非但不会对人的眼睛有害,反而对协助视力恢复和眼睛休息大有好处。它是非常适合人类观赏的颜色。"

春季正值植被生长之际,闲暇时去草地、山坡、森林公园等地,所到之处皆满目新绿,养眼又养心。

放风筝防治颈椎病

颈椎,上接头颅,下接胸椎。可负重、减震、导向、滑动等,功能比胸椎、腰椎复杂得多,使用率也高得多,因此也更容易受损。

随着人年龄的增长,脊椎也会退化。中老年人的骨质增生、椎间盘突出等症,待发展到椎间孔狭小、椎体失稳时,就会产生各种症状,这就是颈椎病。成年人颈椎病的发病率为 10%~25%,60 岁以上者约为 45%。

颈椎是有代偿能力的,当退行性变影响了功能,代偿就会发生作用,包括微血管再生和韧带增厚等。要想延缓椎体和韧带的老化,充分发挥其代偿功能,最好的办法就是运动,此外再没有什么灵丹妙药。而放风筝,正是一项既能够防治颈椎病又特别适合中老年人的活动。千百年来,人们对于放风筝的兴趣久盛不衰,其所具有的养生保健作用是重要原因。

放风筝时,受兴趣的驱使,人要仰首举目,挺胸抬头,左顾右盼,仰俯有度。经常放风筝,可以保持颈椎、脊柱的肌张力,保持韧带的弹性和椎关节的灵活性,增强骨质代谢,加强颈椎、

脊柱的代偿功能，既不损伤椎体，又可预防椎骨和韧带的退化。可以说放风筝是老祖宗留给我们的防治颈椎病的一个"秘方"。

放风筝又是一项综合性的体育运动。放风筝时有跑有停，有进有退，躯干、四肢动作协调、连贯、自然，几乎全身的骨骼和肌肉都要参与活动。经常放风筝的人，手脚灵活，思维敏捷。

在空敞开阔的场地放风筝是最好的空气浴，在风和日丽的大自然中放风筝也是最好的日光浴。放风筝时人的呼吸或急或缓，心率快慢有度，可增强心肺功能，促进机体新陈代谢，改善微循环，延缓器官老化。经常放风筝，可提高生活质量，不仅能防治颈椎病，其他一些老年性疾病也会由此大为减少。

放风筝还可提高人的文化品位。每个风筝都可以看做是一件艺术品。久放风筝，可使人身心双受益。近年来，人们对放风筝的兴趣有增长趋势。

怎样带孩子放风筝

1. 让孩子知道放风筝要选择怎样的天气

春秋两季都是放风筝的好时节。而清明之前更是放风筝的黄金时节，因为这时的风向较稳，风速均匀，便于风筝放飞。同时这时的天气干燥，风筝不易受潮，能保持原有的形状，不易损坏。

2. 告诉孩子放风筝应选择什么样的场地

周围没有高大的建筑物，没有较高的树木和电线杆，地面也比较平整宽敞的地方是放风筝的好场所。

3. 让孩子知道风筝为什么能飞上天

风筝为什么能飞上天，这里包含着力学方面的知识，我们可在放风筝时或放过以后引导孩子探索，让孩子有个初步的了解。与孩子共同总结得出，要使风筝飞上天，必须掌握 3 个基本条件：要选有一定风力、晴朗的天气，风速一般在 3～5 级比较适宜，要选择较好的风筝，风筝本身必须有迎风的倾斜度，也就是指风筝的平面与脚线构成的"仰角"。一般情况下，脚线是两根的，迎角 75 度左右，脚线为三根的迎角在 85 度左右比较好。必

须有来自放飞点的牵引力。也就是放风筝的人对风筝的拉力。带上您的孩子，在蓝天白云下，放风筝，定会使您和孩子心旷神怡，快乐无比。

风筝比赛的规则

第一章　比赛通则

第一条　报名

（一）参加比赛者，必须按大会竞赛的各项规定办理报名手续。抽签决定参赛号码。

（二）对参赛单位、运动员资格和项目有异议时，大会有权进行审查，如不符合规定，则取消其资格。

第二条　比赛

（一）大会须按抽签分组的道位发给每个运动员一块道位号码，戴于背后。

（二）工艺评分是比赛的第一阶段，运动员应按规定的时间，按时送审，按号悬挂，及时退场。悬挂风筝时不要错位或悬挂在两个风筝的号与号之间。否则判技术犯规。

（三）放飞线定长，均为30米。放飞线定长标志，各队字标，但要醒目。大会有权审核。

（四）运动员必须提前20分钟到检录处点名。凡三次点名不到者，按弃权论处。

（五）每组比赛时间限为12分钟，以鸣枪开始和结束。如受天气、时间等因素所限，总裁判长有权减少每组比赛时间，但最少时间不得少于6分钟，其留空计时及评分标准也随之变更。

（六）进入起点的运动员，其风筝不得再试飞。否则判技术犯规。

（七）起飞时，风筝的主体应由助手举离地面，不允许直接从地面拉起。

1. 飘带、"尾巴"或装饰品不受此限。
2. 龙类风筝的头部和部分节片允许放置地面，但尾部必须举离地面。

3. 软体类和广告类也不受此限。

（八）起飞时，举风筝的助手人数不限，但必须在该运动员放飞道内或放飞道延长线内活动，不得进入留空计时区或其他道位。否则判技术犯规。受风向影响，经裁判员同意，举风筝的助手可在纵向道位线的延长线之外的区域活动。

（九）放飞开始前，龙类和串类风筝可以置于放飞区外的纵向道位线的延长线之间，放飞运动员不得出放飞区。其他各类型的风筝和运动员，均不得出放飞区。否则判技术犯规。

（十）超大型、大型的龙类或串类风筝，因气候因素，经裁判长同意，可采用依1至8道先后起飞，以防缠绕。计时员按各道先后起飞时间计时。此时，应有一名副总裁判长到起点协调指挥。

（十一）技巧表演的助手可进入留空计时区，但要报告裁判员，并不得帮助放飞。否则判技术犯规。

（十二）放飞运动员的人数：超大型以队为单位，大型3人，中型1人。如减少人数，应在检录时声明，中途不得增减。否则判技术犯规。

（十三）放飞运动员超过1人时，均视为1人对待。任何个人未进入或离开留空计时区，均作为该运动员未进入或离开留空区处理。

（十四）在留空计时区内允许把线拐放在地上，但不得滚出自己的道位，也不允许打桩，否则判技术犯规。

（十五）30秒角度的测定，是取30秒内的最小角度和最大角度的平均值。一场比赛，每只风筝只有一次测角机会（含重飞的风筝）。测角时，可以中途退出但不得重测，中途退出即视为放弃测角。

（十六）起飞完成后，在留空计时区内，其放飞线长少于规定标准，则判比赛结束。

（十七）运动员在放飞中，冲撞，阻挡别人放飞；故意缠线妨碍他人放飞，即取消其比赛资格。因故受到影响的运动员，总裁判长可令其参加另一组的比赛，或令该组重新比赛（被取消资

格的运动员不得参加)。

(十八)运动员由于受他人推、挤所迫,跑出竞赛区,并未从中获得利益时,不应取消其比赛资格。但工艺,放飞评分裁判根据工艺,放飞评分裁判员,检查裁判员的报告,证明该运动员并未直接受他人所迫走出比赛区域,则应取消其比赛资格。

(十九)竞赛风筝(含技巧风筝)必须由本人和参赛单位制作,比赛期间不得转让他人使用。比赛严禁商品风筝或购买他队风筝参赛,一经查实取消比赛资格。

(二十)赛前15分钟预告比赛即将开始,竞赛区域内停止一切放飞活动;也不允许赛场外的风筝进入赛场上空。凡不听劝阻者,罚扣该风筝放飞5分和该队团体总分2分;如缠绕正在比赛的风筝,则取消该风筝比赛资格并扣该队团体总分5分。

(二十一)比赛时每条道位只允许放飞一只风筝,运动员不得超越道位的四条边线。

(二十二)凡做技巧表演,应向审核、检录裁判长提出书面报告,无申请报告的技巧不予评分。已申请技巧表演的临场允许弃权,但技巧表演失败判技术犯规。未进入留空计时区的技巧,其动作视为无效。一个动作重复多次,按一个动作评分。

(二十三)微型风筝起飞失败,重飞时应向裁判员声明,以免因自然风吹起而误判。

(二十四)凡超大型串类,龙类风筝(121节以上),其长度已超过放飞场(含道位纵向延长线),经总裁判长同意,允许该两类风筝在鸣枪前将超长部分风筝节片预先放飞至空中待命,鸣枪后再将其他节片放离手。

第三条 赛次

比赛为一次决赛,按成绩录取名次。

第四条 判罚

(一)比赛中,运动员应当遵守规则和规程的规定,如有违反,视情节严重程度,总裁判长有权警告,判技术犯规、失败或取消其比赛资格。

(二)参赛风筝有"尾巴",工艺评分时应送审,并自报其式

样和大小。比赛中,如变换则扣2分。

(三)凡判为技术犯规,均扣2分。

(四)被判罚扣分的风筝,因故重赛时,原扣分有效。

第五条 缠绕

(一)碰线不是缠绕。比赛中,对将要缠绕的风筝,裁判员可通过调整道位来防止缠绕。换位时,留空计时有效。

(二)调整道位时,其道位裁判员也随之调入。为避免再次缠绕,裁判员可指定运动员进入某道位的某个位置(含纵向道位延长线的区域),其留空计时区应随之确定。

(三)第一,二次起飞失败被扣分的风筝,再次起飞时发生缠绕,原扣分有效。

(四)被缠绕的风筝应在5分钟内申请重赛,由领队或教练员填写重飞申请单,经检查,后报总裁判长批准。

(五)因缠绕使风筝受损,允许修补。如受损严重不能放飞,经总裁判长批准,可用同类型号风筝替换,原工艺评分有效,不另评工艺分。

(六)龙类或串类风筝的自身缠绕不允许重赛。

(七)有意缠绕他人风筝者不允许重赛。

第六条 判定名次

(一)以工艺分与放飞之和由多到少排列名次。

(二)如遇二人积分相等,以放飞分高者列前。

第七条 抗议

(一)对运动员参赛资格和风筝类型有异议时,应在赛前向大会提出。

(二)对比赛中所发生的问题提出抗议时,须于事情发生1小时内,向竞赛组提出。

(三)任何抗议,均须通过本单位领队或教练员,按照规定时限用书面形式向仲裁委员会提出,同时交纳申诉费100元,方予受理。胜诉后如数退回。

(四)在问题解决前,运动员应按规定参加比赛。

第二章 风筝的分类标准

第八条 风筝的分类、分型

风筝是人们以重于空气的物质材料，经工艺美化制成的体积、重量、形状各异，利用自然的空气动力于地面（手上、水面）由人工操纵牵引的飞行器（不允许使用机械动力和电力能源）。按风筝的结构和形状，可分为：龙类（含蜈蚣类）、板子类、立体类、软翅类、硬翅类、软翅串类、硬翅串类、板子串类、其他串类、软体类、复线或多线操纵类，另有广告类，共12类。

除其他串类，软体类，复线操纵类和广告类外，其他各类均分微型、小型、中型、大型、超大型。

（一）龙类：按风筝桄子直径和节数分型，节数不包括龙头。

1. 微型：直径在6厘米以下，20节以上。
2. 小型：直径在10厘米至15厘米，40节以上。
3. 中型：直径在20厘米至25厘米，60节以上。
4. 大型：直径在30厘米至35厘米，80节以上。
5. 超大型：直径在40厘米以上，100节以上。

（二）板子类，软，硬翅类：按风筝的平面面积分型。计算办法为风筝主体骨架的最长乘最宽，其积即为风筝的面积。

1. 微型：面积在0.05平方米以下。
2. 小型：面积在0.1平方米至0.3平方米。
3. 中型：面积在0.5平方米至0.7平方米。
4. 大型：面积在0.9平方米至1.1平方米。
5. 超大型：面积在1.3平方米以上。

（三）立体类：按风筝受风面的面积分型。计算办法为风筝主体骨架的最长乘最宽（或弦长），其积即为该风筝的面积。

1. 微型：面积在0.05平方米以下。
2. 小型：面积在0.1平方米至0.3平方米。
3. 中型：面积在0.5平方米至0.7平方米。
4. 大型：面积在0.9平方米至1.1平方米。
5. 超大型：面积在1.3平方米以上。

（四）软、硬翅串类和板串类：以单个软，硬翅类和板子类各型风筝面积为准，每型风筝须5节以上。

（五）其他串类，软体类，复线操纵类和广告类均不分型。

第三章 评分细则

第九条 工艺分和放飞分

工艺分共45分：（一）制作30分

1. 造型5分

（1）根据不同主题和物体特征合理造型，3分。

（2）形象生动，夸张得体，2分。

2. 扎制工艺15分

（1）骨架结构简练匀称，4分。

（2）扣榫严密，4分。

（3）扎口严紧，4分。

（4）光滑均匀，3分。

3. 裱糊工艺10分

（1）糊口整洁，严实，4分。

（2）糊口服帖，平整，4分。

（3）糊面松紧适度，2分。

（二）美工（绘画、剪纸、粘贴、刺绣、雕刻等各种艺术手法）15分

（1）线条流畅，5分。

（2）色彩对比分明，色泽鲜艳和谐，5分。

（3）艺术表现力，5分。

放飞分共55分：

1. 起飞10分

（1）鸣枪后，风筝全部离开举风筝助手的手和地面，放线30米以上（微型10米以上，并把风筝引进留空计时区为完成起飞。如风筝在鸣枪前离手则判技术犯规。

（2）完全离开手和地面的风筝，在未进入留空计时区前风筝落地（包括装饰物和"尾巴"）为失败，允许重新起飞。起飞，每失败一次扣5分，三次失败取消放飞资格。第三次起飞成功仍

可计分。

（3）起飞后的风筝，一旦引进留空计时区，如失败，无论起飞成功与否，均判比赛结束，不允许再重新起飞。

2. 留空时间20分

（1）留空时间为10分钟，完成起飞即开始计留空时间，裁判员每隔1分钟报告一次时间，每少30秒扣1分。

（2）留空计时区内的风筝，若放飞线少于定长，则判比赛结束。

（3）在留空计时区内，运动员的一脚或双脚离开留空计时区，即判比赛结束。

（4）完成起飞后的风筝，在留空计时区内，风筝落地（包括装饰物和"尾巴"），其留空时间少于5分钟（不含5分钟），则判失败。

3. 30秒测角10分

在留空计时区内，放飞线长30米以上（微型10米以上），运动员把放飞线下端固定在测角器上，连续30秒钟，即完成测角时间。30秒内，线与地面的夹角（取其最小角度和最大角度的平均值）25度，30度，35度，40度，45度，50度，55度，60度，65度，70度，分别得1，2，3，4，5，6，7，8，9，10分。

测角时，裁判员每5秒钟读报一次时间。

4. 放飞技巧10分

（1）放飞动作5分。在留空计时区内，根据不同题材，要求风筝放飞稳定或灵活，收线，放线运用自如。

（2）花样动作5分。运用收，放线动作使风筝翻腾（如龙），打转（如鹰），变换位置；或有声响，烟火，"送饭"；或风筝某个部位能运动。花样动作与风筝的主题应相适应。

5. 印象，鼓励分5分

（1）在传统风筝的基础上是否有发展、提高、突破。

（2）放飞中运用声、光、电等高科技技术。

（3）有明显公认的地方特点，鼓励其保留的风筝，如南通的板鹞和阳江的龙。

第四章 犯规与失败

第十条 犯规

凡有以下情节之一者，均取消比赛资格：

（一）风筝比赛的放飞只能手工操作，不能借助于其他器材，如电动和遥控装置。

（二）放飞时，运动员超越放飞区域或道位。

（三）运用收放线有意缠绕他人风筝。

（四）放飞线定长标记脱落或未标。

（五）工艺评分后，风筝替换、转借、增减装饰品。

（六）检录三次不到者。

（九）放飞中，将出现缠绕或碰线时，不服从裁判员调度。

（七）软体风筝内有硬连接或内藏支撑物。

第十一条 失败

（一）三次起飞失败者。

（二）留空时间少于5分钟（不含5分钟）。

（三）风筝主体损坏，散架，断线，脱手。

第五章 场地，器材

第十二条 场地

每条道位宽10米，长80米。以每条道位两端的终点线为基准确性，划出宽10米，长15米的长方形留空计时区。

第十三条 检查场地，器材

（一）丈量风筝的钢尺，应用以厘米为刻度的钢卷尺。厘米以下单位采取进位法，即0.1厘米进为1厘米。

（二）计算留空时间以分钟为单位，分钟以下单位采取进位法，即1秒进为30秒。30秒测角以5度为计算单位，其平均角度值如有余数则进位于下一度数单位。